Kolrep, Kai-Uwe:
Schöpfung oder Evolution
Eine kritische Einführung

Über den Autor
Der 1967 in Nördlingen geborene Diplomingenieur studierte in Aalen Maschinenbau und ist heute als Projektingenieur tätig. Zusammen mit seiner Frau und Tochter lebt er in Baden-Württemberg. Seit dem Jahr 2000 beschäftigt er sich intensiv mit dem Thema Schöpfung/Evolution.

Impressum

Kolrep, Kai-Uwe:
Schöpfung oder Evolution
Eine kritische Einführung

ISBN 978-3-89436-539-4

© Copyright 2007, Christliche Verlagsgesellschaft mbH, Dillenburg
www.cv-dillenburg.de
Umschlaggestaltung: Christoph Ziegeler, www.pixel-kraft.de
Druck: Ebner & Spiegel, Ulm

Printed in Germany

Inhaltsverzeichnis

Teil I
Evolution und Schöpfung aus naturwissenschaftlicher Sicht

Teil II
Evolution und Schöpfung aus
philosophisch-theologischer Sicht

Teil III

Anhang

„Jedem tiefen Naturforscher muss eine Art religiöses Ge-
fühl naheliegen, weil er sich nicht vorzustellen vermag,
dass die ungemein feinen Zusammenhänge, die er erschaut,
von ihm zum ersten Mal gedacht werden. Im unbegreifli-
chen Weltall offenbart sich eine grenzenlose Vernunft.
Die gängige Meinung, ich sei Atheist, beruht auf einem
großen Irrtum. *Wer sie aus meinen wissenschaftlichen*
Theorien herausliest, hat sie kaum begriffen.
Er hat mich völlig missverstanden und erweist mir einen
schlechten Dienst [...]"
„Ich glaube an einen persönlichen Gott,
und ich kann mit gutem Gewissen sagen, dass ich niemals
einer atheistischen Lebensanschauung gehuldigt habe.
Schon als junger Student lehnte ich den wissenschaftlichen
Standpunkt der achtziger Jahre ab, und ***ich betrachte***
Darwins, Haeckels und Huxleys Entwicklungslehren als
hoffnungslos veraltet. *"*[Q31]

Albert EINSTEIN (1879-1955)
Deutscher Physiker und Begründer der Relativitätstheorie
und Feldtheorie, Nobelpreis 1921

1 Einleitung

Die Evolution ist eine Tatsache. Oder doch nicht? Jedenfalls trug ich diese Überzeugung, genährt durch Film, Fernsehen und Schulzeit, drei Jahrzehnte lang unreflektiert in mir. Wenn ich an meine Jugendzeit zurückdenke, kann ich mich an Darstellungen alternativer Deutungsmöglichkeiten zur Evolution oder der Theorie widersprechende Befunde nicht erinnern; sie scheinen damals wie heute eine Seltenheit zu sein. Die zufallsgesteuerte Entwicklung vom Einzeller bis hin zum Menschen erschien mir logisch und plausibel und ich war mir sicher, dass die Evolutionstheorie wahr ist. Auch während und nach der Studienzeit gab es für mich keinen Anlass, diese Überzeugung in Frage zu stellen. Erst als ich mich vor einigen Jahren mit dem biblischen Schöpfungsbericht beschäftigte, wurde mir der völlige Gegensatz zweier möglicher Erklärungen zur Entstehung des Lebens bewusst: Schöpfung oder Evolution. Wenn die Evolutionstheorie wahr ist, kann der Schöpfungsbericht nur ein Märchen sein. Auf der Suche nach Antworten begann ich mich mit der faszinierenden Welt der Naturwissenschaft und Philosophie zu beschäftigen – eine Welt in der die Kritik, das unablässige Hinterfragen gewohnter Ansichten, Thesen und Ergebnisse ihre positive Wirkung als treibende Kraft auf dem Weg zu weiterem Erkenntnisgewinn entfaltet. Über den eigenen Tellerrand blickend unterzog ich mein Weltbild einer Prüfung, indem ich die Grundlagen meiner Überzeugungen auf Tragfähigkeit zu untersuchen begann. Mein besonderes Interesse galt den Säulen der Evolutionstheorie.

Es wird oft behauptet, dass die Evolution Wissenschaft und die Schöpfung ein Märchen ist. Mit Evolution ist meist die Abstammungslehre nach Charles DARWIN gemeint, und Schöpfung wird mit dem biblischen Schöpfungsbericht in Zusammenhang gebracht. Dieser wird oft als Mythos angesehen und theologisch meistens ohne Bezug zur Naturwissenschaft ausgelegt. Auf die Frage, wie das Leben entstanden ist, präsentieren Schulbücher und Medien die Evolutionstheorie als die einzig denkbare Antwort. Aber ist diese Monopolstellung gerechtfertigt?

Kritik an DARWINs Theorie trifft oft auf Verwunderung oder gar Empörung und wird nicht selten als Angriff auf die Naturwissenschaften mit all ihren Errungenschaften missverstanden. Wer dann auch noch einen Schöpfer, einen Urheber erwähnt, erntet Spott und nicht selten Maßregelung. Natürlich kann man mit der Hypothese „Gott" alles und deshalb nichts erklären. Wenn die Blitze am Abendhimmel zucken und man als Erklärung brächte, dass der Göttervater Zeus sie von oben herabschleudern würde, wäre eine Untersuchung dieses Naturschauspiels bereits im Keim erstickt. Es ist also folgerichtig, bei der Untersuchung der Natur ein übernatürliches Eingreifen auszuklammern. Aber ist es denn falsch, einen Urheber hinter der Natur zu vermuten? Kann man denn einen Otto-Motor nicht erfolgreich auf Mechanismen hin untersuchen, obwohl man von dem Urheber, dem Ingenieur weiß? Eben dieser Glaube an einen hinter der Natur stehenden intelligenten Planer war die Triebfeder, welche die Väter der Naturwissenschaft dazu veranlasste nach Plänen, Prinzipien, Mechanismen und Gesetzmäßigkeiten in der Natur zu forschen. Für den großen Astronomen Johann KEPLER galt es, „*Gottes Gedanken nachzudenken*". Somit sollte uns klar sein, dass die Annahme des hinter den kosmischen und biologischen Realitäten stehenden Schöpfers die Wissenschaft keineswegs behindert, sondern, wie es der Nobelpreisträger Melvin CALVIN ausdrückte, „*die historische Grundlage der modernen Naturwissenschaft zu sein [scheint]*".

Neuerdings werden in populärwissenschaftlichen Publikationen Evolutionskritiker gerne als Fundamentalisten abgestempelt, ihnen Taschenspielertricks unterstellt und ihre Thesen zu pseudowissenschaftlichem Humbug erklärt. Die Evolution als nicht mehr zu hinterfragende Tatsache erhebend, begnügt man sich damit, die Kontrahenten auf der persönlichen Ebene anzugreifen, anstatt die Sachargumente zu diskutieren. Mit dem Hinweis auf religiöse Motivation und sektiererische Auffassungen versucht man, die Kritiker als unwissenschaftlich und sogar gefährlich hinzustellen. Selbst der Rückfall ins finstere Mittelalter wurde schon heraufbeschworen, wenn man der Verbreitung von Evolutionskritik nicht Einhalt gebietet. Wozu aber die ganze Aufregung, wenn die Argumente der Evolutionskritiker doch nur Humbug sein sollen? Wenn tatsächlich nichts dahinter wäre, sollte es doch ein Leichtes sein, in öffentlicher Diskussion Sachkritik am Evolutionsmodell hinwegzufegen. Aber weshalb ist das Hinterfragen der Evolution mit so viel Emotionen behaftet? Ist das Denkmodell der Evolution tatsächlich nur reine Wissenschaft? Jedenfalls ist die Auffassung des bekannten Zoologen Richard DAWKINS, dass man erst als „intellektuell erfüllter Atheist" [1] leben könne, nachdem DARWIN es ermöglichte. Es scheint so, als wäre weniger die sachliche Auseinandersetzung, sondern vor allem die mit dem Thema verbundenen Weltanschauungen die Ursache, die der Diskussion ihre Brisanz und Vehemenz verleihen.

Naturwissenschaftliche Fakten an sich sind stumm, sie sprechen erst, wenn man sie interpretiert. Daran sieht man, dass grundsätzlich mehrere Deutungen möglich sein können und daher eine evolutionstheoretische Auffassung nicht zwingend ist. Es gibt zwei entgegengesetzte Möglichkeiten den Ursprung des Universums, der Erde und des Lebens zu erklären: Die Schöpfung oder die Evolution. Zeigt die Natur eine Zielgerichtetheit, ist sie von Plänen durchdrungen oder ist der Zufall ein entscheidender Faktor? Beide Modelle lassen sich letztendlich nicht beweisen. Da es weder zu befragende Augenzeugen noch wiederholbare Experimente zur Entstehung

---

[1] Originalzitat (DAWKINS, 1986): „*I can't help feeling that such a position, though logically sound, would have left one feeling pretty unsatisfied, and that although atheism might have been logically tenable before Darwin, Darwin made it possible to be an intellectually fulfilled atheist.*"[Q121]

des Kosmos oder des Lebens gibt, muss sich der Mensch mit fossilen Funden und den wissenschaftlich nachweisbaren Fakten begnügen. Diese gilt es zu ordnen und zu deuten.

Die Naturwissenschaften sind ein großartiges Werkzeug, die Natur zu erforschen, die Realität mit allgemein gültigen Aussagen zu beschreiben. Sie nehmen uns aber nicht die Entscheidung ab, mit welcher Denkvoraussetzung wir die gewonnenen Fakten betrachten. Durch das Schreiben dieses Buches bin ich zu dem Ergebnis gekommen, dass sich Erkenntnisse aus den Naturwissenschaften für uns keineswegs als Hindernisse erweisen müssen, um an Schöpfung statt an Evolution zu glauben. Es ist entscheidend, welche Prämisse wir wählen.

Kai-Uwe Kolrep

1.1 Danksagung

Als Ingenieur war es eine große Herausforderung, mich in neue Themengebiete einzuarbeiten. Ich danke allen, die mich dabei unterstützt haben. Insbesondere den Herren Dr. Reinhard Junker, Dr. W.-E. Lönnig, Dr. Norbert Pailer, Till Biskup und Markus Rammerstorfer, die mir mit konstruktiver Kritik und dem Beantworten fachspezifischer Fragen, vor allem zum ersten Buchteil, weiterhalfen. Dank auch Herrn Thomas Waschke für seine kritischen Bemerkungen, denen ich jedoch nicht immer nachkam. Den Herren Prof. Dr.-Ing. Werner Gitt und Gian Luca Carigiet möchte ich für die Durchsicht meines Manuskripts ein herzliches Dankeschön aussprechen, wie auch meinem geduldigen Testleser Herrn Ralf Hecht.

Trotz aller Sorgfalt können sich Fehler in meine Arbeit eingeschlichen haben, für die ich als Autor die alleinige Verantwortung trage. Auch bin ich den Anregungen nicht in jedem Punkt gefolgt.

Mein herzlicher Dank gilt meiner Frau und meiner Tochter für ihre Nachsicht, die ich ihnen durch das lange Recherchieren und Schreiben abverlangt habe. Vor allem aber danke ich dem, der mir hilft, Kurs zu halten, Christus allein ist mein Fundament, ein ruhender Pol und ein Anker in der Zeit.

1.2 Einteilung des Buches

Das Buch ist in drei Teile gegliedert, die unabhängig voneinander gelesen werden können, da ein Buchteil nicht auf dem anderen aufbaut. Durch die Gliederung soll der naturwissenschaftliche Bereich von anderen Disziplinen getrennt werden. Dadurch soll der Leser leichter zwischen naturwissenschaftlichen und weltanschaulichen Aussagen unterscheiden können.

I. Der erste und zugleich umfangreichste Teil beschäftigt sich mit dem Spannungsfeld Schöpfung/Evolution aus naturwissenschaftlicher Sicht. Weil dazu relativ viele verschiedene Aspekte beleuchtet werden, war es nicht möglich, alle erschöpfend zu behandeln. Die einzelnen Kapitel führen zu Beginn in die Diskussion ein und werden durch ein abschließendes Fazit beendet.

II. Im zweiten Teil wird das Thema Schöpfung/Evolution fachübergreifend überwiegend theologisch und philosophisch behandelt.

III. Der dritte und kürzeste Teil ist ein Plädoyer für den Schöpfer, der sich in der Bibel offenbart hat.

1.3 Zielgruppe und Ziel – das bisherige Denken überdenken

Mit diesem Buch wende ich mich an Skeptiker, die der Vorstellung einer Schöpfung ablehnend gegenüberstehen, und an Menschen, die einen scheinbaren Konflikt zwischen ihrem Glauben und der Naturwissenschaft zu entdecken meinen.

Mein Ziel ist es, dem Monopol der Evolutionstheorie und dem atheistisch-materialistischen Denken eine tragfähige Alternative gegenüberzustellen, die den Schluss auf planvolles Handeln ermöglicht. In einer Gesamtübersicht zu dem Thema Schöpfung/Evolution soll gezeigt werden, dass der Interpretationsspielraum wissenschaftlich gewonnener Daten verschiedene Deutungsmöglichkeiten zulässt und das Aufstellen konkurrierender Theorien ermöglicht.

Es ist mir ein Anliegen, dem Leser die Möglichkeit zu bieten, sich neue Sichtweisen über die Auseinandersetzung um die Entstehung des Lebens aneignen zu können. Mit diesem Buch soll eine informative Diskussionsbasis zu diesem spannenden und heiß diskutierten Thema gelegt werden.

Teil I

Evolution und Schöpfung

aus naturwissenschaftlicher Sicht

„Die Idee der Evolution spaltet bis heute sowohl
Laien als auch Wissenschaftler.
Denen, die fest daran glauben und sich als Evolutionisten
bekennen, stehen andere gegenüber, die immer neue
Argumente für die Unzulänglichkeit des Konzeptes von
Darwin suchen und vorlegen. [...]
Wer sich gegen die Evolution ausspricht, muss noch kein
Feind der Wissenschaft sein. Im Gegenteil [...]Es scheint,
dass man im Bereich der Biologie ebenso gut unter Akzep-
tanz einer evolutionären Ordnung forschen kann
wie unter ihrer Ablehnung.
Die Evolution ist dabei fast so etwas wie
der Gedanke an Gott.
Ob man ein guter Physiker ist oder nicht,
hängt nicht erkennbar damit zusammen, ob man gläubig
oder ein überzeugter Atheist ist.
Dem menschlichen Tun steht hier ein Spielraum zur
Verfügung, den es nicht kleinlich einzuengen gilt. "[Q7]

Ernst Peter FISCHER (*1947)
Mathematiker, Physiker, Biologe und
Wissenschaftshistoriker an der
Universität Konstanz

2 Wissenschaft – was versteht man darunter?

Zu Beginn kommen wir nicht daran vorbei, uns einmal grundlegend Klarheit darüber zu verschaffen, was Wissenschaft eigentlich bedeutet. Für viele Leser wird dieses Kapitel sicherlich ein trockener Einstieg sein. Aber nur so wird es möglich zu erkennen, was die Wissenschaft zu leisten vermag und wo ihre Grenzen sind. Im Anhang 17 ist für den interessierten Leser das Thema Wissenschaftstheorie etwas ausführlicher dargestellt.

Grundsätzlich unterscheidet man zwischen Geschichtswissenschaften und Naturwissenschaften. Im Folgenden ist mit Wissenschaft die Naturwissenschaft gemeint, weil im allgemeinen Sprachgebrauch der Begriff Wissenschaft mit der auf Erfahrungen beruhenden Naturwissenschaft gleichgesetzt wird. Prinzipiell bedeutet Wissenschaft, die Erscheinungen und Vorgänge in der Natur sowie ihre Gesetze systematisch (vor allem durch Experimente) zu erforschen und durch Hypothesen und Theorien zu beschreiben.

Daten oder Fakten sind grundsätzlich vielfältig deutbar. Eine Theorie muss die sie betreffenden Fakten erklären können und überprüfbare Aussagen beziehungsweise Vorhersagen ermöglichen. Das bedeutet, dass es eine Möglichkeit geben muss, sie anhand überprüfbarer Aussagen und Vorhersagen zu bestätigen oder als falsch zu erkennen – sie muss widerlegbar (falsifizierbar) sein. Wiederholbare Experimente sind das wichtigste Werkzeug der Wissenschaft. *Eine Theorie als absolut wahr zu beweisen (verifizieren) ist nicht möglich!* Sie ist immer nur vorläufig wahr, solange sie nicht widerlegt ist. Theorien sollen, wenn es brauchbarere gibt, ersetzt werden.

Das ist die derzeitige Auffassung zur Überprüfbarkeit von Hypothesen oder Theorien auf der Grundlage Karl POPPERs.

„Die Tätigkeit des wissenschaftlichen Forschers besteht darin, Sätze oder Systeme von Sätzen aufzustellen und systematisch zu überprüfen; in den empirischen Wissenschaften sind es insbesondere Hypothesen, Theoriensysteme, die aufgestellt und an der Erfahrung durch Beobachtung und Experiment überprüft werden. " (Karl POPPER,[2] 1934)[Q110]

Was die Naturwissenschaft nicht erklären kann

Der bekannte britische Physiker und Atheist Stephen HAWKING schreibt in seinem populären Buch „Eine kurze Geschichte der Zeit", in dem er auf der Suche nach der Urkraft des Universums ist, Folgendes: *„Auch wenn nur eine einheitliche Theorie möglich ist, so wäre sie doch nur ein System von Regeln und Gleichungen. Wer bläst den Gleichungen den Odem ein und erschafft ihnen ein Universum, das sie beschreiben können? "*[Q24]

Selbst wenn wir alle Zusammenhänge innerhalb des Universums verstehen würden, stellt sich dennoch die Frage: Woher kommt die Umgebung, in der die Zusammenhänge, Regeln und Gleichungen gelten? Es wäre vermessen zu denken, dass alles allein durch unsere Sinne und unsere (bisherigen) technischen Möglichkeiten erklärt und beschrieben werden kann. Selbst wenn die Menschheit bereits alle wissenschaftlich nachweisbaren Fragen beantwortet hätte, wüsste man trotzdem nicht alles. Der Empirismus[3] versagt bei vielen existentiellen Fragen, so auch bei dem Woher und Warum. Wozu gibt es ein

---

[2] **Sir Karl Raimund POPPER** (1902-1994), britischer Philosoph, Logiker und einflussreicher Wissenschaftstheoretiker österreichischer Herkunft. Begründer des kritischen Rationalismus. Er studierte Mathematik und Physik. Professor für Logik und Wissenschaftstheorie an der London School of Economics, die unter seiner Leitung zu einem Zentrum der Wissenschaftstheorie wurde.

[3] **Empirismus**: philosophische Lehre, die als einzige Erkenntnisquelle die Sinneserfahrung, die Beobachtung, das Experiment gelten lässt (Meyers, 1995).

Universum mit einem System von Regeln und Gleichungen, die in unvorstellbarer Harmonie zusammenarbeiten?

Die Wissenschaft beantwortet nicht die Frage nach dem Sinn. Sie beschreibt uns einen laufenden Motor, dessen Details mehr und mehr erforscht werden. *Aber weshalb der Motor läuft, und wer ihn zum Laufen gebracht hat, kann sie uns nicht beantworten.*

„Wir haben es in den Wissenschaften immer nur mit Vermutungen, mit Hypothesen zu tun, niemals mit absoluten Wahrheiten. Hypothesen und Theorien sind empirisch mehr oder weniger gut bestätigte [bewährte, KUK] *Gesetzesaussagen über die Realität. Sie bleiben jedoch immer vorläufige, relative Wahrheiten.*

Der Anspruch einer absoluten Wahrheit ist unwissenschaftlich*; er gehört entweder in die Bereiche der politischen Ideologie (z.B. Marxismus) oder der persönlichen Glaubensüberzeugung (Religion). "*[Q48]

Hans H. BLOTEVOGEL

3   Charles Darwin

Der Name Charles DARWIN und die Evolutionstheorie sind untrennbar miteinander verbunden. Als Begründer der Abstammungslehre ist DARWIN in die Geschichte eingegangen. Seine bahnbrechende Theorie legte das Fundament einer evolutionären Weltsicht.

Charles Robert DARWIN wurde in Shrewsbury am 12.2.1809 als fünftes Kind einer reichen englischen Familie geboren und verstarb am 19.4.1882 in Down bei Beckenham (= London). Auf Wunsch seines Vaters begann DARWIN bereits mit sechzehn Jahren in Edinburgh ein Medizinstudium, welches er jedoch vorzeitig abbrach, um Theologie zu studieren. Nach dem Abschluss seines Studiums (1831) konnte er auf Empfehlung des Cambridger Botanikprofessors J.S. HENSLOW an einer fünfjährigen Expedition an Bord des königlichen Forschungs- und Vermessungsschiffs „Beagle" teilnehmen. Dort sammelte er wegweisende Erfahrungen für seine Naturforschung. Die Weltumseglung auf der „Beagle" vom 27.12.1831 bis zum 2.10.1836 führte ihn nach Süd-Amerika, auf die Galapagosinseln, nach Tahiti, Neuseeland, Australien, Mauritius und Südafrika.

Der Aktualismus von Charles LYELL übte einen großen Einfluss auf DARWIN aus. LYELL behauptete entgegen der Vorstellung des Katastrophismus (CUVIER), dass sich die Erdoberfläche fortdauernd und sehr langsam durch natürliche Prozesse über lange Zeitepochen hinweg verändere. Hierin fand DARWIN Argumente für ein sehr hohes Erdalter. Nachdem er wieder nach England zurückgekehrt war, las er einen Artikel des englischen Ökonomen Thomas Robert MALTHUS. Nach MALTHUS wird die menschliche Bevölkerung dann durch natürliche Wirkungen wie Hungersnöte, Krankheiten oder soziale Auswirkungen wieder nach unten reguliert, wenn sie sich schneller vermehrt, als die Nahrungsgrundlage zunimmt. DARWIN übertrug diese Regulationsmechanismen auf Pflanzen und Tiere. Über LYELLs und MALTHUS Gedanken gelangte er zu seiner Form der Abstammungslehre. Sein epochales Hauptwerk „Die Entstehung der Arten" veröffentlichte er 1859. In seinen späteren Büchern ging er im Detail auf Probleme ein, die er in „Die Entstehung der Arten" nur in kurzen Abschnitten dargelegt hatte. DARWIN wurde 1839 in die Royal Society (die britische Akademie der Wissenschaften) und 1878 in die französische Akademie der Wissenschaften aufgenommen.

Weniger bekannt als DARWINs wissenschaftliche Veröffentlichungen ist seine allmähliche Ablehnung des Christentums. *„Das Christentum musste ein für alle Mal verworfen werden. [...] Die Evolution – das ,neue Evangelium' –, erklärte den Geist, die Moral und die religiösen Überzeugungen als Bestandteil der sozialen Entwicklung der menschlichen Spezies",*[Q17] berichten DESMOND und MOORE in ihrer umfangreichen Biographie von DARWINs Überzeugungen. 1876, sechs Jahre vor seinem Tod, schrieb er in einer *„Botschaft an die Familie"*, er könne nicht begreifen, *„warum irgend jemand wünschen sollte, dass das Christentum wahr ist".*[Q17a]

Schon lange vor DARWIN war die Vorstellung einer Entwicklung der Lebewesen durch Abstammung bekannt. Beispielsweise bei THALES VON MILET[4], EMPEDOKLES (ca. 483-425 v.Chr., griech. Philosoph) und EPIKUR (geboren auf Samos, 341-270 v.Chr., griech. Philosoph). Bereits in der Frühgeschichte der Menschheit gab es Gedanken, dass sich fischähnliche Wesen aus den Gewässern zu Tieren und Menschen verwandelt hätten (ANAXIMANDER VON MILET, 610-547

---

[4] **THALES VON MILET** (625-547 v.Chr.), griechischer Philosoph und Mathematiker. Begründer der ionischen Naturphilosophie. „Satz des Thales", geometrischer Lehrsatz: Alle Winkel, deren Scheitel auf einem Halbkreis liegen und deren Schenkel durch die Endpunkte eines Durchmessers gehen, sind rechte Winkel.

v.Chr.). Ab dem 17. Jahrhundert sind insbesondere G.W. LEIBNIZ (1656-1716), Immanuel KANT (1724-1804), G.W.F. HEGEL (1770-1831), D. DIDEROT (1713-1784) und Jean Baptiste de LAMARCK (1744-1829) als Vertreter des Abstammungsgedankens zu nennen. LAMARCK war der erste, der Stammbäume aufstellte und daher als der eigentliche Begründer der Evolutionstheorie anzusehen ist.[Q1]

DARWINs Leistung bestand darin, eine wissenschaftlich formulierte umfassende Entwicklungstheorie aufzustellen und einen simplen Mechanismus für die Veränderung der Arten zu nennen. Dieser Auslesemechanismus, bekannt als Selektion, ist sein bemerkenswertester Beitrag.

FAZIT

Der studierte Theologe Charles DARWIN gelangte als Naturforscher zu großer Anerkennung. DARWIN war jedoch nicht der gedankliche Vater der Abstammungs- bzw. Evolutionstheorie, sondern der, welcher dieser Theorie auf naturwissenschaftlichem Gebiet zum Durchbruch verhalf.

4   Die Modelle Schöpfung und Evolution

- Evolution

Der Evolutionstheorie zugrundeliegende Annahmen sind hier in sehr kompakter Weise dargestellt. Deswegen erheben die folgenden aufgestellten Punkte auch keinen Anspruch auf Vollständigkeit. Dazu sei auf entsprechende Fachbücher verwiesen.[5] Der Evolutionsgedanke bildet den Rahmen, in dem gewonnene Daten interpretiert werden.[6]

I.   Forderung: Übernatürliche Ereignisse müssen von vornherein ausgeschlossen werden. Alles (auch der Ursprung des Lebens) muss natürlich erklärt werden.
     Daraus folgt unmittelbar (a) eine Höherentwicklung vom Unbelebten zum Belebten, (b) eine Höherentwicklung vom Einfachen zum Komplexen, wobei Information notwendigerweise zunehmen muss.[7]

II. Entwicklungen von Lebewesen werden durch *Mutation*[8] und *Selektion* hervorgerufen. Man unterscheidet *Mikroevolution* (Variabilität innerhalb eines Typs, z.B. verschiedene Taubenrassen) und *Makroevolution* (Entstehung neuer Typen, z.B. vom Fisch zum Lurch[9]).[10] Durch *Selektion* werden vorteilhafte Eigenschaften von Lebewesen ausgewählt, und der am besten Angepasste überlebt.

III. Die Evolution folgt offenbar keinem Plan. *Zufallsprozesse* sind ein wesentliches Prinzip.

---

[5] Z.B. LINDER Biologie; JUNKER/SCHERER, Evolution – ein kritisches Lehrbuch; DARWIN, 1872.

[6] Siehe dazu 18, „Paradigma der Evolution".

[7] Vgl. dazu LINDER Biologie, S. 432, 433 (Q1).

[8] **Mutation**: spontane oder künstlich erzeugte Veränderung im Erbgut.

[9] **Amphibium**: im Wasser und auf dem Land lebendes Wirbeltier.

[10] Zum Begriffspaar Mikro- und Makroevolution siehe Kapitel 24.

Laut Evolutionstheorie entwickelte sich aus toter Materie durch geeignete Umstände zufällig das Leben. Dabei musste Information ohne äußeres Hinzutun auf natürliche Weise entstanden sein, und die Komplexität von Organismen musste von selbst stetig zunehmen.

In ungeheuer langen Zeiträumen hätten die Lebewesen zuerst den Lebensraum Wasser, anschließend das Land und schließlich den Luftraum erobert. Dies sei durch vorteilhafte Mutation und Selektion möglich gewesen. Am Ende dieser evolutiven Kette (Phylogenese)[11] stünde derzeit der Mensch als höchst entwickeltes Tier.

- Schöpfung

Für das in diesem Buch dargestellte Modell bildet das biblische Zeugnis der Schöpfung die Grundlage, auf der Theorien entwickelt werden. Der Schöpfungsgedanke ist der Rahmen, in dem naturkundliche Daten interpretiert werden.

Ein Eingreifen Gottes wird nicht willkürlich dazu verwendet, Erklärungslücken zu füllen, sondern beschränkt sich auf die in den biblischen Berichten geschilderten vergangenen Ereignisse. Das Theoriengebäude unterliegt der wissenschaftlichen Dynamik und stellt keine absolute Wahrheit dar. Dem diskutierten Schöpfungsmodell liegen folgende Annahmen zugrunde:

I. Alle Schöpfungseinheiten wurden innerhalb eines kurzen Zeitraums durch ein übernatürliches Ereignis geschaffen.

II. Jede Schöpfungseinheit war von Anfang an fertig – es bedarf keiner Höherentwicklung. Die notwendige Information zu deren Erhaltung und Vermehrung ist bereits vorhanden.

---

[11] Die **Phylogenese** (Stammesentwicklung) beschreibt die Entwicklung von niederen Organismen bis zu höchstentwickelten Lebewesen.

III. Die Schöpfungseinheiten können sich ihrer Art nach vermehren – sie haben die Fähigkeit der Anpassung (Variabilität innerhalb eines Typs, bzw. Mikroevolution).

IV. Mensch und Tier sind von Anfang an unterschiedliche Lebewesen, sie haben jedoch den gleichen Schöpfer.

Im Schöpfungsmodell wird die mehrmalige Aussage „nach ihrer Art" im Sinne von fertig geschaffenen Grundtypen gedeutet. Der Grundtyp hat die genetische Möglichkeit sich in begrenztem Rahmen (mikroevolutiv) anzupassen. Die Variabilität des Grundtyps wurde vom Schöpfer angelegt. Demzufolge entsteht aus einem Grundtyp kein neuer Typ, sondern es können nur verschiedene, geringfügig abgewandelte Arten aus ihm hervorgehen. Dadurch lässt sich die heute zu beobachtende Artenvielfalt erklären.

In der Genesis (1Mo) steht geschrieben, dass am Anfang Gott schuf (1Mo 1,1). Er schuf den Kosmos und die Erde. Er schuf die Pflanzen- und die Tierarten mit dem Befehl, dass sie sich *ihrer Art nach* (1Mo 1,11.12.21.24.25) vermehren sollen. Er schuf den Menschen zu seinem Ebenbild und unterschied ihn dadurch von den Tieren (1Mo 1,26-27).

Gregor MENDEL (siehe 5.2) begann seine wissenschaftlichen Forschungen mit dem Hintergrund der Artenkonstanz, die er in der Genesis vorfand (jedes nach seiner Art). MENDEL legte durch seine Forschung die Grundlage der heutigen Genetik und bestätigte diese Artenkonstanz.

„Der erste Trunk
aus dem Becher der Naturwissenschaft
macht atheistisch,
aber auf dem Grund des Bechers
wartet Gott. "[Q37]

Werner HEISENBERG[12]
Deutscher Physiker und Nobelpreisträger

---

[12] **Werner HEISENBERG** (1901-1976), deutscher Physiker und Nobel-preisträger. Seit 1946 Direktor des Max-Planck-Instituts für Physik und Astrophysik. Er beeinflusste die Entwicklung der modernen Physik nachhaltig. 1927 stellte er seine Unschärferelation auf. Er erhielt den Nobelpreis für Physik (1932) für seine Beiträge zur Quantentheorie. Ab 1953 befasste er sich mit einer einheitlichen Feldtheorie der Elementar-teilchen (HEISENBERGsche Weltformel).

5 Gegenüberstellung beider Modelle

Fossilien sind weltweit in Museen zu betrachten. Was sagen uns die stummen Zeugen längst vergangener Zeit betreffend Schöpfung und Evolution? Was sagen uns Biologie und Kosmologie? Wie gut lassen sich nun wissenschaftlich beobachtbare Ereignisse und Fakten in den Denkmodellen Evolution und Schöpfung deuten?

5.1 Fossilien

Reste von Tieren oder Pflanzen die versteinert (fossilisiert) wurden, nennt man Fossilien. Neben Abdrücken und Steinkernen sind organische Reste auch als Einschlüsse in Bernstein und im Dauerfrostboden des arktischen Bereichs erhalten.

Fossilisation nennt man den Prozess, der aus einem abgestorbenen Organismus eine Versteinerung werden lässt. Sie ist meist mit einem chemischen Stoffaustausch verbunden, bei dem die oft schnell vergänglichen organischen Substanzen durch haltbare mineralische Substanzen, wie beispielsweise Calcit und Quarz ersetzt werden.

Ammonit
Fundort: Aalen-Dewangen

Fossil erhalten sind meist nur die Hartteile wie Schalen, Knochen oder Zähne, während die Erhaltung von Weichteilen seltener ist. Ist der Körper eines Lebewesens mit seinen Weich-

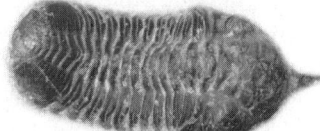

Trilobit
Fundort: Marokko

teilen ganz oder teilweise erhalten geblieben, spricht man von einem Körperfossil. Sehr bekannte Fossilien sind beispielsweise die Ammoniten und Trilobiten.

Versteinerungen können vor allem durch Katastrophen oder durch rasche Sedimentation[13] in Sümpfen, Seen, Mooren und Flachmeeren entstehen, wenn Lebewesen schnell von Verwesungsfaktoren wie Luft, Wasser und Bakterien in Ablagerungen (Sedimenten) abgeschottet werden. Zusätzlich zur schnellen Sedimentation dürfen die eingebetteten Lebewesen nicht wieder durch Umwälzungen freigelegt werden – sie müssen dauerhaft eingebettet bleiben.

Dass viele Fossilien äußerst schnell eingeschlossen wurden, beweisen versteinerte Weichteile, denn bei langsamerer Einbettung werden oft nur Hartteile versteinert. Da die meisten Sedimentschichten auf der Erde fossilhaltig sind, kann man daraus schließen, dass diese Schichten relativ schnell entstanden sein müssen, da eine sehr langsame Ablagerung (wie heutzutage beobachtet wird) für die Bildung von Versteinerungen hinderlich ist.

5.1.1 Einordnung der Fossilien

Die gefundenen Fossilien ordnet man den Gesteinsschichten zu, die wiederum der geologischen Zeittafel (siehe 21) zugeordnet sind. Erst durch Einsatz von radiometrischen Langzeit-Methoden zur Altersbestimmung (siehe 5.9) erfolgte eine durchgehende Zuordnung der Fossilien und Gesteinsschichten mit absoluten Zeitangaben.

Die Abfolge der geologischen Schichten mit ihren charakteristischen Fossilinhalten[14] stellt eine gute Deutungsmöglich-

---

[13] **Sedimentation**: das Absetzen von Feststoffen, die schwerer als die sie umgebende Flüssigkeit sind; v.a. in stehenden Gewässern.

[14] In den unteren Gesteinsschichten findet man Fossilien von Wasserlebewesen, wie z.B. Fische. In den darüber liegenden Schichten befinden sich Fossilien von Amphibien, weiter oben fossilisierte Reptilien, Säugetiere und Vögel und in den obersten Schichten Menschenfossilien. Jedoch gibt es weltweit keine Lokalität, wo Schicht für Schicht ein Übergang von einem Typ in den anderen durch Fossilien beobachtet werden

keit für eine makroevolutive Entwicklung dar – sie ist das stärkste Argument für Evolution. Wie wir jedoch noch feststellen werden, fehlen aber gerade die zu erwartenden Übergangsformen praktisch durchgängig im Fossilbericht (siehe 5.1.3). Einerseits erweisen sich die Fossilien hier als starkes Pro und anderseits als Contra für die Evolutionstheorie. Unter Zugrundelegung der Evolutionstheorie beim Auswerten des Fossilbestandes wird ein *Stammbaum* erstellt (Abb. A), der von einem gemeinsamen Ursprung ausgehend gezeichnet wird. Betrachtet man den Fossilfund ohne die *evolutionstheoretische Deutung*, erhält man parallel verlaufende Linien *ohne gemeinsamen Ursprung* (Abb. B).

FAZIT

Durch Katastrophen, bei denen größere Erdmassen in Bewegung kommen, oder an Orten schneller Sedimentation können Organismen bei günstigen Voraussetzungen versteinert werden. Die Gesteinsschichten und die zugeordneten Leitfossilien stellten anfangs nur eine relative zeitliche Abfolge dar, die erst durch die Radiometrie absolute Zeitangaben erhielt.

Die fossilen Funde selbst weisen auf keinen gemeinsamen Ursprung hin (Abb. B). Die Schöpfungstheorie geht von einzelnen, nebeneinander geschaffenen Lebewesen aus, was dem Fossilfund eher entspricht. Eine evolutionstheoretische Deutung der geologischen Schichten mit ihren charakteristischen Fossilinhalten erscheint durchaus plausibel, jedoch lassen sich die fossilen Funde – gerade wegen den fehlenden Übergangsformen (siehe 5.1.3) – gut im Rahmen der Schöpfungstheorie deuten.

---

kann (Makroevolution). Dagegen gibt es mehrere Beispiele wo man an einem Ort das Anderswerden eines Typs fossil verfolgen kann (Mikroevolution).

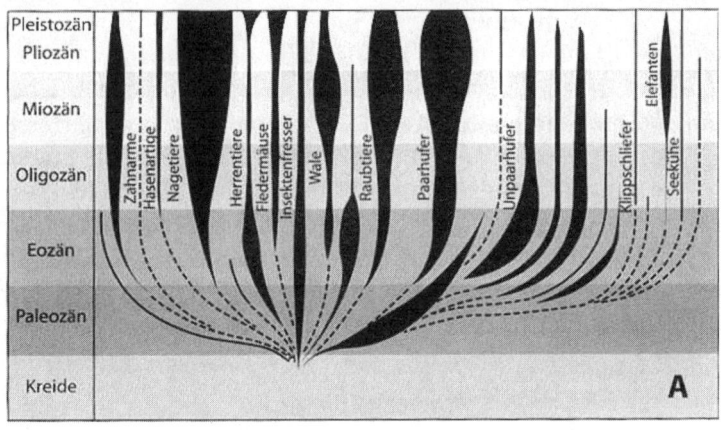

Beispiel: „Evolutionstheoretischer Stammbaum der Säugetiere."[Q2c] Die gestrichelten Linien und Biegungen sind Deutungen – nicht durch fossile Funde belegt.

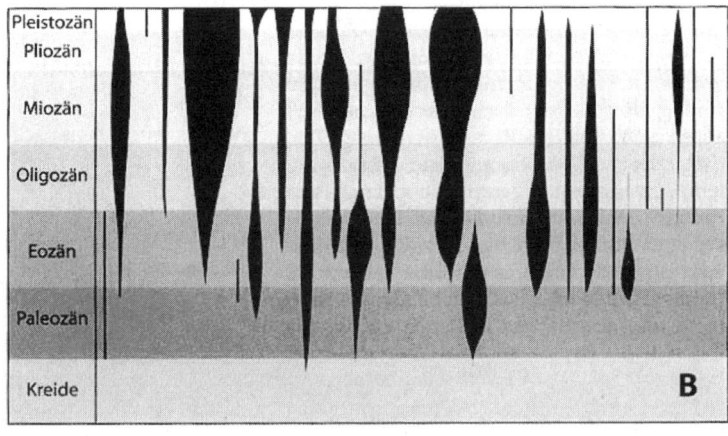

Beispiel: „Stammbaum der Säugetiere"[Q2c] ohne Deutungen. Allein auf dem Fossilfund basierend.

5.1.2 Die kambrische Explosion

Der Ausdruck „kambrische Explosion" kennzeichnet einen sehr kurzen Zeitraum in der Erdgeschichte, in welchem es zu einer explosionsartigen Entfaltung der Tierstämme kam (vor rund 550-540 Millionen Jahren).[*] Im Präkambrium (Erdfrühzeit) findet man fast nur fossile Mikroorganismen. An der Grenze Präkambrium/Kambrium taucht plötzlich eine Vielzahl von vielzelligen komplexen Lebewesen auf, so dass hier von der *kambrischen Explosion* des Lebens gesprochen wird.

Die Schwierigkeit für die Evolutionstheorie besteht darin, dass weltweit annähernd alle Tierstämme (heute noch lebende und ausgestorbene) in dieser geologischen Periode ohne die erwarteten Vorfahren auftreten – sie sind einfach da. Diese bereits hoch entwickelten Tierformen bedürften aber entsprechend darwinistischer Vorstellung zu ihrer Entstehung Hunderte von Millionen Jahren. Das geologisch gesehen plötzliche Auftauchen komplexer Lebewesen ist mit der Evolutionstheorie nur schwerlich in Einklang zu bringen.

Wie ist das plötzliche Auftreten von komplexen Lebewesen zu erklären?

Evolutionstheoretiker suchen nach Gründen dafür und nennen als hypothetische Erklärungsmöglichkeiten kompliziert ineinander übergreifende Prozesse wie Klimaveränderung, Vulkanismus und neue plötzlich auftretende Baupläne. Vor allem die schlagartig auftauchenden Baupläne sollen eine solche explosive Vervielfältigung der Tierstämme ermöglicht haben. Aber gerade für Veränderungen in Bauplänen werden ansonsten sehr lange Zeiträume als Erklärung benötigt.

Die Ursachen des Phänomens der kambrischen Explosion können von Evolutionstheoretikern bis heute nicht zufriedenstellend erklärt werden. *„Wir sehen im frühen Kambrium nicht*

---

[*] Nach radiometrischer Langzeit-Datierung (siehe 5.9).

viele Beweise für Zwischenstufen, da die Zwischenstufen Weichtiere gewesen sein müssen und es somit höchst unwahrscheinlich ist, dass sie versteinert werden konnten",[Q18] vermutet der bekannte Evolutionstheoretiker und Paläontologe[15] Niles ELDREDGE.

Insbesondere dieses oft gebrauchte Argument, dass Übergangsformen im Fossilfund des Kambriums nicht vorkommen würden, weil sie keine Hartteile wie Schalen und Knochen gehabt hätten, ist seit den Funden von feinst gebauten Mikrofossilien als höchst unglaubwürdig zu betrachten.

FAZIT

Diese explosionsartig auftretende Menge an fossilen Funden fertig ausgebildeter Tiere steht nicht im Einklang mit der Evolutionstheorie, da die Funde weder Übergangsformen aufweisen noch einen Hinweis auf einen gemeinsamen Ursprung liefern. *"Wir sind von der vollständigen Erklärung dieser Ereignisse* [der kambrischen Explosion; KUK] *immer noch weit entfernt. Ihre Gründe bleiben vorerst noch das größte Rätsel der Paläontologie",*[Q116] schrieb der Evolutionsbiologe und Paläontologe S. Conway MORRIS.

Die Schöpfungstheorie hingegen ermöglicht die Vorhersage eines plötzlichen Auftretens von einander deutlich abgrenzbaren Tierarten in komplexer Form und großer Vielfalt, wie es in der *kambrischen Explosion* vorkommt. Sie kann auch im Rahmen einer weltweiten Katastrophe wie der Sintflut gesehen werden (siehe S. 123).

---

[15] Die **Paläontologie** ist die Wissenschaft von den fossil erhaltenen Lebewesen.

5.1.3 Fehlende Übergangsformen – „missing links"

Eine *Zwischenform* (oder Mosaikform) besitzt eine Kombination von Merkmalen, die normalerweise zu verschiedenen Gruppen von Lebewesen gehören. Wie zum Beispiel das Schnabeltier, welches Reptilien-, Vogel- und Säugermerkmale aufweist. Solche Zwischenformen gibt es in größerer Zahl. Jedoch sind Zwischenformen oder Mosaikformen nicht automatisch *Übergangsformen* – im Gegenteil.

Manche Zwischenformen versucht man als Übergangsformen zu interpretieren. Dadurch sollen zwei verschiedene Tier- oder Pflanzengruppen im hypothetischen Stammbaum miteinander verbunden werden. Das ist meistens wie im Fall des Schnabeltiers gar nicht möglich, weil die gesamte Merkmalskonstellation

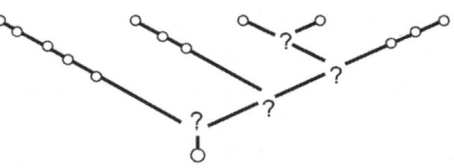

Stammbaum (schematische Darstellung)

in aller Regel nicht zwischen zwei andere Gruppen passt.

Gibt es von der Fachwelt anerkannte Übergangsformen?

Unter Millionen von Fossilien gibt es sehr wenige Zwischenformen die einigermaßen gut als Übergangsform interpretiert werden können.[16] Der Typensprung ist unbewiesen. Die Evolutionstheorie fordert eine Unmenge an Übergangsformen, von denen jedoch bis heute keine einzige gefunden wurde. Mehrere Fossilien wurden seither als Übergangsformen diskutiert, jedoch von der Fachwelt mangels Stichhaltigkeit oder neuerer Erkenntnisse wieder verworfen.

---

[16] **missing link** (englisch: „fehlendes Glied"): 1. *fehlende Übergangsform* zwischen Mensch u. Affe. 2. *fehlende Übergangsform* in tierischen und pflanzlichen Stammbäumen (Meyers, 1995).

George Gaylord SIMPSON (1902-1984), Evolutionstheoretiker und führender Paläontologe, schrieb über das Fehlen von Übergangsformen:[17] *„Die frühesten und primitivsten bekannten Glieder jeder Ordnung weisen bereits die grundlegenden, ordnungsspezifischen Merkmale auf und es ist in keinem Fall auch nur eine annähernd kontinuierliche Folge von einer Ordnung zur nächsten bekannt.* **In den meisten Fällen ist der Bruch so abrupt und die Lücke zu groß, dass der Ursprung der Ordnung spekulativ und umstritten ist.***"* Weiterhin sagt er: *„Dieses* **regelmäßige Fehlen von Übergangsformen** *beschränkt sich nicht nur auf Säugetiere, sondern ist, wie schon seit langem von Paläontologen bemerkt, ein fast universelles Phänomen. Es gilt für fast alle Ordnungen aller Tierklassen, sowohl bei Wirbeltieren als auch bei Wirbellosen. Mehr noch, es trifft auch auf die Klassen und großen Tierstämme und offensichtlich auch auf die analogen Pflanzenkategorien zu."*[Q79]

Auch der *Archaeopteryx* als Übergangsform von Reptil zum Vogel ist äußerst umstritten. Er gilt heute in Fachkreisen als erster Vogel. *„Der Ursprung der Vögel ist zum größten Teil eine Angelegenheit der Schlussfolgerung.* **Es gibt keinen fossilen Beweis von Entwicklungsstufen***, über die sich der bemerkenswerte Übergang vom Reptil zum Vogel vollzogen hätte,"*[Q58] sagte der Evolutionstheoretiker und Vogelexperte W.E. SWINTON.

---

[17] SIMPSON zog in einem nachfolgenden Werk in Betracht, dass Übergänge zwischen wichtigen Organisationsstufen nicht stattfanden, sondern Evolutions-Sprünge die Lücken hervorgerufen haben könnten (SIMPSON, 1949, S. 231). Später versuchte er das *"regelmäßige Fehlen von Übergangsformen"* mit einem lückenhaften Fossilbericht zu erklären, worin man Übergangsformen eben nur extrem selten finden könne: *„Almost all paleontologists recognize that the discovery of a complete transition is in any case unlikely. Most of them find it logical, if not scientifically required, to assume that the sudden appearance of a new systematic group is not evidence for special creation or for saltation, but simply means that a full transitional sequence more or less like those that are known did occur and simply has not been found in this instance."* (SIMPSON, 1953, S. 360)

Einer Unmenge von „fertigen" Fossilien steht eine gähnende Leere an Übergangsformen gegenüber. 250 000 Arten konnten durch Fossilien definiert werden und Milliarden von Individuen sind bekannt.[Q2a] Der angebliche Sprung vom Affen zum Menschen (siehe 5.6) ist paläoanthropologisch[18] unbewiesen, so wie alle anderen Typensprünge auch.

DARWIN selbst beklagte das Fehlen von Übergangsformen, war jedoch zuversichtlich, dass diese noch gefunden werden würden. Er schrieb in seinem Werk „Die Entstehung der Arten", dass *„das Fehlen von zahlreichen Übergangsformen, offenbar große Schwierigkeiten [bietet]."* Er bemerkte weiter, dass *„die Zahl der einstigen Zwischenvarietäten sehr groß gewesen sein [muss]. Warum wimmelt also nicht jede geologische Formation und jede Schicht von Zwischengliedern? Die Geologie zeigt uns keineswegs eine ununterbrochene Kette organischer Wesen, und das ist vielleicht der ernsthafteste Einwand, der gegen meine Theorie erhoben werden kann."*[Q3]

Am 19.4.1882 starb der britische Naturforscher Charles DARWIN. Inzwischen sind mehr als 120 Jahre vergangen. Bis heute wurde keine einzige unumstrittene Übergangsform gefunden.

Wie wird versucht das Fehlen von Übergangsformen zu erklären?

Nach gängiger Meinung der meisten Evolutionstheoretiker entwickelten sich die Lebewesen durch geringfügige schrittweise Änderungen über lange Zeiträume hinweg (*Gradualismus*). Da der Fossilfund aber keine allmähliche, graduelle Entwicklung widerspiegelt und die Übergangsformen praktisch fehlen, wurden verschiedene Hypothesen zur Erklärung des „regelmäßigen Fehlens" (SIMPSON) aufgestellt. Mancher Wissenschaftler möchte den Fossilbericht als sehr dürftig hin-

---

[18] Die **Paläoanthropologie** beschäftigt sich mit den fossilen Funden vorgeschichtlicher Menschen.

stellen, um das Fehlen der Übergangsformen plausibel zu machen. Doch dieses Argument wäre höchstens als Erklärung für ein sporadisches, jedoch niemals für das vorliegende systematische, regelmäßige Fehlen brauchbar.

Aufgrund der fehlenden Übergangsformen stellte der Genetiker Richard GOLDSCHMIDT[19] 1940 seine Theorie der „Hopeful Monsters" auf. Er vertrat die Auffassung, dass ein neuer Typ nicht durch schrittweise geringfügige Änderungen entstehen könne, sondern durch eine sehr seltene und plötzlich auftretende komplexe Großmutation (Makromutation). Eine dadurch entstandene Mutante bezeichnete GOLDSCHMIDT als „Monster". Mit sehr viel Glück könnte durch die Großmutation ein Organismus an eine neue vorteilhafte Lebensweise angepasst werden und es entstünde ein „Hopeful Monster".[20]

Makroevolution verläuft seiner Ansicht nach nicht durch viele kleine Veränderungen, wie DARWIN es vermutete, sondern durch den äußerst seltenen Erfolg der „Hopeful Monsters". GOLDSCHMIDT übernahm vom deutschen Paläontologen Otto SCHINDEWOLF (1896-1971) den Vorschlag, dass aus einem Reptilei der erste Vogel geschlüpft sei. Die von GOLDSCHMIDT in Betracht gezogenen chancenreichen Großmutationen sind enorm unwahrscheinlich und ohne experimentelle Belege.

Eine moderne Theorie, die den Gedanken der „Hopeful Monsters" wieder aufgegriffen hat und in veränderter Form präsentiert, ist der *Punktualismus*.[21] Eine stark schwankende

---

[19] **Richard Benedikt GOLDSCHMIDT** (1878-1958), in Frankfurt geborener Zoologe und Genetiker jüdischer Abstammung. Tätig an den Universitäten in Heidelberg und München sowie am Kaiser-Wilhelm-Institut in Berlin und als Professor für Zoologie an der University of California (1936-1948). Er gilt als einer der Pioniere der Genetik und ist Autor des Werkes "The Material Basis of Evolution" (1940).

[20] „**Hopeful Monster**" kann als ein „chancenreiches Monster", welches durch einen glücklichen Umstand entstanden ist, übersetzt werden.

[21] In Zusammenarbeit mit seinem Kollegen Niles ELDREDGE, formulierte der bekannte Paläontologe Stephen J. GOULD 1972 die Theorie des

Evolutionsgeschwindigkeit, die von sehr langsam bis hin zu extrem schnell wechselt, wird als Ursache für plötzlich auftretende neue Formen verantwortlich gemacht. Dadurch würden lange Perioden des evolutionären Stillstands von Episoden explosionsartiger Veränderung durchbrochen. Während den kurzen Zeiträumen, in denen man annimmt, dass sich neue Typen äußerst schnell gebildet haben, konnte es in kleinen abgesonderten Populationen zu tiefgreifenden genetischen Umbrüchen kommen, die aber im Fossilfund praktisch nicht bemerkbar sind, weil die Zeit für eine eventuelle Versteinerung dafür zu kurz ist. Solche Episoden der sprunghaften Typenbildung können sogar mehrere tausend Generationen umfassen, sind jedoch im Vergleich zu den evolutionär angenommenen Zeiträumen von Jahrmillionen sehr klein (punktuell).

Diese Hypothese zur Erklärung des Fehlens der seit mehr als 140 Jahren gesuchten Übergangsformen besagt eigentlich nur, dass man für die postulierten Übergänge keine fossilen Beweise finden wird, ohne aber zu erklären welche Mechanismen für die angenommenen Evolutionsschübe verantwortlich waren.

Dem Gradualismus fehlen die Übergangsformen und der Punktualismus sagt nur, dass die Evolution punktuelle Geschwindigkeitsspitzen haben muss, weil die Übergangsformen fehlen. Beiden Hypothesen mangelt es an empirischen Belegen.

„punctuated equilibrium", bekannt als **Punktualismus**. „Punctuated equilibrium" kann als „durchbrochenes Gleichgewicht" übersetzt werden. Ein bekannter Beitrag GOULDs war „The Return of the Hopeful Monsters" (Natural History, 1977). Im Punktualismus teilt man nicht die Auffassung, dass komplexe Großmutationen, so wie sie sich GOLDSCHMIDT vorstellte, neue Typen hervorbrächten. GOULD (wie ELDREDGE) verneinte aber auch die Vorstellung, dass sich neue Typen durch kleine, allmähliche mutative Schritte bilden würden.

Fossilien, die als Übergangsformen interpretiert werden können, sind selten und durchweg umstritten. *„Jeder Paläontologe weiß, dass der Fossilbericht nur herzlich wenig Material aufweist, welches man als Übergangsformen bezeichnen könnte; plötzliche Übergänge zwischen Hauptgruppen sind charakteristisch",*[22] schrieb der Verfechter des Punktualismus, Stephen J. GOULD.[Q54] Der Fossilbericht zeigt keine zwingenden Belege für Makroevolution.

Die in der Schöpfungstheorie als geschaffen angenommenen Grundtypen sind von vornherein fertig und scharf voneinander abgegrenzt. Die Schöpfungstheorie schließt Übergangsformen zwischen verschiedenen Grundtypen nicht nur gänzlich aus, sondern sagt Lücken zwischen ihnen vorher. Die fehlenden Übergangsformen (missing links) sind ein starkes Indiz für geschaffene Einheiten. Der Typensprung bleibt bis heute unbewiesen.

Aber warum findet man keine Übergangsformen? Aus Sicht der Evolutionstheorie wird argumentiert, dass alle Typensprünge in Randpopulationen stattfanden, die jedoch nicht fossilisiert worden wären. Der Punktualismus steht zwar in besserer Übereinstimmung mit dem Fossilfund und erweitert die Evolutionstheorie, bleibt es aber schuldig, nachweisbare Fakten vorzulegen. *„ Man kann sich den Änderungsprozess der isolierten Individuen in Randgebieten so intensiv und schnell vorstellen wie man will, weil niemand sie jemals finden wird, "*[Q87] schreibt P.E. JOHNSON.

---

[22] Originalzitat: *„ All paleontologists know that the fossil record contains precious little in the way of intermediate forms; transitions between major groups are characteristically abrupt. Gradualists usually extract themselves from this dilemma by invoking the extreme imperfection of the fossil record – if only one step in a thousand survives as a fossil, geology will not record continuous change. Although I reject this argument (for reasons discussed in "The Episodic Nature of Evolutionary Change") [...]. "*

Eine logischere Antwort auf die Begebenheit, dass keine Über-gangsformen gefunden werden, scheint die Möglichkeit zu sein, dass es sie einfach nicht gibt.

5.1.4 Lebende Fossilien

In der Evolutionstheorie werden noch heute vorkommende Pflanzen- und Tierarten, die sich seit Millionen von Jahren[*] kaum verändert haben, als *lebende Fossilien* bezeichnet. Aber warum blieben die lebenden Fossilen in ihrer Entwicklung praktisch stehen, wenn durch ständige Veränderungen eine Höherentwicklung durch Mutation und Selektion ermöglicht worden sein soll?

Volker FAHLBUSCH von der Ludwig-Maximilians-Universität in München führt aus: *„[...] die wahrhaft aufre-genden Vertreter jener Organismen, die man auch als ‚Old-timer der Tier- und Pflanzenwelt‘ bezeichnen kann, diejenigen, welche ohne gravierende Veränderungen ihrer Gestalt und Lebensweise ’zig oder gar Hunderte von Millionen Jahren un-verändert überdauert haben und durch Fossilreste belegt sind. Sind sie es, die im Schatten der stammesgeschichtlichen Ver-änderungen und abseits der ‚vorteilhaften‘ Anpassungen an neue Lebensbereiche, an neue klimatische oder sonstige öko-logische Bedingungen ‚von der Evolution vergessen‘ wurden?*

In der Tat gibt es sowohl in der Pflanzen- wie in der Tier-welt eine nicht geringe Zahl solcher ‚Oldtimer‘. [...] Sie lassen erkennen, dass es ‚lebende Fossilien‘ in allen größeren Tier- und Pflanzengruppen gibt. Vor allem aber sind sie oder ganz nahe Verwandte über lange geologische Zeiträume hinweg durch Fossilien belegt. Über Zehner oder gar Hunderte von Millionen Jahren zeigen sie eine nicht oder sehr wenig verän-derte Gestalt: Limulus seit 150 Millionen Jahren und Lingula

---

[*] Alle in diesem Abschnitt genannten Zeitangaben beziehen sich auf ra-diometrische Langzeit-Datierung (siehe 5.9).

gar seit fast 500 Millionen Jahren. Das sind wahrhaft giganti-
sche Zeiträume, in denen diese Organismen keine wesentliche
Entwicklung erfahren haben. Sie behielten einen ursprüngli-
chen Bauplan bei, ohne spezielle Anpassungen an besondere
Lebensräume oder Ernährungsweisen, unspezialisiert: Meister
im Überdauern während geologischer Epochen. "[Q14]

Das Überleben dieser Arten sei nur bei relativ konstanten Umweltbedingungen möglich gewesen, lautet das Argument mancher Evolutionstheoretiker. Oder man schreibt den lebenden Fossilien eine geringe Entwicklungsdynamik zu, was jedoch mehr eine Tatsachenbeschreibung als eine Erklärung ist. Ein weiterer Versuch, die Fakten mit der Evolutionstheorie in Einklang zu bringen, ist die Überlegung, dass die verschiedenen Arten sich mit unterschiedlichen Geschwindigkeiten entwickeln würden und somit eine Art die andere überholen könne. Die Schwäche dieser Argumentation besteht darin, zu erklären, warum sich verschiedene Tier- und Pflanzenarten in derselben Zeitperiode im gleichen Umweltmilicu höherentwickeln sollten und andere nicht.

Lebende Fossilien sind zum Beispiel Nautilus, ein Kopffüßer, der Nautiloiden-Gattung (450 Millionen Jahre) zugehörig, der Quastenflosser (350 Millionen Jahre), die Brückenechse (200 Millionen Jahre), Pfeilschwanzkrebse, Krokodile sowie Schildkröten. In der Flora zählen unter anderem der Ginkgo- und der Mammutbaum zu den lebenden Fossilien. Versteinerte Libellen, Fledermäuse oder Kakerlaken sind morphologisch[23] anhand heutiger Exemplare deutlich als solche zu erkennen – auch bei ihnen hat sich über lange Zeitperioden die äußere Formgebung kaum verändert. Die Entdeckung eines lebenden Quastenflossers im Jahre 1938 war eine Sensation. Miss M. LATIMER konservierte einen gefangenen Fisch, weil er ihr ungewöhnlich erschien. Als sie seine Art nicht anhand von Nachschlagewerken bestimmen konnte, fertigte sie eine Skizze

---

[23] **morphologisch**: die äußere Gestalt betreffend, der Form nach.

von ihm an und schickte sie an J.L.B. SMITH, den berühmten Fischkundler an der Rhodes-Universität in Grahamstown, Südafrika. *„Ich wäre kaum erstaunter gewesen, wenn mir auf der Straße ein Dinosaurier begegnet wäre"*, war der Kommentar des Professors.[Q14] Denn dieser Fisch hätte eigentlich schon mit den Dinosauriern ausgestorben sein müssen. Dieses Lebewesen soll sich angeblich seit mindestens sechzig Millionen Jahren kaum verändert haben. Peter WELLNHOFER kommentiert: *„Das Sensationelle an der Entdeckung von Latimeria* [Quastenflosser; KUK] *war nicht nur, dass sie der längst für ausgestorben geglaubten Tiergruppe der Quastenflosser angehört, sondern dass es zwischen den ältesten fossilen Vertretern des Devons und der rezenten* [heute lebenden; KUK] *Latimeria kaum einen morphologischen Unterschied gibt, ihr Bauplan sich in den Jahrmillionen also kaum verändert hat [...], was dieser Fischgruppe den deutschen Namen Quastenflosser eingebracht hat. Latimeria kann deshalb mit Recht als ein ,lebendes Fossil' bezeichnet werden.*"[Q14a]

FAZIT

Die sogenannten lebenden Fossilien bedürfen in der Evolutionstheorie einer besonderen Erklärung, da sie aus der Reihe tanzen. Denn bei ihnen führten evolutionstheoretisch angenommene Veränderungen nicht zu neuen Formen. Sich kaum verändernde Lebewesen stützen nicht die für die Evolutionstheorie wichtige These der Höherentwicklung und sie stellen keine primitiven Vorfahren dar.

In der Schöpfungstheorie setzt man komplexe, fertig gebaute Lebewesen voraus, die sich nicht aus niederen Vorfahren entwickelt haben. Typensprünge (Makroevolution) werden nicht erwartet. Lebende Fossilien können als Beleg für die Stabilität der Grundtypen (siehe Kapitel 24) gewertet werden.

Der österreichische Augustinermönch Gregor Johann MENDEL[24] war ursprünglich Lehrer. Er fiel jedoch mit ungenügenden Noten in Geologie und Biologie zweimal durch die Abschlussprüfung. Sein Prüfer schrieb darüber: *„[...] es fehlt ihm an Einsicht und an der erforderlichen Erkenntnis."* Nachdem MENDEL an der Universität Wien von 1851 bis 1854 Naturwissenschaften studierte,[Q13] wurde es ihm ermöglicht, trotz fehlender Lehramtsprüfung an der Brünner Staats-Realschule als Hilfslehrer zu unterrichten. Durch seine berühmten Versuche im Klostergarten entdeckte er bei der Kreuzung von Pflanzen 1865 die Gesetzmäßigkeiten der Vererbung. MENDELs Lehre bildet eine der Grundlagen der heutigen experimentellen Genetik.

Allerdings bekam seine bahnbrechende wissenschaftliche Arbeit aus verschiedenen Gründen erst Jahrzehnte später die gebührende Anerkennung. 16 Jahre nach seinem Tod und 35 Jahre nach der Veröffentlichung seiner Forschungsarbeit wurden die MENDELschen Vererbungsgesetze zwar wiederentdeckt, aber der wissenschaftliche Durchbruch gelang erst in den Zwanziger und Dreißiger Jahren des 20. Jahrhunderts. Vor allem die Widersprüchlichkeit der MENDELschen Gesetze zur DARWINschen Vorstellung der Vererbung erworbener Eigenschaften führte zu heftigen Kontroversen. Der schwedische Genetiker Heribert NILSSON schrieb, dass *„im Jahre 1865 eine*

---

[24] **Gregor Johann MENDEL**(1822-1884), Lehrer und Augustinerprior. Er entdeckte bei Kreuzungsversuchen an Erbsen und Bohnen 1865 die MENDELschen Gesetze für die Vererbung. Diese richtungweisenden Ergebnisse wurden erst um 1900 von den Pflanzenforschern C.E. CORRENS, E. von TSCHERMAK und H. de VRIES wieder entdeckt. MENDELsche Gesetze: Uniformitätsregel, Spaltungsregel, freie Kombinierbarkeit der Gene.

*[...] exakte Biologie von Mendel fest und überzeugend gegrün-
det [wurde].* **Darüber ging aber die gewaltige Welle des
Evolutionismus.** "[Q113] Die Spannungen zwischen Darwinisten
und den Anhängern der MENDELschen Gesetze gipfelte darin,
dass 1903 das bekannte britische Wissenschaftsmagazin „Nature" keine weiteren Arbeiten von Mendelisten mehr veröffentlichte.[Q114]

MENDEL lehnte im Kontrast zu DARWIN die kontinuierliche Evolution sowie die Vererbung erworbener Eigenschaften
aufgrund seiner langjährigen Versuche ab. Nach der Wiede-
rentdeckung der MENDELschen Gesetze erfuhr der Darwinismus eine Schwächung. Der deutsche Botaniker Carl Erich
CORRENS (1864-1933) beschrieb die Unstimmigkeit der
MENDELschen Vererbungsgesetze mit dem Darwinismus folgendermaßen: *„Die Lehre von den selbständigen und unver-
änderlichen Erbanlagen haben neuerdings Anlass gegeben,*
die ganze Abstammungslehre in Frage zu ziehen."[Q115]

Nachdem die zuvor abgelehnten Entdeckungen MENDELS
zusammen mit anderen Wissenschaften zur sogenannten Syn-
thetischen Evolutionstheorie zusammengefügt wurden, erholte
sich der Darwinismus sehr schnell. Hedwig CONRAD-
MARTIUS schrieb in ihrem Buch „Die Abstammungslehre":
*„Aber nun ist das Erstaunliche geschehen: Der Darwinismus
ist nicht nur aufs Neue erstarkt, sondern er ist zu einer festen
wissenschaftlichen Phalanx geworden, dass schon einiger Mut
dazu gehört, sich ihm entgegenzustellen.*"[Q92]

- MENDELsche Gesetze

MENDEL ging von der Unveränderbarkeit der Arten aus, entsprechend dem biblischen Schöpfungsbericht. Diese Artenkonstanz ist durch seine Experimente bestätigt. Die damalige
Vorstellung von der Vererbung erworbener Eigenschaften
stand im krassen Widerspruch dazu. Man glaubte, dass sich
verschiedene Merkmale zu einem neuen Merkmal mischen
und dieses weitervererbt werden würde. Das ist aber nicht der

Fall, denn MENDEL konnte deutlich zeigen, dass man nach weiteren Kreuzungen wieder die ursprünglichen, unvermischten Merkmale erhält.

Dieser Sachverhalt kann anhand eines Beispiels verdeutlicht werden: Kreuzt man eine rein rotblühende (RR) mit einer rein weißblühenden (WW) Pflanze, erhält man zwei rosablühende Pflanzen (RW) (RW). Bei der nächsten Kreuzung erhält man eine rein weißblühende (WW), zwei rosa- (RW) (RW) und eine rotblühende Pflanze (RR). Aus rosablühenden Pflanzen entstehen also wieder Pflanzen mit den Ausgangsfarben rot und weiß. Das heißt, die Information der Farben bleibt konstant, die rosablühende Pflanze behält die Information rot und weiß (RW) bei. Eine neue spezifische Information für rosa ist also nicht entstanden. In der nächsten Generation spalten sich diese unveränderten Informationen wieder auf in rein rote und rein weiße Blüten. Wäre durch die Kreuzung eine neue Information zustande gekommen, könnten keine rein roten oder rein weißen Blüten mehr auftreten.

Entsteht bei der Vererbung neue Information?

Das obige Kreuzungsbeispiel zeigt, dass keine neue Information zustande kommt, sondern nur mit gegebenen Informationen neu kombiniert wird. Man bezeichnet eine Mischung des Erbgutes bei der Fortpflanzung als *Rekombination*.

• Mutation und Selektion – Evolution ohne Grenzen?

Eine *Mutation* ist eine sprunghafte, meist geringfügige Änderung im Erbgut. Mutierte Gene werden gemäß den MENDEL-schen Regeln mitkombiniert und weitervererbt. Für eine Informationsänderung im Erbgut sind in der Natur zufällige, richtungslose Mutationen erforderlich. Als Quelle neuer biologischer Formen und Strukturen sind sie eine unverzichtbare Grundlage der Evolution.

Bei Mutations-Experimenten (weltweit bei Gerste, Erbse, Mais, Reis u.a.)[Q5] beobachtet man eine Abnahme neuer Mutanten[25] (Phänotypen) bei steigender Versuchszahl. Die bereits bei vorhergehenden Versuchen erzeugten Mutanten wiederholen sich in steigender Zahl, während das Auftreten neuer Mutanten abnimmt. Dieses Phänomen bezeichnet der Genetiker LÖNNIG als „rekurrente Variation".

Rekurrente Variation

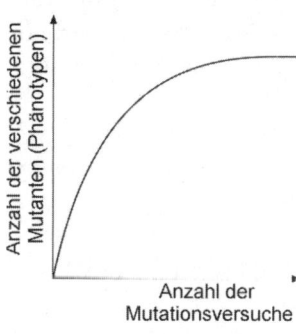

Anzahl der verschiedenen Mutanten (Phänotypen)

Anzahl der Mutationsversuche

Auch Werner GOTTSCHALK bestätigt diese Besonderheit indem er feststellt: *„Je größer die Sortimente sind, um so schwieriger ist es, sie durch neue Mutationstypen zu erweitern. Es entstehen hierbei bevorzugt Mutanten, die bereits existieren."*[Q84] Daraus kann man schlussfolgern, dass bei Lebewesen zwar eine sehr große, aber begrenzte Anzahl an Mutanten vorliegt (obwohl im Erbgut die Variationsmöglichkeiten nahezu unendlich sind). Mehr als das endliche Spektrum an Mutanten steht der Selektion nicht zur Verfügung. *Eine grenzenlose Evolution erscheint im Lichte der Rekurrenten Variation als nicht sehr wahrscheinlich.*

Die Selektion entscheidet darüber, ob eine Mutation positiv ist, das heißt, ob sie sich den Umweltbedingungen gegenüber als vorteilhaft erwiesen hat. DARWIN prägte den Ausdruck, dass der den Umweltbedingungen am besten Angepasste überlebt. Die Selektion schafft nichts Neues, sie siebt nur aus den vorhandenen Formen und Strukturen das Geeignete aus. Dadurch werden mehr Nachkommen erzeugt, und die Überlebenschance der Art erhöht sich.

---

[25] Hier sind Mutanten mit gleichem **Phänotyp**, das heißt mit gleicher äußerer Erscheinungsform gemeint. Mutationen können verschiedene Phänotypen erzeugen. Der Phänotyp ist Angriffspunkt der Selektion.

Was sind nun in der Natur vorkommende positive Mutationen?

Als ein Beispiel für positive Mutation gelten auf Inseln lebende Insekten,[Q1b] deren Flügel sich zurückgebildet haben, damit der dort vorherrschende starke Wind die Insekten nicht ins offene Meer treiben kann. Diese Mutation zur Flugunfähigkeit ist in dieser speziellen Umgebung eindeutig positiv. Die Selektion hat die flugunfähigen Insekten ausgesiebt, d.h. die fliegenden Individuen starben aus. Als ein weiteres Beispiel für eine positive Mutation gilt der blinde Höhlenfisch Astyanax.[Q2b]

Sind diese positiven Mutationen ein Beweis für eine Höherentwicklung (Makroevolution)?

Die positive Mutation bei den oben genannten Insekten war *der Verlust eines einsatzfähigen Organs*, nämlich der Flügel. Makroevolution (siehe 24) wäre das Mutieren eines *neuen* und nicht allein der Verlust eines funktionsfähigen Organs. Makroevolution ist mit einer Entwicklung von einfachen zu komplexen Strukturen und einem Informationszuwachs im Erbgut verbunden. Die Mutation der Insekten erbrachte zum einen keinen Zuwachs an genetischer Information und zum anderen nahm die Komplexität der Lebewesen ab. *Einen Beweis für eine evolutive Höherentwicklung liefert sie nicht!* Mutationen, die sich für einen Organismus in seiner Umwelt als positiv erweisen, sind selten und gehen oft zu Lasten anderer Fähigkeiten (Degeneration).

Die Selektion an sich bewirkt keinen Informationszuwachs im Erbgut, sie merzt nur schlecht angepasste Individuen aus. Der Druck der Umwelteinflüsse auf die Lebewesen kann zu einer besseren Anpassung und Spezialisierung führen, indem bereits vorhandene Organe und Strukturen verbessert werden können. Dadurch sind besonders angepasste Tiere erklärbar wie beispielsweise der Gepard, der mit einer Höchstgeschwindigkeit von ca. 100 km/h bestens für die Jagd auf schnelle Beutetiere ausgerüstet ist. Doch der Gepard bleibt eine Raubkatze. Wirklich Neues ist nicht entstanden, es wurde nur mit vorhandenen Strukturen erfolgreich variiert. Ein für die Evolutionstheorie wichtiger Typensprung fand nicht statt.

Alle seither wissenschaftlich experimentellen Beobachtungen zu Mutation und Selektion liegen im Bereich von Mikroevolution, der Entwicklung innerhalb eines Typs.

FAZIT

Heutzutage könnte man annehmen, dass die MENDELsche Lehre sozusagen reibungslos in die Evolutionstheorie integriert worden sei. Die MENDELschen Gesetze standen jedoch der damaligen Vorstellung von der Vererbung erworbener Eigenschaften vollkommen diametral gegenüber, denn sie bestätigen bis heute die Unveränderbarkeit, die Konstanz der Arten (Typen). Denn laut den MENDELschen Gesetzen entsteht bei der Fortpflanzung *keine neue Information*, das vorhandene genetische Material wird lediglich gemischt (Rekombination). Es liegt nahe, in der Widersprüchlichkeit von MENDELs Entdeckungen zur damals herrschenden Variante der Evolutionstheorie einen bedeutenden Faktor zu sehen, dass MENDELS Arbeiten erst weit nach deren Veröffentlichung Anerkennung fanden.

Das Biologie-Lehrbuch LINDER bezeichnet *„Mutationen als Grundlage der Evolution"*,[Q1a] und der Nobelpreisträger Jacques MONOD[26] nannte sie den *„einzige[n] und alleinige[n] Grund jeglicher Neuerung und Schöpfung in der belebten Natur"*.[Q56] Aber die durch Mutation erhaltenen Mutanten be-

---

[26] **Jacques Lucien MONOD** (1910-1976), französischer Biochemiker. Er erhielt 1965 den Nobelpreis für Physiologie oder Medizin zusammen mit A. LWOFF und F. JACOB für die Entdeckung der genetischen Steuerung der Enzym- und Virussynthese. In seinem Buch „Zufall und Notwendigkeit" (1970) befasste sich MONOD mit philosophischen Fragen der modernen Biologie.

wegen sich innerhalb festgesetzter Grenzen, denn es entstehen bei steigender Anzahl von Versuchen vermehrt bereits existierende Mutanten (rekurrente Variation). Und die einzigen in Frage kommenden Lieferanten neuer genetischer Information sind Mutationen, die jedoch meist schädlich oder neutral und nur in seltenen Fällen positiv sind. Hinzu kommt, dass sie eben nicht unendlich viele Mutanten erzeugen, sondern nur in begrenztem Rahmen Auslesematerial für die Selektion zur Verfügung stellen können. Noch immer von einer grenzenlosen Evolution zu sprechen ist eine grenzenlose Übertreibung.

Der Genetiker Friedrich LEIBENGUTH fasst zusammen: *„Die allermeisten Mutanten zeichnen sich durch einen **negativen Selektionswert** aus. [...] Tiere sind im Unterschied zu Pflanzen genetisch schärfer ausbalanciert; daher wirken bei ihnen alle Arten von Mutationen **noch häufiger letal*** [tödlich; KUK] ***und stärker vitalitäts- und fertilitätsmindernd*** [Verringerung der Fruchtbarkeit; KUK].*"[Q85]

Wenn ein Lebewesen in seiner speziellen Umwelt durch Mutation einen Vorteil erlangt, wird diese Mutante von der natürlichen Auslese erhalten. Doch positive Mutationen sind für ein Lebewesen meist mit einer Verarmung seiner Fähigkeiten verbunden (zum Beispiel nicht mehr flugfähige Insekten, Verlust der Sehfähigkeit beim Höhlenfisch). *Eine Degeneration ist aber keine Höherentwicklung, mag sie in einer speziellen Umwelt auch noch so zweckmäßig sein!* Notwendiger Bestandteil einer makroevolutiven Mutation sind neue Fähigkeiten und die Zunahme an Komplexität und nicht deren Rückgang. Die positiven Mutationen erklären die behauptete Höherentwicklung nicht.

Der Molekularbiologe Siegfried SCHERER bemerkt dazu, dass die positiven Mutationen genauso vererbt werden, *„wie die zahlenmäßig allerdings weit überwiegenden negativen oder neutralen Mutationen. Viele biologische Beobachtungen zeigen, dass sich positive Mutationen durch Selektion und andere Faktoren auch tatsächlich durchsetzen können. **Die entscheidende Frage ist [...] hier [...], ob durch positive Muta-***

tionen neue Konstruktionen entstehen können (wie zum Beispiel das menschliche Auge oder eine Pfauenfeder). Die biologischen Realitäten sprechen deutlich dagegen. Es sieht sogar so aus, als ob mit fortschreitender Kenntnis genetischer Vorgänge immer unklarer wird, wie man sich eine evolutionäre Höherentwicklung überhaupt vorstellen könnte."[Q80]

Ein „einfaches" Lebewesen (z.B. ein Pilz) kann ebenso wie ein komplexeres Lebewesen (z.B. ein Pferd) für seine besondere Umwelt spezialisiert sein und dadurch überleben. Die Selektion bewirkt keine Zunahme der Komplexität eines Lebewesens, sie ist nichts weiter als ein effektiver Auslesemechanismus. Da Mutationen nicht beliebig viele Mutanten erzeugen können und meist einen negativen Selektionswert besitzen, sind auch der anschließenden Rekombination und Selektion enge Grenzen hinsichtlich einer Höherentwicklung gesetzt. *Mutation, Rekombination und Selektion liefern keinen experimentell nachweisbaren Sachverhalt für eine Entwicklung von neuen Strukturen und Organen (Makroevolution).*

Die gut belegten mikroevolutiven Vorgänge sind sowohl in der Evolutionstheorie, als auch in der biblisch motivierten Schöpfungstheorie gut zu deuten. Die Schwierigkeit, eine Makroevolution plausibel zu machen, spricht jedoch für die Schöpfungstheorie, welche im Gegensatz zur Evolutionstheorie keine Bildung neuer Typen, sondern im Einklang mit den biologischen Fakten nur Variationen innerhalb eines Typs (Mikroevolution) voraussagt.

5.3 Molekularbiologie und nicht reduzierbare Systeme

Die heutigen Erkenntnisse der Molekularbiologie[27] stellen hohe Anforderungen an die Evolutionstheorie. DARWIN konnte für seine Beweisführung nur anatomische Vergleiche verschiedener Lebewesen und geringfügige Veränderungen der Organe sowie Befunde über die geographische Verteilung der Lebewesen anführen. Die Komplexität innerhalb eines Organs und einer Zelle blieb ihm weitgehend verborgen, da ihm das dazu nötige Instrument, ein Elektronenmikroskop, damals nicht zur Verfügung stand.

Ein komplexes System wie beispielsweise das menschliche Auge besteht aus mehreren zusammenarbeitenden Teilen, die dem Auge seine Funktion „Sehen" verleihen. Würde ein Teil wie die Netzhaut oder die Iris fehlen, könntc das Auge seine spezifische Funktion nicht ausüben. DARWINs Selektion kann erklären warum es bessere und schlechtere Augen gibt, aber nicht das Entstehen dieses komplexen Organs.

DARWIN erkannte dieses Problem. Ein plötzliches oder in wenigen Schritten entstandenes Auge schloss er aus:[Q3a] *„Dass das Auge mit all seinen unnachahmlichen Einrichtungen [...] durch die natürliche Zuchtwahl* [Selektion; KUK] *entstanden sei, erscheint, wie ich offen bekenne, im höchsten Grade **als absurd**."*[Q3b] Aus Vernunftgründen jedoch, so argumentierte er, könne *„die Schwierigkeit der Annahme, dass ein vollkommenes, kompliziertes Auge"* durch die Selektion *„gebildet worden sein könne (so unüberwindlich sie unserer Einbildungs-*

---

[27] Die **Molekularbiologie** ist ein Forschungszweig der Biologie, der sich mit der Erforschung des Lebens auf der Ebene der Moleküle, insbesondere von DNS, RNS und Proteinen beschäftigt. Im Mittelpunkt stehen Struktur und Funktion biologischer Makromoleküle.

kraft auch erscheinen mag)" seine *„Theorie nicht umstür-zen."*[Q3c]

So versuchte er in seiner Abstammungslehre, das Entstehen eines komplexen Organs durch einen langsamen, in kleinsten Schritten über Generationen hinweg verlaufenden Prozess zu erklären (Gradualismus). Er folgerte: *„Ließe sich das Vorhandensein eines zusammengesetzten Organs nachweisen, das nicht durch aufeinander folgende geringe Abänderungen entstehen könnte,* **so müsste meine Theorie [unbedingt] zusammenstürzen**. *Aber ich kenne keinen solchen Fall".*[Q3d]

Nein, DARWIN kannte sicherlich keinen solchen Fall, denn zu seiner Zeit war die immense Kompliziertheit und feine Justierung der einzelnen Komponenten des menschlichen Auges noch nicht bekannt. Heute brauchen wir uns nicht mehr allein auf unsere „Vernunft" und „unsere Einbildungskraft" verlassen, denn in der Molekularbiologie entdeckte man *nicht reduzierbar komplexe Systeme,* die eben nicht durch „aufeinander folgende geringe Abänderungen" entstanden sein können.

Nicht reduzierbar komplex bedeutet, dass ein einzelnes System aus verschiedenen fein aufeinander abgestimmten, miteinander in Wechselbeziehung stehenden Teilen besteht, die zusammen zur allgemeinen Funktion des Systems beitragen. Alle Teile arbeiten zusammen zu einem Zweck: um eine spezielle Aufgabe zu erfüllen. Man nennt das *synergetisch.* Fällt ein Teil aus, bricht das ganze System zusammen und die Funktion kann nicht mehr ausgeübt werden.

Deshalb kann ein nicht reduzierbares System auch nicht durch eine Reihe von kleinen, selektionspositiven Schritten entstehen, da alle Teile schon vorhanden sein müssen, um ein Funktionieren des Systems zu gewährleisten. *DARWINs Selektion greift erst bei funktionierenden Systemen!* Ebenso sieht es im molekularbiologischen Bereich aus. Kleinste molekulare Systeme verrichten in unserem Körper spezielle Arbeiten. Molekulare Maschinen, die eben nur funktionieren können, wenn einzelne, aufeinander abgestimmte Teile zusammenarbeiten. Die Evolutionstheorie benötigt Systeme, die bereits eine Funktion ausführen, um sie verändern beziehungsweise verbessern zu können, aber sie kann nicht erklären, wie diese Systeme entstanden sind. Der Molekularbiologe Michael J. BEHE schreibt in seinem Buch „Darwins Black Box": *„Die Biochemie hat tatsächlich eine molekulare Welt enthüllt, die sich **hartnäckig** einer Erklärung durch [Darwins Theorie] **widersetzt.**"*[Q10] An anderer Stelle schreibt er, dass *„die Schlussfolgerung auf **intelligente Planung** natürlicherweise **aus den Daten an sich hervorgeht** – und **nicht** aus heiligen Schriften oder sektiererischen Auffassungen."*[Q10a]

Im Zellinneren laufen verschiedene hoch komplexe Vorgänge ab, bei denen man sich kaum vorstellen kann, dass diese das Ergebnis einer Evolution sein könnten, da bei einer noch so kleinen Änderung die Zelle sterben würde. Dazu gehört auch der Stoffwechsel, ohne den sie nicht existieren könnte. *Die Zelle muss offensichtlich schon von Anfang an in ihrer Funktion fertig sein.* Genauso kann der Vorgang der Blutgerinnung (Hämostase) nach heutigen molekularbiologischen Erkenntnissen nicht evolviert sein. Der komplexe Vorgang der Blutstillung, der wie eine Art Kettenreaktion abläuft, schützt unseren Körper bei Verletzungen der Gefäßwände vor Blutverlusten und Blutungen ins umgebende Gewebe. An der Gerinnung sind circa dreißig verschiedene Faktoren beteiligt, wobei Thrombozyten,[28] Fibrinogen, Kalzium und Vitamin K eine bedeutende Rolle spielen. In seinem Buch widmet sich BEHE ausführlich den Mechanismen des Gerinnungssystems und zeigt eindrücklich auf, dass *„Darwins Mechanismus der natürlichen Selektion die Entstehung von nicht reduzierbar kom-*

---

[28] **Thrombozyten** oder Blutplättchen sind kernlose scheibenförmige Blutkörperchen mit einem Durchmesser von ca. 2-4 Mikrometern. Sie werden im Knochenmark gebildet. Bei einer Verletzung der Gefäßwand verschließen sie die Öffnung indem sie aneinanderkleben und so einen Pfropf bilden. Gleichzeitig setzen sie verschiedene Stoffe für den weiteren Fortgang der Blutgerinnung frei.

plexen Systemen, wie die Kaskade der Blutgerinnung, in Wirklichkeit **verhindern** *[würde]."*[Q10b]

F AZIT

Neue Erkenntnisse der Molekularbiologie stehen im Einklang mit der Schöpfungstheorie. Die ungeheure Komplexität von Bakterien, Enzymen und anderer molekularer Maschinen, die nicht auf etwas Einfacheres zurückzuführen sind, widersprechen den Vorstellungen der Evolutionstheorie und können als Hinweis auf einen Urheber, einen genialen Konstrukteur, gedeutet werden.

> *„Das Leben auf der Erde*
> *ist auf seiner fundamentalsten Stufe*
> *und in seinen entscheidendsten Komponenten*
> **das Produkt intelligenter Aktivität.**"[Q10c]

Michael J. B EHE
Molekularbiologe, Lehigh University

51

- DNS – codierte biologische Information

Die Desoxyribonukleinsäure (DNS) ist der Informationsträger der genetischen Information aller Lebewesen. Sie ist ein langgliedriges Kettenmolekül, das aus zwei spiralförmig angeordneten Ketten von Nukleotiden besteht, den Grundbausteinen der DNS. Die Doppelhelix kann man sich als spiralförmig verdrehte Leiter vorstellen. Das räumliche Modell der DNS wurde 1953 von J. WATSON und F. CRICK aufgestellt.

In der DNS ist eine unglaubliche Menge an Information auf kleinstem Raum gespeichert. Wie ist diese Information codiert, wie wird dieser Code gelesen?

Es gibt vier verschiedene Nukleotide. Jedes Nukleotid ist dabei aus einer sogenannten Nukleinsäurebase, einem Phosphatrest und einem Zucker aufgebaut. Die Nukleotide unterscheiden sich in ihrer Nukleinsäurebase voneinander. In der DNS kommen vier dieser Basen vor: Adenin (A), Thymin (T), Guanin (G) und Cytosin (C). Je zwei davon passen zueinander. A verbindet sich mit T, und G mit C. Diese Basenpaare wiederholen sich in unterschiedlicher Reihenfolge. Durch Wasserstoffbrücken zwischen den gegenüberliegenden Basenpaaren wird der rechte und linke Strang sprossenartig verbunden.

Die Basenfolge bestimmt dabei die Bedeutung der DNS. Drei Basenpaare ergeben ein Triplett. Eine Folge von Tripletts, die zum Beispiel einem Protein entspricht, nennt man Gen. In der Zelle eines Säugetieres gibt es etwa 100 000 Gene, beim Menschen ca. 30 000-40 000.[Q53]

Die codierte Information wird von komplizierten Stoffwechselmaschinen, den Ribosomen, in Proteine übersetzt. Spezielle Proteine, die Enzyme, steuern den Stoffwechsel der Zelle und des Organismus. Bei der Zellteilung wird von der DNS eine exakte Kopie erstellt. Bei dieser sogenannten Autoreduplikation werden die Sprossen, welche die rechte und linke Seite der verdrehten Leiter verbinden, durchtrennt, indem die Wasserstoffbrücken zwischen den Basenpaaren gelöst werden. Jeder Einzelstrang dient als Gegenstück zur exakten Herstellung des neu zu bildenden Stranges. Nach Beendigung der Autoreduplikation besteht jeder Doppelstrang zur Hälfte aus altem und zur Hälfte aus neuem Material.

Eine Informationsmenge (1,2 x 10^{10} bit) von vergleichbar 750 000 Schreibmaschinenseiten[Q25] wird präzise „abgeschrieben", wenn sich eine menschliche Zelle teilt und die DNS kopiert wird. Woher stammt diese gigantische Menge an Information?

• Information

Der Informatiker und frühere Direktor der Physikalisch-Technischen Bundesanstalt in Braunschweig, Werner GITT, hat eine naturwissenschaftliche Informationstheorie konzipiert. Er macht deutlich, dass *„Materie und Energie zwar notwendige Grundgrößen des Lebendigen [sind], aber sie heben lebende und unbelebte Systeme noch nicht grundsätzlich voneinander ab. **Das zentrale aller Lebewesen ist die in ihnen enthaltene Information für alle Betriebsabläufe** (Realisierung aller Lebensfunktionen, genetische Information zur Vermehrung)."*[Q25a]

Information finden wir in der Nachrichtentechnik ähnlich wie in der Biologie, in der Tagesschau wie in der DNS. Verschiedene Informationen sind beispielsweise in Büchern, Speicherchips und CDs hinterlegt. Grundlegende biologische Informationen sind in der DNS gespeichert.

C.E. SHANNON definierte als Erster den Informationsbegriff auf mathematischer Ebene. Die SHANNONsche Informationstheorie betrachtet Information unter rein statistischen Gesichtspunkten. Dabei wird allerdings ihre Qualität, d.h., ob sie nützlich oder unnütz ist, nicht berücksichtigt. Die statistische Ebene SHANNONs reicht nicht aus, um das Wesen von Information ganz zu beschreiben. In seiner naturgesetzlichen Informationstheorie hat GITT die fünf Aspekte der Information genau beschrieben: Ebene 1: Statistik; Ebene 2: Syntax (= Anordnung; Grammatik); Ebene 3: Semantik (= Bedeutung); Ebene 4: Pragmatik (= Handlung); Ebene 5: Apobetik (Ergebnis, Ziel).

Ein Beispiel: Der Autor (Sender) eines Zeitungsartikels beschreibt die Gefahr einer kommenden Grippewelle. Der Artikel enthält 477 Zeichen (Statistik) und ist in deutscher Sprache (Syntax) geschrieben. Der Leser (Empfänger) kann die geschriebenen (codierten) Warnungen und Ratschläge umsetzen (Pragmatik) und dadurch das Ziel des Autors (Apobetik) erreichen.

In unserem täglichen Leben ist es offensichtlich, dass Information weder Eigenschaft der Materie ist, noch einfach aus dem Nichts entstehen kann. Sie ist eine geistige Größe und bedarf eines Senders. Materie[29] und Energie sind Träger der In-

---

[29] Materie ist (teilweise) in Energie umwandelbar. Das EINSTEINsche Gesetz (EINSTEIN, 1907) dazu lautet $E=mc^2$ (Energie ist gleich Masse

formation und scheiden als Urheber aus. Anhand zweier Beispiele soll uns diese grundlegende Aussage verdeutlicht werden.

Nehmen wir einen Computerchip und fragen uns, ob er mit gespeicherter Information mehr wiegt als ohne Information? Die messbare Antwort lautet nein, denn die Materie zur Speicherung der Information auf dem Computerchip bleibt konstant. Allein die Anordnung der Materie ist verantwortlich für die Codierung der Information.

Als Nächstes stellen wir uns zwei gleich schwere Blätter Papier vor, auf denen jeweils die gleiche Menge an blauer Tinte verarbeitet wurde. Auf dem ersten Blatt sind mit der Tinte nur viele gleich lange, senkrechte Striche gezeichnet worden. Auf das andere Blatt wurde mit der gleichen Menge an Tinte ein Gedicht von Johann Wolfgang von Goethe geschrieben. Das erste Blatt enthält keine Information, nur ein regelmäßiges Muster an Strichen. Das andere Blatt hingegen enthält codierte Information. Wer den Code kennt, das heißt, die Schriftzeichen zu lesen vermag, kann dadurch an die Information gelangen.

Das Blatt mit der Information wiegt nicht mehr als das Blatt ohne Information. Auch hier ist allein die Anordnung der Materie, in diesem Fall der Tinte, für die Codierung der Information verantwortlich zu machen. Es ist eindeutig, dass zur

---

mal Lichtgeschwindigkeit im Quadrat) und wird als Masse-Energie-Äquivalenz bezeichnet.

Übertragung und Speicherung von Information Materie benötigt wird, doch die Information selbst ist nichtmaterieller Art. Der Kybernetiker H.-J. FLECHTNER bringt es auf den Punkt: *„Das Bilden eines Signals ist das Codieren eines geistigen Inhaltes.* "[Q42]

Wenn codierte Information vorliegt, die stellvertretend für die Wirklichkeit steht (z. B. eine Architektenzeichnung eines Hauses), greifen die *Naturgesetze*[30] *der Information.* Diese besagen, dass Information (a) keine Eigenschaft der Materie ist, (b) eine geistige Größe ist, (c) einen Sender benötigt, (d) nicht ohne Willen existiert und (e) nicht in statistischen, zufälligen Prozessen entstehen kann. In der DNS finden wir eindeutig codierte sinnvolle Information, deren Zweck die Entwicklung und Erhaltung eines gesamten Organismus ist. Alle fünf Ebenen der Information sind hierin auch zu finden. Die *Naturgesetze der Information* sind auf die in der DNS enthaltene Information anwendbar. Jeder Versuch, die Herkunft der informationsreichen DNS ohne geistige Urheberschaft plausibel machen zu wollen, muss scheitern. Materialistische Erklärungen versagen bereits im Ansatz, weil sie den Naturgesetzen der Information deutlich widersprechen.

Die der Evolutionstheorie zugrunde liegende materialistische Philosophie will Information allein dem Zufall und der Materie zuschreiben. Demnach *muss* der Nobelpreisträger Manfred EIGEN als überzeugter Evolutionstheoretiker annehmen, dass *„Information [...] aus Nicht-Information [entsteht].* "[Q39] In einem Interview meinte er, dass es bei der Frage nach dem Ursprung des Lebens eben nicht nur darum ginge, *„die Information auf die Proteine zu übertragen, [die Information] musste überhaupt erst entstehen. Es musste sich jemand das ‚ausdenken'. Aber das ‚Ausdenken' ist hier ein Selbstorganisationsprozess, da war nicht irgendein ‚Big Boss',*

---

[30] Weiterführende Literatur: W. GITT, „Am Anfang war die Information", 2002.

der dies gesteuert hat."[Q78] Aber woher sollte EIGEN das wissen können, was zwingt ihn, einen Urheber *a priori*[31] abzulehnen? – Fakten sind es jedenfalls nicht!

Offenbar frei von der materialistischen Voreingenommenheit kann Norbert WIENER[32] schreiben: *„Information ist Information, weder Materie noch Energie. Kein Materialismus[33] der dieses nicht berücksichtigt, kann den heutigen Tag überleben.*"[Q40] Ähnliches äußert der ehemalige DDR-Wissenschaftler J. PEIL: *„Information ist kein physikalisches oder chemisches Prinzip wie Energie und Substanz, auch wenn sie ihrer als Träger bedarf.*"[Q41]

• Ursuppen

Die erste lebendige Zelle auf unserer Erde soll sich nach der Evolutionstheorie von selbst, allein durch Naturgesetze aus toter Materie gebildet haben: In der Ur-Atmosphäre waren spezielle Aminosäuren zufällig entstanden, die sich im Ur-Meer über extrem lange Zeiträume angesammelt hatten und aus denen sich dann in einer stark angereicherten Ur-Suppe zufällig besondere Proteine und Nukleinsäuren gebildet haben sollen. Hypothesen dieser Art bezeichnet man als „chemische Evolution".

Als Paradeexperiment zur Entstehung des Lebens aus Ursuppen dient das von Stanley MILLER. Er führte 1953 zusammen mit Harold UREY ein Experiment zur Herstellung von Aminosäuren, den Grundbausteinen des Lebens, unter den Bedingungen durch, wie man sich die „frühe Erde" vorstellte. Es gelang ihm mit seiner Versuchsanordnung, durch mehrtägige

---

[31] **A priori**: von vornherein, nicht aus Erfahrung gewonnen.
[32] **Norbert WIENER** (1894-1964), amerikanischer Mathematiker und Kybernetiker. Er begründete maßgeblich die moderne Informationstheorie und Kybernetik.
[33] **Materialismus**: siehe Fußnote 80.

Funkenentladung auf ein spezielles Gasgemisch[34] neben verschiedenen anderen Reaktionsprodukten einfache Aminosäuren herzustellen, unter denen auch solche waren, die in Lebewesen vorkommen. Endlich schien die Entstehung des Lebens auf unserer Erde durch rein natürliche Prozesse geklärt zu sein.

Aber kann Leben tatsächlich aus toter Materie entstehen?

Früher war man der Auffassung, dass Fliegen spontan in einem Misthaufen entstehen würden. In der Mitte des neunzehnten Jahrhunderts spitzte sich die Debatte um die Frage der  spontanen Entstehung von Leben zu, so dass die französische Akademie der Wissenschaften einen Preis für deren wissenschaftliche Beantwortung aussetzte. Er wurde 1862 von dem französischen Chemiker und Mikrobiologen Louis PASTEUR[35] gewonnen. PASTEUR (Bild links) konnte durch exakte Experimente zeigen, dass Lebewesen nicht spontan entstehen. *„Omne vivum ex vivo"*, Leben entsteht nur aus Leben, ist sein berühmter Satz. Laut seinen Experimenten kann tote Materie kein Leben hervorbringen.

---

[34] Das Gasgemisch bestand aus NH_3, CO, H_2, CH_4 und H_2O. Entsprechend der hypothetisch angenommenen Ur-Atmosphäre.

[35] **Louis PASTEUR** (1822-1895), französischer Chemiker und Mikrobiologe. Er legte die Grundlagen der Stereochemie und Polarimetrie. Er beschäftigte sich mit der alkoholischen Gärung und entdeckte, dass sie von Mikroorganismen hervorgerufen wird, die durch Erhitzen abgetötet werden können (Pasteurisieren).

Wie sind die Ergebnisse der MILLER-Experimente zu beurteilen?

In allen MILLER-Experimenten sind – neben einer großen Zahl von nicht-natürlichen Aminosäuren und vielen anderen Stoffen – bisher je Versuch höchstens dreizehn der zwanzig in Lebewesen vorkommenden Aminosäuren synthetisiert worden. Sie kamen jedoch rechts- und linksdrehend vor, wogegen charakteristische Aminosäuren in Organismen ausnahmslos linksdrehend sind. Wissenswert ist auch, dass die Reaktionsprodukte erst nach Behandlung mit Salzsäure analysierbar waren. Inwieweit man durch diese experimentellen Ergebnisse das Rätsel vom Ursprung des Lebens gelüftet hat, ist Sache der persönlichen Interpretation, denn die synthetisierten Produkte sind nach wie vor tote Materie – Leben konnte auch nach Hunderten von MILLER-Versuchen nicht erzeugt werden.

Aber wir wollen einmal davon ausgehen, dass alle hypothetischen Annahmen über die Zusammensetzungen von Ur-Atmosphäre, Ur-Meer und Ur-Suppe stimmen würden und sich tatsächlich zwanzig rein linksdrehende Aminosäuren gebildet hätten. Die nächste Hürde auf dem Weg zum Leben wäre dann die Bildung von Proteinen. Dazu müssten sich diese Aminosäuren zu langen Ketten zusammenfügen.

Wie könnten sich langgliedrige Kettenmoleküle – wie Proteine – in der sogenannten Ursuppe gebildet haben?

Um lange Ketten bilden zu können, müssen die einzelnen Moleküle wenigstens bifunktionell sein. Die Verbindungen der Moleküle kann man sich als Druckknopf vorstellen (nach VOLLMERT). Eine Druckknopfverbindung braucht auf der einen Seite den Knopf und auf der anderen die Mulde. Stellen wir uns also eine Kugel mit einem Knopf und gegenüberliegend eine Mulde vor. Solche Moleküle könnte man bei genügender Stückzahl zu einer unendlich langen Kette zusammensetzen. In der Natur und in den MILLER-Experimenten kommen Moleküle mit einem (monofunktionell) oder zwei (bifunktionell) oder mehr Druckknopfteilen vor. Die Anwesenheit von monofunktionellen Molekülen verhindert das Entstehen von langen Ketten.

Der Polymerchemiker Bruno VOLLMERT schreibt: *„Lange Ketten können sich schon bei geringem Anteil an monofunktionellen Kugeln, das heißt solchen mit nur einem Druckknopfteil, nicht mehr bilden.“*[Q43] Den Vorgang der Kettenbildung nennt man *Polykondensation*.

Polykondensation (stark vereinfachte Darstellung)

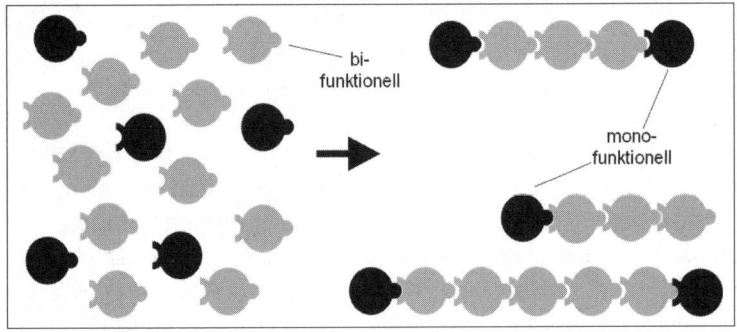

Des Weiteren stören Wassermoleküle eine lange Kettenbildung, indem sie sich in die Kette einlagern und die Verbindung trennen (Hydrolyse). Eine Polykondensation ist eigentlich nur mit Hilfe eines gezielten äußeren Einflusses möglich. Im Labor werden erst nach gewünschter Kettenlänge monofunktionelle Moleküle vom Chemiker hinzugegeben, um die Kettenbildung abzubrechen. In einer lebenden Zelle wird die Kettenbildung von Aminosäuren gezielt geschützt. Brüche infolge von Hydrolyse werden in ihr durch Enzyme wieder repariert. Doch solche Enzyme gibt es in der Ur-Suppe – mit reichlich viel Wassermolekülen – noch nicht, denn diese sollen ja erst entstehen.

VOLLMERT fasst wie folgt zusammen: *„Monofunktionelle Moleküle (Kugeln mit nur einem Druckknopf) brechen die Kette ab. Lange Ketten entstehen nur, wenn monofunktionelle Moleküle ausgeschlossen sind. Ein Überschuss an Monofunktionellen macht eine Kettenbildung umso unwahrscheinlicher, je größer der Überschuss ist.*

Das aber bedeutet, dass sich in Ursuppen keine Makromoleküle durch Polykondensation bilden können.

*Wenn man nämlich von den phantasievollen Übertreibungen absieht, die von Nukleotiden oder gar von Polymeren wissen wollen, die bei Miller-Versuchen entstanden sein sollen, so bleibt als Resultat des inzwischen an die hundertmal mit den verschiedensten Gasmischungen wiederholten Miller-Versuchs [...]: Neben relativ **geringen Mengen von bifunktionellen Molekülen** (wie Aminosäuren) enthalten Ursuppen ein **Mehrfaches an monofunktionellen Molekülen**. [...] Nukleotide, die Kettenbauteile von DNS [...] (auch Vorstufen derselben), wurden bei Miller-Versuchen mit Funkenentladungen **nicht** gefunden.* [Q43a]

Vierzig Jahre nach seinem ersten Experiment stellte Stanley MILLER fest: *„Das Problem um den Ursprung des Lebens hat sich als schwieriger erwiesen, als ich und die meisten anderen uns vorgestellt haben.* [Q86]

Eine scharfe Absage an die „chemische Evolution" erteilte Sir Fred HOYLE: *„[...] es gibt nicht den geringsten stichhaltigen Beweis für die Hypothese, dass das Leben in einer organischen Suppe hier auf der Erde entstanden ist. Francis Crick [...] ist ein Biophysiker, den diese Theorie nicht überzeugt. **Weshalb schwelgen Biologen dann in unbegründeten Fantasien, um zu leugnen, was doch so offensichtlich ist, dass die 200 000 Aminosäure-Ketten, und damit das Leben, nicht durch Zufall entstanden sind?*** [Q4a]

Der vorhin genannte Nobelpreisträger Francis CRICK[36] favorisiert die Möglichkeit, dass das Leben durch Außerirdische auf die Erde übertragen wurde (Panspermie). Zu diesem Ergebnis kommt er, weil er die Entstehung des Lebens aus toter Materie für unwahrscheinlich hält und die Annahme eines intelligenten Urhebers dogmatisch ausklammert.

Doch mit der Annahme der Panspermie wird das Problem zur Entstehung des Lebens nicht gelöst, sondern nur verlagert. Denn selbst hypothetisch angenommene außerirdische Lebewesen, die unsere Erde mit Leben „infiziert" haben sollen, müssen einmal entstanden sein. Und wie ist das geschehen?

---

[36] **Francis Harry Compton CRICK** (*1916), britischer Biochemiker. Er entwickelte mit J.D. WATSON ein Modell für die räumliche Struktur der DNS-Moleküle (WATSON-CRICK-Modell). Den Nobelpreis für Physiologie oder Medizin (1962) erhielt er zusammen mit WILKINS und WATSON.

„Es ist mir wohl bewusst, dass die meisten
Naturwissenschaftler meine Ausführungen zum
Thema ‚Evolution' missbilligen.
Das ist nicht weiter verwunderlich, denn
von Lehrmeinungen, Dogma oder Norm abweichende
Meinungen waren noch nie gern gesehen.
Ich möchte mir jedoch nicht den Vorwurf machen müssen,
zu dem Jahrhundert-Irrtum Darwinismus
geschwiegen zu haben,
nur weil er durch die einhellige Meinung der führenden
Wissenschaftler gestützt wurde.
[Ich] hoffe [...] immer noch, dass wissenschaftliche Theorien
letztendlich nicht nach der Anzahl ihrer Anhänger
und nicht nach dem Prestige ihrer Repräsentanten,
sondern nach ihrem Wahrheitsgehalt bewertet werden."[Q15]

Bruno VOLLMERT[37]

---

[37] **Bruno VOLLMERT** (*1920), Polymerchemiker, ehemaliger Ordinarius
für Chemische Technik der Makromolekularen Stoffe und einstiger Direktor des Polymer-Instituts der Universität Karlsruhe. International bekannt durch sein Lehrbuch „Grundriss der Makromolekularen Chemie".
Seine Ablehnung des Darwinismus gründet auf seinen fachspezifischen
Erkenntnissen, durch die er die Möglichkeit der zufälligen Entstehung
des Lebens in Ursuppen als haltlos betrachtet. Der Untertitel zu seinem
Buch „Das Molekül und das Leben" (1985) lautet: „Was Darwin nicht
wissen konnte und Darwinisten nicht wissen wollen."

Die ungeheure Menge an Information (zur Steuerung und Erhaltung der einzelnen Zellen und des gesamten Organismus,
sowie die erstaunliche, exakte Verdoppelung bei einer Zellteilung), die in der DNS enthalten ist, drängt uns dazu, das
Rätsel ihrer Herkunft zu lösen. Die Frage nach dem Ursprung
des Lebens ist auch gleichzeitig die Frage nach der Herkunft
der biologischen Information.

Die Hypothese der „chemischen Evolution" ist der evolutionstheoretische Lösungsansatz, um die Welt physikalisch-
chemisch zu erklären. Danach soll die erste Zelle, also Leben,
zufällig in einer Ursuppe entstanden sein. Doch die Meinungen zu dieser Frage gehen weit auseinander.

Während der Nobelpreisträger Manfred EIGEN[38] der Ansicht ist, dass sich *„die erste Zelle"* in einer Ursuppe entwik-
kelt habe, die *„so gehaltvoll wie eine kräftige Fleischbrühe"*[Q4b] gewesen sein soll, ist der Polymerchemiker Bruno
VOLLMERT ganz anderer Auffassung. Er ist sich der Unmöglichkeit der Entstehung von Leben aus toter Ursuppe so sicher,
weil sich seinen Forschungen nach *„in Ursuppen keine Makromoleküle* [wie z.B. Aminosäuren, DNS; KUK] *durch Polykondensation bilden können."*[Q43a]

Seine Kritik an der „chemischen Evolution" ist fundamen-
tal. Da er experimentell ausschließt, dass Makromoleküle auf
der frühen Erde von selbst entstanden sind, ist es für ihn auch
*„müßig, die vielen Selbstorganisationshypothesen näher zu
betrachten oder gar zu überlegen, welche die bessere sei. Man
könnte sie höchstens unter dem Gesichtspunkt ‚intellektueller
Spaß' bewerten, denn zur Frage der Entstehung des Lebens
tragen sie nichts bei."*[Q43b]

---

[38] **Manfred EIGEN** (*1927), deutscher Physikochemiker. Den Nobelpreis für Chemie erhielt er 1967 zusammen mit R.G.W. NORRISH und
G. PORTER. Er veröffentlichte 1971 ein physikalisch-chemisches Modell
zur Entstehung des Lebens.

Der frühere „Senior Writer" des „Scienific American", John HORGAN, sieht die „chemische Evolution" als größte Schwachstelle im Evolutionsgebäude. Wenn ich ein Anhänger der Schöpfungstheorie wäre, schrieb er, *„würde ich mich [...] auf den Ursprung des Lebens konzentrieren. Das ist mit Abstand die schwächste Säule im Gebäude der modernen Biologie. Der Ursprung des Lebens ist der Traum jedes Wissenschaftspublizisten. Hier wimmelt es von exotischen Wissenschaftlern und exotischen Theorien, die niemals völlig aufgegeben oder völlig anerkannt werden, sondern einfach nur in oder aus der Mode kommen. "*[Q50]

Stanley MILLER, der im Experiment die Entstehung des Lebens auf der Erde unter der Hypothese einer reduzierenden Uratmosphäre und Ursuppe nachzubilden versuchte, wurde dadurch weltberühmt und hielt Einzug in die Lehrbücher von Schulen und Universitäten. Die Frage nach dem Ursprung des Lebens ist eigentlich mehr eine historische und weniger eine naturwissenschaftliche Frage, denn die damaligen Bedingungen sind uns grundsätzlich nicht mehr zugänglich. Das heißt, dass alle Modelle zum Ursprung des Lebens zwar anhand des aktuellen Wissensstands prüfbar sind, wir aber niemals wirklich wissen können, wie das Leben entstand. Im Gegensatz zu heute beobachtbaren Vorgängen ist die empirische Methode auf historisch einmalige Ereignisse eben nur indirekt anwendbar. Selbst wenn ein solches Experiment gelänge und Leben entstünde, wüssten wir trotzdem nicht, ob es damals tatsächlich auch so stattgefunden hat.

Der Biochemiker Klaus DOSE zog nach der *8. internationalen Konferenz über den Ursprung des Lebens* eine auch heute noch gültige ernüchternde Bilanz. Er musste feststellen, dass man *„1986, also über dreißig Jahre nach dem zunächst verheißungsvollen Beginn der Ära der Simulationsexperimente, zum eigentlichen Mechanismus der Lebensentstehung kaum mehr Fakten angeben [kann] als Ernst Haeckel schon vor 120 Jahren. Man muss leider erkennen, dass ein Großteil der Reaktionsprodukte der Simulationsexperimente **dem Leben nicht*** *näher steht als die Inhaltsstoffe des Steinkohlenteers"*.[Q66] In einem früheren Tagungsbericht schrieb er: *„Ein weiteres Rätsel bleibt die Frage nach dem Ursprung der biologischen Information, also der Information in unseren heutigen Genen. [...] Die spontane Bildung von einfachen Nukleotiden [...] auf der präbiotischen Erde muss heute aufgrund zahlreicher, aber erfolgloser Experimente als* **unwahrscheinlich** *angesehen werden.*"[Q44]

Die Evolutionstheorie steht hier vor einem ungelösten Problem. Der Nobelpreisträger Francis CRICK ist wohl einer der bekanntesten Wissenschaftler, welche die Hypothese der „chemischen Evolution" ablehnen. Trotzdem bleibt er weiterhin ein überzeugter Evolutionstheoretiker, der einen intelligenten Urheber ausschließt.

Naturgesetze haben in den Naturwissenschaften die höchste Aussagekraft. Deshalb sind die Naturgesetze der Information das stärkste Argument gegen eine zufällige Entstehung des Lebens auf rein materieller Basis. Sie machen deutlich, dass Information eine nicht-materielle Größe ist, die nicht in statistischen Prozessen entsteht: *Materie kann keine Information erzeugen!* Die geistige Urheberschaft jeglicher Information darf nicht ignoriert werden. Die Naturgesetze der Information stellen einen fundamentalen Angriff auf jede Art von Evolutionsmodell dar, in dem sich Materie von selbst organisieren soll.

Die Schöpfungstheorie setzt einen intelligenten Schöpfer als Urheber der biologischen Information voraus. Die MILLER-Experimente widersprechen schon vom Ansatz her dem bis heute nicht widerlegten Versuch von Louis PASTEUR, der 1862 eindrücklich aufzeigte, dass Leben nicht aus toter Materie entsteht. Noch nie wurde im Labor aus toter Materie Leben erzeugt. Leben scheint entsprechend der Schöpfungstheorie das Ergebnis intelligenter, planerischer Aktivität zu sein.

„Einerseits [macht] das Wissen um das
Wesen biologischer Information und andererseits
das Wissen darum, dass die einzigen bekannten
Informationsquellen intelligente Quellen sind,
gepaart mit der Tatsache, dass Zufall und Notwendigkeit
nicht die komplexe spezifizierte Information erzeugen
können, die in der Biologie vorkommt,
Planung zu der besten Erklärung für die Existenz
***informationsreicher DNS.* "**[Q59]

John C. LENNOX[39]

---

[39] **John C. LENNOX**, Professor der Mathematik und Forschungsbeauftragter für Mathematik an der Universität Oxford und am Green College Oxford. Sein besonderes Interessensgebiet ist der Schnittpunkt zwischen Wissenschaft, Philosophie und Theologie, worüber er bereits an zahlreichen Universitäten und Akademien Vorlesungen gehalten hat.

5.5 Ähnlichkeiten

Im Denkmodell der Evolutionstheorie werden Ähnlichkeiten (Homologien) als wichtiges Indiz für die Entwicklung des Lebens herangezogen. Man geht davon aus, dass Lebewesen mit ähnlichen Organen, Körperstrukturen und auch Verhaltensweisen von einem gemeinsamen Vorfahren abstammen. Ähnlichkeiten zwischen den Organismen in Flora und Fauna sind unverrückbare Tatsachen, die jedem objektiven Beobachter zugänglich sind; über diesen Sachverhalt besteht Einigkeit.

Eine Ähnlichkeit, die uns am meisten anspricht, ist die zwischen Affe und Mensch. Aber stammen wir wirklich von einem gemeinsamen Vorfahren ab, sind wir wirklich Brüder? Wir wollen uns nun die Frage stellen, ob aus dem Vorhandensein von Ähnlichkeiten zwingend eine gemeinsame Abstammung herzuleiten ist.

Ist Ähnlichkeit ein Beweis für Abstammung?

Betrachtet man Eltern und deren Kinder, fallen einem oftmals spontan Ähnlichkeiten auf. Wir sehen uns in der Fußgängerzone um und bemerken ein vielleicht dreizehnjähriges Mädchen, dessen Gesichtszüge einer neben ihr stehenden erwachsenen Frau Mitte dreißig gleichen. Es liegt die Vermutung nahe, dass es sich hier um Mutter und Tochter handelt. Wie aber kann man die familiäre Verwandtschaft beweisen? Die betreffenden Personen können direkt befragt werden, und die Verwandtschaft lässt sich sogar durch Stammbücher und Urkunden bestätigen. Unsere Annahme kann dadurch bewiesen werden.

Bei einer vermuteten Verwandtschaft zwischen verschiedenen Organismen ist die Beweisführung wesentlich schwieriger. Die Ursache für die beobachtbare Ähnlichkeit zwischen Mensch und Affe oder anderen Organismen kann nicht stichhaltig nachgewiesen werden. Der direkte Zugang zur Vergangenheit ist den Forschern verwehrt und wirkliche Beweise in

Form von fossil belegten Übergangsformen, nicht nur zwischen Affe und Mensch, fehlen gänzlich (siehe 5.1.3). Es ist also fraglich, ob es gerechtfertigt ist, die Behauptung aufzustellen, dass Mensch und Affe die gleichen Vorfahren besäßen, nur weil sie sich ähneln. Das Vorhandensein von Ähnlichkeit lässt sich zwar als mögliches Indiz, aber nicht als Beweis für Abstammung verwenden.

In unserem täglichen Leben gibt es weitere Beispiele für Ähnlichkeiten. Kunstkenner erkennen den Pinselstrich eines Picasso oder eines Rembrandt. Gemälde des gleichen Künstlers ähneln sich. Musikkenner hören stilistische Eigenarten verschiedener Komponisten heraus. Musikstücke desselben Komponisten oder Gedichte desselben Dichters ähneln sich. Das Design eines COLANI[40] ist unverwechselbar, seine Designs sehen sich ähnlich. Auch Konstruktionen tragen die Handschrift ihres Konstrukteurs. Es lassen sich Individualitäten bei Gestaltung, Funktionalität, Komponentenauswahl, Dimensionierung und Design erkennen, die Rückschlüsse auf den jeweiligen Konstrukteur zulassen. Je mehr Indizien vorliegen, umso sicherer kann man auf den geistigen Urheber schließen.

Ähnlichkeiten zwischen Organismen lassen auch den Schluss auf einen gemeinsamen Urheber zu, der zielorientiert die komplexen biologischen Konstruktionen geplant und verwirklicht hat.

FAZIT

Eine Ähnlichkeit (Homologie) zwischen Lebewesen legt nicht zwingend eine Abstammung nahe. Das Vorhandensein von Ähnlichkeiten kann selbstverständlich als Argument für eine evolutionäre Entwicklung herangezogen werden, aber glei-

---

[40] **Luigi COLANI** (*1928), deutscher Designer. Bekannt wurde er v.a. mit futuristischen Entwürfen für Gebrauchsgegenstände, Mode und Schmuck.

chermaßen auch als Argument für einen intelligenten Urheber. Ähnlichkeiten in den Bauplänen der Lebewesen, in deren Gestalt, deren Organe und in der DNS können als Indizien für den einen Schöpfer gelten – ein möglicher Hinweis auf den hinter der Natur stehenden großen „Konstrukteur", der sich durch seine „Handschrift" offenbart. Aber weder die Abstammung mit den geforderten Typensprüngen noch der intelligente Urheber sind wissenschaftlich beweisbar.

5.6 Abstammung des Menschen

Anhand der Fossilien wurde aufgezeigt, dass weder ein Typensprung noch ein gemeinsamer Ursprung belegt ist (siehe 5.1.1 und 5.1.3). Der Sprung zwischen Affe und Mensch ist nicht bewiesen und die fossilen Funde lassen besonders bei der Weichteilrekonstruktion einen relativ großen Interpretationsspielraum zu. Hier ist es möglich, aus demselben Schädel verschiedene Gesichter zu modellieren, die einmal menschliche Züge tragen oder ein affenartiges Profil aufweisen können. Der berühmte Frankfurter Paläoanthropologe Friedemann SCHRENK gibt zu bedenken: *„Die Fundlage für die Interpretation der Menschheitsgeschichte ist drastisch gering. Man hat für vielleicht 100 Generationen statistisch gesehen ein Fragment zur Verfügung, das vielleicht nur ein halber Finger oder ein Viertel Zahn ist."* Ein Riesenproblem sei das für die Forschung: *„Stellen Sie sich vor, Sie wollten die Geschichte Mitteleuropas schreiben und hätten als Grundlage nur eine halbe römische Münze, einen Teil eines Mikrofons und das Taschentuch einer wilhelminischen Dienstmagd. Da sehen Sie wie groß die Lücken sind."*[Q30]

Der *Ramapithecus* (pithecus = Affe) wurde früher als weitläufiger Vorfahre des Menschen angesehen. Heute wird er von Evolutionstheoretikern als Vorfahre des Menschenaffen Orang-Utan betrachtet. Der *Piltdown-Mensch*[41] entpuppte sich,

---

[41] Der **Piltdown-Mensch** galt bis vor 40 Jahren als das Bindeglied zwischen Affe und Mensch. Wie konnte die Wissenschaft so irren? Sie war einem Betrüger aufgesessen: Charles Dawson (1864-1916) fand 1912 in einer Kiesgrube bei Piltdown/Sussex Bruchstücke eines Schädels, dessen Alter von den Experten des Britischen Museums auf 500 000 Jahre geschätzt wurde. Sie gaben dem angeblich ältesten Engländer den wissenschaftlichen Namen „Eoanthropus dawsonii". Erst in den Fünfzigerjahren flog der ganze Schwindel auf. Der Amateuranthropologe Dawson hatte den Wissenschaftlern einen menschlichen Schädel mit Kinn und Zähnen eines Orang-Utans angedreht. Die Zähne hatte er als Menschenzähne zurechtgefeilt und den Schädel mit Flecken auf alt getrimmt. Im-

nachdem er vierzig Jahre lang als Bindeglied gedient hatte, als Kombination aus Menschenschädel und Affenkiefer – eine Fälschung. Der *Pithecanthropus* galt längere Zeit als Vorfahre und wird heute den Menschen unter dem Namen *Homo erectus* (homo = Mensch) zugeordnet.

Als ernsthafte Anwärter für Übergangsformen zwischen Affe und Mensch gelten heute der *Orrorin tugenensis*, der *Sahelanthropus* und die *Australopithecusarten africanus* und *afarensis* („Lucy"). Ob man sie als Übergangsformen einordnen kann, wird derzeit in der Fachwelt kontrovers diskutiert. Der *Homo habilis* – 1960 von dem Paläontologen Louis LEAKEY gefunden – wurde 1999 von Evolutionstheoretikern den *Australopithecinen* zugeordnet. Damit ist auch sein Status als Bindeglied zwischen *Australopithecinen* und Mensch sehr in Frage gestellt.

Das Argument der Ähnlichkeiten zwischen Affe und Mensch ist sowohl evolutionstheoretisch als auch durch Schöpfung zu deuten (siehe 5.5). Selbst die beeindruckende Angabe, dass die DNS von Schimpanse und Mensch zu 98,5% übereinstimme, darf bei ähnlicher Gestalt, Körperbau und Organen nicht verwundern. Es wird allerdings die Ansicht vertreten, dass wir im Vergleich mit Menschenaffen, in gerundeten Zahlen, nur 1% Mensch und 99% Affe wären.[Q60]

Ist der Mensch zu fast 99% ein Affe?

Die DNS-Sequenzen sind wie eine Art Code. Die menschliche DNS besitzt circa 3 Milliarden Basenpaare (diploid)[42] und im einfachen (haploiden) Chromosomensatz folglich etwa 1,5 Milliarden. Da der Affe zu 98,5% Übereinstimmung mit dem Menschen hat, fehlen ihm noch 1,5%, was einer Anzahl von

---

merhin hielt sein Schwindel 40 Jahre lang den Forschungen stand (Brockhaus, 2002).
[42] **Diploid**: zweifach vorhandener Chromosomensatz (Ggs.: haploid).

22,5 Millionen richtigen Basenpaaren entspricht. Der Unterschied in der DNS ist also recht hoch.

Nebenbei bemerkt ist die Genomgröße von Maus und Mensch auch etwa gleich groß.[Q88] Die Ähnlichkeit dürfte im Durchschnitt bei etwa 80% liegen. Im Volksmund heißt es, der Mensch stamme vom Affen ab.[43] Der Affe soll – nach vielen Abstufungen – wiederum von der Spitzmaus abstammen. Ist es nun richtig zu behaupten, der Schimpanse wäre zu 80% Maus und deshalb nur zu 20% Schimpanse?

Allein die hohe Ähnlichkeit der DNS ist noch lange kein Beweis für eine direkte Abstammung. Auch stellt die genetische Information nicht das einzige Merkmal dar, um verschiedene Typen voneinander zu unterscheiden.

Obwohl die DNS von Schimpanse und Mensch eine hohe Übereinstimmung besitzt, ist es falsch, daraus zu schließen, dass der Schimpanse zu fast 99% Mensch wäre.

---

[43] In der Evolutionstheorie sagt man, dass Mensch und Affe auf gemeinsame Vorfahren zurückzuführen seien. Bezeichnet man diese gemeinsamen Vorfahren als Affenartige, könnte man sagen, dass der Mensch vom Affen abstamme.

- Die menschliche Sprache

Einer der markantesten Unterschiede zwischen Mensch und Tier ist die Sprache. Der Sprachwissenschaftler Noam CHOMSKY[44] stellte heraus, dass *„die menschliche Sprache [...] ein einzigartiges Phänomen zu sein [scheint], ohne bedeutsame Entsprechung in der Tierwelt.“*[Q103] Die komplexe grammatikalische Sprache des Menschen stellt ein Codesystem dar, welches sich erheblich von den Verständigungsweisen der Tiere unterscheidet und in der Tierwelt keine Vorstufe, geschweige denn eine Parallele besitzt. Der Evolutionstheoretiker G.G. SIMPSON meinte, dass *„die menschliche Sprache absolut verschieden von allen Kommunikations-Systemen bei anderen Tieren [ist] [...] Es könnte zwar sein, doch es ist unwahrscheinlich, dass wir je einmal wissen werden, wann und wie unsere Vorfahren zu sprechen begannen.“*[Q104] Die Sprachentstehung sowie die Sprachentwicklung sind beim Menschen evolutionstheoretisch unklar.

Die Sprachwissenschaft (Linguistik) fand heraus, dass selbst die ältesten Sprachen (sumerisch, akkadisch, ägyptisch) hochkomplex und voll entwickelt waren. Aus dem Evolutionsmodell abgeleitet wäre aber zu erwarten, dass die ältesten Sprachen der Welt weniger komplex aufgebaut waren als die heutigen modernen Sprachen. Es ist jedoch genau umgekehrt.

Die Linguistik unterstützt nicht die Ansicht einer Aufwärtsentwicklung bei Sprachen, denn angeblich „primitive“ Völker oder Stämme besitzen keine „primitiven“ Verständigungswei-

---

[44] **Avram Noam CHOMSKY**, (*1928), amerikanischer Professor für Linguistik und Philosophie am Massachusetts Institute of Technology in Cambridge. Er geht davon aus, dass jede Sprache auf angeborenen mentalen Strukturen basiert. Er ist einer der wichtigsten Vertreter der modernen Linguistik. CHOMSKY entwickelte zum größten Teil im Alleingang ein neues System zur Erforschung der Sprache (Generative Grammatik) und erhielt für seine sprachwissenschaftlichen Forschungen zahlreiche akademische Ehrungen.

sen. Der Spezialist für Eingeborenen-Sprachen, Eugene A. NIDA[45], verdeutlicht: *„Der Glaube, wonach die ‚primitiven Völker', ‚primitive Sprachen' reden ist völlig irrig [...] [Es gibt] überhaupt keinen Zusammenhang zwischen der linguistischen [sprachlichen] Struktur und dem Komplexitätsgrad einer Kultur.* " [Q105]

Der enge Zusammenhang zwischen Denken und Sprache kommt im „SÜßMILCHschen Paradoxon"[46] zum Ausdruck: Ohne das höhere Denkvermögen ist eine Erfindung von Sprache unmöglich, andererseits ist höheres Denken ohne Sprache nicht möglich. Der Mensch hat beides, ein Tier hat keines von beiden. Woher aber hat der Mensch diese beiden, sich gegenseitig bedingenden Eigenschaften?

FAZIT

Aus den gestaltlichen (morphologischen) Ähnlichkeiten von Mensch und Affe gemeinsame Vorfahren abzuleiten, ist eine Deutung. Ebenso wie der gesamte Stammbaum eine Deutung von fossilen Funden und diversen wissenschaftlich nachweisbaren Fakten ist. Ähnlichkeit (Homologie) kann man auch anders erklären: Derselbe Urheber ist für homologe Formen und Strukturen verantwortlich (siehe 5.5).

Keine einzige unumstrittene Zwischenform zwischen Mensch und Affe ist gefunden worden und die prozentual geringen Unterschiede in der DNS stellen eine gewaltige, höchstwahrscheinlich sogar unüberwindbare Hürde für die Evolutionsmotoren Mutation und Selektion dar.

---

[45] **Eugene Albert NIDA** (* 1914), amerikanischer Professor für Linguistik. Er war 1968 Präsident der Linguistic Society of Amerika (LSA). NIDA hatte linguistische Feldforschung in mehr als 45 Ländern unternommen und sich mit mehr als 200 Sprachen befasst.
[46] **Johann Peter SÜßMILCH** (1707-1767), Pfarrer und Statistiker. Seine Arbeiten waren für die Entwicklung der Bevölkerungsstatistik bahnbrechend.

Die Linguistik bietet keine für die Evolutionstheorie schlüssige Erklärung zu Herkunft und Entwicklung der Sprachen. Höheres Denken und Sprache scheinen gleichzeitig vorhanden sein zu müssen. Das Schöpfungsmodell bietet eine brauchbarere Erklärung für linguistische Tatsachen.

Demnach war der Mensch von Anfang an spezifisch Mensch, ausgestattet mit der Fähigkeit der Sprache. Eine Entwicklung von Tierlauten bis hin zur menschlichen Sprache hat, dem Modell zur Folge, nie stattgefunden und kann deshalb auch nicht nachgewiesen werden. Dass es zwischen Tierlauten und menschlicher Sprache eine Verbindung durch allmähliche Evolution geben könnte, verneinte der Sprachwissenschaftler Noam CHOMSKY: *„Es gibt keine Gründe dafür, dass die Kluft überbrückbar sei."*[Q103a]

5.7   Umbau in der Evolution

• Morphologie[47] und Organe

Es ist ein Grundproblem der Evolution, dass vieles gleichzeitig funktionieren muss, damit überhaupt eine Funktion ausgeübt werden kann. Es ist schwer vorstellbar, wie sich Schwimmblasen zu Lungen entwickeln und innere Organe wie Magen, Darm, Blase und Nieren in kleinsten Schritten entstanden sein sollen. Wie könnten Herz und Blutkreislauf, Same und Eizelle, Augen, Gehirn und komplette Nervensysteme den Weg ihrer Entwicklung Stück für Stück beschritten haben? Ein Herz oder ein Auge müsste doch schon in einem hohen Grad fertig gewesen sein, um überhaupt funktionieren zu können. Ein Lebewesen mit einem nur teilweise fertigen, nicht funktionstüchtigen Auge, hätte davon keine evolutiven Vorteile. Die natürliche Auslese (Selektion) würde unfertige Organe ausmerzen, lange bevor aus ihnen ein funktionsfähiges Organ werden könnte.

Der bekannte Evolutionstheoretiker und Paläontologe Stephen J. GOULD (1941-2002) von der Harvard University, schrieb zur gängigen Vorstellung der Entstehung neuer Organe und Typen durch graduelle Veränderungen:[48] *„Können wir,*

---

[47] **Morphologie**: Lehre von Gestalt und Struktur der Organismen.

[48] Ausführlicheres Zitat: *„Even though we have no direct evidence for smooth transitions, can we invent a reasonable sequence of intermediate forms – that is, viable, functioning organisms – between ancestors and descendants in major structural transitions? Of what possible use are the imperfect incipient stages of useful structures? What good is half a jaw or half a wing? The concept of preadaptation provides the conventional answer by permitting us to argue that incipient stages performed different functions. The half jaw worked perfectly well as a series of gill-supporting bones; the half wing may have trapped prey or controlled body temperature. I regard preadaptation as an important, even an indispensable, concept. But a plausible story is not necessarily true. I do not doubt that preadaptation can save gradualism in some cases, but does it permit us to invent a tale of continuity in most or all cases?"*

obwohl wir doch keine direkten Belege für sanfte Übergänge haben, sinnvolle Reihen für Übergangsformen erfinden, also lebens- und funktionsfähige Organismen, die zwischen Vorfahren und Nachfahren stehen? Wozu könnten denn unvollkommene Anfangsstadien nützlicher Strukturen nützen? **Was fängt man mit einem halben Kiefer oder einem halben Flügel an?** *"*[Q54]

Diese Fragestellung ist hoch aktuell. Ein Vorteil im Sinne der natürlichen Auslese (Selektion) besteht nur bei fertig ausgebildeten Organen und nicht bei funktionslosen Zwischenstufen. Selbst die angenommenen Millionen von Jahre können über die Schwierigkeit dieser angeblich abgelaufenen Umbildungsprozesse nicht hinwegtäuschen.

FAZIT

Die Evolutionstheorie fordert Entwicklungsstufen. Kleinere Veränderungen von bereits fertigen Organen stellen kein Problem dar, da ihre Funktion zur Erhaltung des Organismus intakt bleibt. Aber die völlige Neuentstehung eines Organs, das noch funktionsuntüchtig ist – also ohne Vorteil oder sogar hinderlich –, kann evolutionstheoretisch nicht erklärt werden. Ebenso wie die Neuentstehung ist ein rigoroser Umbau eines Organs, der zwangsweise eine erhebliche Funktionsbeeinträchtigung oder einen völligen Funktionsausfall mit sich bringen muss, ein Paradoxon für die Evolutionstheorie.

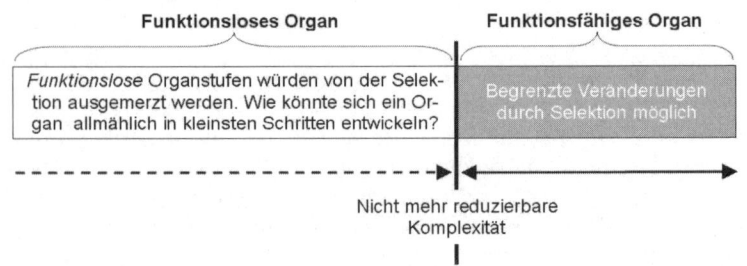

78

Der emeritierte Zoologe und überzeugte Evolutionsbiologe Günter OSCHE meint dazu: *„Lebewesen können ja während bestimmter Evolutionsphasen nicht wie ein Unternehmer den Betrieb wegen Umbau schließen.*"[Q61] Im Rahmen der Schöpfungstheorie gibt es keine Unstimmigkeiten. Weil in ihr von bereits voll funktionsfähigen, geschaffenen Organismen (Grundtypen) ausgegangen wird, kann die Voraussage getroffen werden, dass keine erhebliche Um- oder Neugestaltung von Organen stattfand.

* Neu erworbene Fähigkeiten und Instinkt

Die Fledermaus ist ein faszinierendes Tier. Ihre herausragende Eigenschaft ist der perfekte Ultraschallflug, der es ihr ermöglicht, in völliger Dunkelheit sicher zu manövrieren. Hinsichtlich dessen Entstehung wollen wir einige hypothetische Überlegungen anstellen.

Wann entwickelten die Fledermäuse die Ortung per Ultraschall? Vor der Entwicklung des Fluges oder danach? Ohne Ultraschall hätten sie nachts nicht fliegen können, denn ihre Augen genügten den Anforderungen nicht. Warum sollten sie sich überhaupt zu Nachtfliegern entwickeln, wenn sie gerade damit so viel Schwierigkeiten haben? Als Antwort auf diese Art von Fragen kann man „darwinistische Geschichten" mit mehr oder weniger guten Erklärungen erzählen. Aber ohne empirische Belege bleibt eine solche Geschichte eben nur Spekulation.

Selbst wenn das unglaublich raffinierte Radarsystem der Fledermäuse plötzlich durch Zufall entstanden und voll funktionsfähig gewesen wäre, wer hätte dann der ersten mutierten Fledermaus beigebracht, die neue Fähigkeit anzuwenden?

Wann wurde das Navigationssystem der Zugvögel entwickelt? Millionen von Zugvögel hätten auf ihrem Tausende von Kilometer langen Flug ertrinken müssen, bis das ausgeklügelte Navigationssystem − durch Zufall − entstanden wäre. Wie viele Vogel- oder Reptilieneier wären verfault, bevor der Instinkt Eier auszubrüten, zufällig evolviert war? Auf den Instinkt hat die Evolution keine Antwort.

Was gab es zuerst, die Feder oder das Fliegen? Bekamen Tiere einfach Federn oder Flughäute und versuchten dann zu fliegen? Das kann nicht sein, denn laut Evolutionstheorie hat eine Veränderung, die keine Vorteile bringt, auch keinen Bestand. Oder wollten sie einfach fliegen können und aufgrund ihres Willens wuchsen ihnen über Generationen hinweg Federn? Dann müsste es wohl irgendeinen Menschen gegeben haben oder geben, dem Federn gewachsen sind, denn wie ein Vogel zu fliegen, war wohl schon immer ein Menschheitstraum.

FAZIT

Die offenbare Unmöglichkeit der schrittweisen Erwerbung des Instinkts und neuer Fähigkeiten deutet eindringlich darauf hin, dass diese Eigenschaften bereits von vornherein angelegt waren. Robert NACHTWEY[49] bemerkte, dass nach DARWINs Theorie *„der bloße Zufall das Nervensystem der Tiere so genial konstruiert haben [soll], dass ihre vernünftigen Handlungen, die wir ‚Instinkte' nennen, zwangsweise wie die Bewegungen einer Maschine ablaufen müssen. Darwin erklärte den Instinkt als eine [...] ‚vererbte Abänderung des Gehirns'.*

Kleine, zufällige Veränderungen des Nervensystems sollen eine Abänderung der Gewohnheiten hervorgerufen haben. Natürlich müssten auf diese Weise ebenso viele sinnlose wie sinnvolle Gewohnheiten entstanden sein. Nach Darwin hat der

---

[49] **Robert NACHTWEY** war Zoologe an der Universität Bremen. Er stellte sich vehement gegen eine materialistische Weltsicht und gegen die *„Darwinsche Zufallslehre, mit „ihrem blinden geistlosen Zufall als Schöpfer.* "[Q8b] Die Natur ist für ihn Schöpfer und er meint, dass *„planende und ordnende Naturgewalten die lebenden Wesen erschaffen haben und auch erhalten.* "[Q8c] Für ihn spricht nichts gegen die Auffassung, dass die Welt ein beseelter Organismus ist. NACHTWEY vertrat eine pantheistische Weltsicht, in der Gott die Natur ist.

Kampf ums Dasein durch Ausmerzen des Nichtpassenden alles Weitere getan, um aus diesem Chaos verschiedenster und einander widersprechender Gewohnheiten die einheitliche, widerspruchslose Instinkthandlung zu schaffen. Dies ist schon ganz unglaublich, denn dieser Kampf kann höchstens Minderwertiges ausmerzen, aber nicht aus zusammengewürfelten Gewohnheiten eine in sich harmonische Handlung zusammensetzen. **Das seltsamste und von Darwin in keiner Weise irgendwie erklärte Wunder aber ist, dass mit diesen zufälligen Veränderungen des Nervensystems auch immer gerade eine Veränderung aller der Organe und Körpersäfte erfolgte, die das Tier bei seiner neuen Gewohnheit notwendig brauchen musste. Sollen wir etwa auch an diesen fabelhaften Zufall glauben? Ein solcher ‚Zufall' wäre ja der größte Hexenmeister aller Zeiten und Ewigkeiten!"**[Q8a]

* Vom Wasser zum Land

Die Flossen der Fische tauchen in der Fossilüberlieferung ohne Vorstufen auf.[Q2d] Damit aus einem Fisch ein Amphibium werden kann müsste sich aus der Schwimmblase durch einen makroevolutiven Prozess schrittweise eine Lunge entwickelt haben, um den Sauerstoff von nun an aus der Luft statt aus dem Wasser zu beziehen. Man kennt Fische und Lungenfische, es sind eindeutig getrennte Gruppen. Der Evolutionstheoretiker und Spezialist für Fische Eroll WHITE macht eine sehr bemerkenswerte und ehrliche Aussage:[50] *„Aber welche Vorstellungen Kapazitäten auch immer zu diesem Thema haben, die Lungenfische, wie auch jede andere Fischgruppe, die ich kenne, finden ihren Ursprung in* **gar nichts**.*"* Und weiter: *„Ich habe oft darüber nachgedacht, wie unlieb es mir wäre,*

---

[50] Originalzitat: *„But whatever ideas authorities may have on the subject, the lung-fishes, like every other major group of fishes that I know, have their origins firmly based in nothing, a matter of hot dispute among the experts, each of whom is firmly convinced that everyone else is wrong."*

die organische Evolution vor einem Gerichtshof beweisen zu müssen."[Q89]

Wegen der Notwendigkeit, das Körpergewicht zu tragen, hätte sich das Skelett der Amphibien von dem der Fische stark abwandeln müssen. Es wäre nötig, dass Arm- und Beinskelette ganz neu entstanden wären. Die Fortbewegung sowie die Fortpflanzung hätten einer völligen Neugestaltung bedurft und aus den Fischschuppen hätte die Drüsenhaut der Amphibien hervorgehen müssen. Vieles müsste bereits gleichzeitig funktionieren, um ein Überleben der Tiere zu gewährleisten.

• Vom Amphibium zum Reptil und weiter zum Vogel

Aus den fossilen Zwischenformen konnten keine Übergangsformen zwischen Amphibium/Reptil und Reptil/Vogel zweifelsfrei gedeutet werden (siehe 5.1.3). Insbesondere die Vogelfedern geben in einer evolutionstheoretischen Sichtweise Rätsel auf, weil nur fertige charakteristische Federn in Versteinerungen gefunden werden – eine Vorstufe zwischen Reptilschuppen und Federn ist nicht fossil überliefert.

Auch ist der genetische Bauplan für eine Feder grundsätzlich und vollständig anders als der einer Reptilschuppe. Zu der Frage, wie sich nun einzelne Gene hätten verändern sollen, um in kleinen Schritten zu einer Vogelfeder zu evolvieren (Makroevolution), gibt es in der Genetik noch nicht einmal einen Erklärungsansatz auf wissenschaftlicher Basis.

FAZIT

Der notwendige rigorose Umbau von Organen und Skelett und der Erwerb völlig neuer Fähigkeiten und Eigenschaften ist mit schrittweise verlaufender Makroevolution kaum erklärbar und durch Fossilfunde nicht bestätigt. Die Schritte „vom Wasser zum Land", „vom Amphibium zum Reptil und weiter zum Vogel" bleiben spekulativ.

5.8   Der Faktor Zeit und der strapazierte Zufall

In der Evolutionstheorie sind lange Zeiträume ein sehr wichtiger Faktor, um Zufallsprozessen „Zeit zu geben". Damit wird versucht, die Möglichkeit von Makroevolutionen plausibel zu machen; man denkt, bei ungeheuer langen Zeiträumen sei die Möglichkeit einer Makroevolution sehr viel wahrscheinlicher. Makroevolution sei eine Anhäufung von beliebig vielen geringfügigen, schrittweise verlaufenden Veränderungen, bei denen neue Organe und Strukturen entstehen sollen. Anders ausgedrückt sollen sehr viele Mikroevolutionen zu einer Makroevolution führen. Dieser Ansicht widerspricht der Systemtheoretiker Ervin LASZLO[51], er meint, dass *„die Fossilienfunde und ihre zeitliche Einordnung **gegen** die These einer graduellen Entwicklung [sprechen]. [...] **Wirkliche Neuerungen** können deshalb **nicht** aus der Akkumulation[52] kleiner Veränderungen* [Mikromutationen, KUK] *entstanden sein."*[Q100]

Ein Sechser-Wurf?

*„Wie viel Zeit hat die Evolution? Wie oft – wie lange kann gewürfelt werden? Wenn beliebig viel Zeit zur Verfügung steht, wird **irgend**wann **irgend**eine Einheit die nächste Stufe durch einen ‚**Sechser-Wurf**' erreichen",*[Q63] meint der Evolutionstheoretiker Carsten BRESCH. Um so einen „Sechser-Wurf" zu erhalten, benötigt man in der Evolutionstheorie äußerst viel Zeit. Doch im Gegensatz dazu wird

---

[51] **Ervin** LASZLO (*1932, Budapest), Gründer und Präsident der „General Evolution Research Group" und Mitglied des Club of Rome. Er gilt als einer der führenden Vertreter der allgemeinen Evolutionstheorie.
[52] **Akkumulation** bedeutet allgemein eine Anhäufung.

bei den fehlenden Übergangsformen (siehe 5.1.3) unter anderem versucht, durch sehr kurze Zeitspannen ihr Fehlen zu erklären (Randpopulationen). Tatsache ist jedoch, dass noch nie eine Makroevolution, natürlich oder künstlich, nachgewiesen werden konnte.

Durch das Fordern von extrem langen Zeiträumen für unbeobachtete Vorgänge wird die Möglichkeit der Überprüfbarkeit geschmälert. Mit dieser Voraussetzung ist die Erwartung, einen makroevolutionären Prozess gegenwärtig zu beobachten, extrem gering. Bei einer Diskussion kam es einmal zu folgender Aussage: „Die Evolution läuft so langsam, das braucht so viel Zeit, den Ablauf merken wir gar nicht." Schade, wenn man sich damit zufrieden gibt.

Beispiel 1: Kann man mit einem Luftgewehr ein 15 m weit entferntes Ziel mit einem Durchmesser von 5 mm treffen?

Ja, würde man antworten. Wenn der Schütze geübt, die Windverhältnisse gut und Kimme und Korn entsprechend justiert sind. Freilich würden einige Schüsse daneben gehen, doch wenn wir dem Schützen mehrere Versuche, also entsprechend viel Zeit geben, wird er aller Wahrscheinlichkeit nach einmal treffen. Dieses Beispiel ist empirisch jederzeit zu wiederholen. Es kann wissenschaftlich beschrieben werden.

Beispiel 2: Kann aus einem Stein spontan Leben entstehen?

Nein, würden die meisten sagen. Es erscheint unmöglich und widerspricht den uns  gegenwärtig geläufigen Naturgesetzen. Jetzt geben wir dem Stein genügend Zeit, sagen wir mehrere Millionen Jahre. Dieses Beispiel ist experimentell nicht durchzuführen und nicht zu wiederholen, denn es entzieht sich unserer Beobachtung. Es kann wissenschaftlich nicht beschrieben werden. Hier wird die wissenschaftliche Grenze überschritten.

Kann die Zeit Unmögliches möglich machen?

Würde man Ihnen sagen, dass sich ein Fisch spontan in einen Menschen umwandeln könne, würden Sie es nicht glauben. Warum sollten Sie es glauben, wenn man behaupten würde, eine solche Fisch-zu-Mensch-Verwandlung dauere mehrere Millionen Jahre? Ob ein Vorgang überhaupt möglich ist, entscheidet nicht der Faktor Zeit. *Die Zeit allein kann Unmögliches nicht möglich machen.*

- Was muss der Zufall leisten?

Mutation und Selektion sind Motoren der Evolution. Die Mutationen entstehen zufällig, das heißt, Änderungen am Erbgut sind richtungslos.

Was ist eigentlich Zufall?

Der Zufall ist richtungslos. Es steckt hinter einem zufälligen Ereignis keine Absicht. Der Physiker Werner HEITLER schrieb über den Zufall Folgendes: *„Eine wichtige Eigenschaft des physikalischen Zufalls ist, dass er fast nie eine Ordnung aufbaut, sondern fast immer Ordnung zerstört."*[Q45] Und zwar deswegen, weil die Anzahl der möglichen ungeordneten Zustände größer ist als die Anzahl der geordneten. HEITLER gibt zu bedenken, dass wenn wir 10 nummerierte Steine in die richtige Reihenfolge legen wollen, also 1, 2, 3, ... 10, es nur einen geordneten Zustand und über 3 Millionen ungeordnete Zustände dafür gibt.[53] Was der Zufall in der Evolutionstheorie leisten muss (und ob er es kann), soll am Beispiel eines komplexen Organs wie dem Auge untersucht werden.

Das Auge ist – ab einem gewissen Grad – ein nicht reduzierbar komplexes Organ. Alle Teile dieses Organs arbeiten

---

[53] Die Anzahl der Möglichkeiten lässt sich durch die Fakultät errechnen. 10! = 3 628 800. Es gibt somit 3 628 799 ungeordnete Zustände.

zusammen, um die Funktion „Sehen" zu erfüllen. Das Zusammenspiel aller Teile nennt man *Synergismus*. Wie fein die einzelnen Teile des Auges aufeinander abgestimmt sein müssen, ist an über 300 erblichen, also genetisch bedingten, Augenkrankheiten zu erkennen, bei denen die Justierung der einzelnen Komponenten in sich und zueinander gestört ist. Die Komponenten sind Pigmente, Netzhaut, Iris, verschiedene feinste Muskeln, Linse, Augapfel, Lederhaut, Aderhaut, Augenkammer und Hornhaut, um nur einige zu nennen.

In den Genen liegt der Schlüssel zu neuen Formen und Fähigkeiten. HEITLER berechnete die Wahrscheinlichkeit zur Entstehung eines einzigen neuen Gens (siehe 21). Er gab eine Mindestwahrscheinlichkeit von $1:10^{60}$ an. HEITLER veranschaulichte das Ergebnis, indem er die Zeit berechnete, die zur Entstehung eines einzigen neuen Gens durch ständig ablaufende Veränderungen innerhalb eines Organismus benötigt werden würde. *„Dann würde es 3×10^{25} Jahre dauern, bis in einem einzigen Individuum das neue Gen entstanden ist. [...] Das Universum müsste also 10 Billionen mal seine ganze bisherige Geschichte durchlaufen, bevor auch nur einmal das neue Gen in einem einzigen Individuum entstanden ist! Das ist natürlich völlig unsinnig. **Um diese für die Zufallshypothese katastrophalen Zahlen zu umgehen, sprechen manche Biologen von der „Zielstrebigkeit" [...] Damit ist aber der Boden der Physik verlassen – denn diese kennt keine Zielstrebigkeit – und eine spezifisch biologische Gesetzmäßigkeit ist eingeführt. [...] In diesem Fall werden dann alle Wahrscheinlichkeitsbetrachtungen illusorisch, weil wir dann nicht mehr wissen, was Gesetz und was Zufall ist und der Begriff Wahrscheinlichkeit nur auf zufällige Ereignisse Anwendung haben kann.***[Q45a]

Es gibt Anhänger der Evolutionstheorie, die auf solche Wahrscheinlichkeitsberechnungen abfällig herabsehen und diese als Zahlenspielchen von Evolutionsgegnern bezeichnen. Was in gewisser Weise verständlich ist, denn diese Berechnungen sind für die Evolutionstheorie mehr als unangenehm. Redlich sind solche Aussagen jedoch nicht.

Selbstverständlich sind viele dieser Berechnungen anfechtbar, denn sie sind untertrieben. Der Punkt ist, wenn jemand – nach dem derzeitigen Stand der Wissenschaft – nachprüfbar *untertriebene* und nicht übertriebene Annahmen für seine Berechnung trifft, und schon dabei das Ergebnis eindeutig gegen den Zufall als Ursache spricht, dann sollte es auch oder besonders Evolutionstheoretikern zu denken geben. Denn ob nun 30 oder 40 Nullen nach dem Komma stehen, ist nicht relevant. Denn jedes Mal heißt das Ergebnis: „Völlig unwahrscheinlich."

Doch nicht allein Evolutionskritiker stellen solche Berechnungen an, sondern auch bekannte Vertreter der Evolutionstheorie, wie der Paläontologe G.G. SIMPSON. Er schloss die Möglichkeit von mehreren gleichzeitig verlaufenden positiven Mutationen in einem Individuum aus – was aber zur Entstehung von neuen Typen oder neuen Organen nötig wäre. Er schrieb: „*Selbst durch die weite Spanne der geologischen Zeit ist die Wahrscheinlichkeit eines solchen Ereignisses so klein, dass sie vernachlässigt werden kann, [...] Die Wahrscheinlichkeit, dass fünf gleichzeitige Mutationen in irgend einem Individuum entständen, [würde] etwa 0,000 000 000 000 000 000 000 1 [(1: 10^{-22})] sein [...] Ein solches Ereignis [kann] nur einmal in etwa 274 000 000 000 Jahren erwartet werden, ein Zeitraum, der etwa hundertmal das Alter der Erde übertrifft. Ein solches Vorkommen ist offensichtlich **nicht häufig genug gewesen, um als echter Evolutionsfaktor in Betracht zu kommen.*"[Q62]

Kommen wir nun zu einem weiteren Faktor, der die Wahrscheinlichkeit eines Zufalls zusätzlich verringert. Wie wir festgestellt haben, ist das Auge ein äußerst komplexes Organ, in dem die verschiedensten Komponenten zusammenarbeiten, um eine Funktion zu erfüllen: das Sehen. Doch das Auge kann nicht einzeln betrachtet werden (was jedoch gerne von manchen Evolutionstheoretikern getan wird).

Um unser menschliches Auge von circa 24 mm Durchmesser überhaupt nutzen zu können, benötigen wir die Augenhöhle unseres Schädels zum Einbetten des Augapfels sowie den Sehnerv, der aus circa 1,2 Millionen Nervenfasern besteht, um die von der Netzhaut empfangenen und in elektrische Impulse umgewandelten Bilder zu übertragen. Um diese Nervenimpulse auszuwerten, brauchen wir unser Gehirn. Zum Schutz und zur Pflege des Auges dienen die Augenlider mit den Wimpern. Drüsen an der Innenkante fetten die Lider ein, um die von der Tränendrüse erzeugte Flüssigkeit daran zu hindern, den Lidrand zu überspülen. Durch den Lidschlag wird die Tränenflüssigkeit zur Feuchthaltung und Reinigung auf dem Auge verteilt. Überschüssige und nicht mehr gebrauchte Tränenflüssigkeit wird vom Tränen-Nasen-Gang in die Nasenhöhle abgeleitet. Unsere Augenbraue schützt das Auge vor Blendung, Staub und Schweiß. Alle soeben aufgeführten Komponenten werden zusätzlich benötigt, damit die Funktion des Auges überhaupt genutzt und erhalten werden kann. Das Auge bildet zusammen mit diesen Elementen praktisch wiederum ein System, worin die Einzelteile einander angepasst sind. Man bezeichnet dieses gegenseitige Angepasstsein als *Koadaptation*.

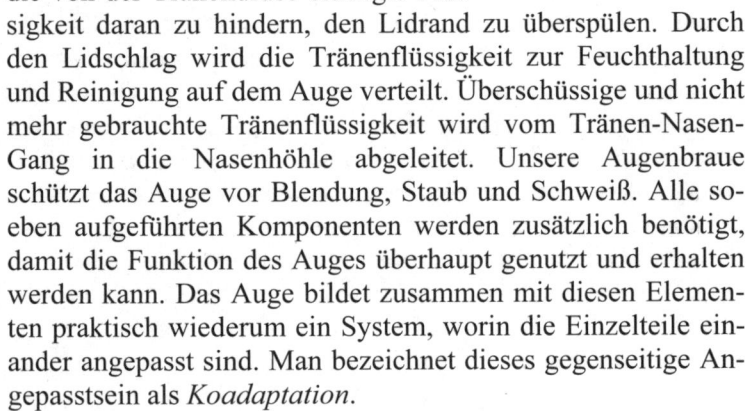

Wie kam es zu dieser Koadaptation zwischen dem Organ Auge und den weiteren Komponenten?

Evolutionstheoretisch betrachtet gibt es nun zwei Möglichkeiten. Die erste Möglichkeit besteht darin, dass sich die erforderlichen Elemente gleichzeitig mit dem Auge zufällig gebildet haben. Dann hätten aber alle Teile des hoch komplexen Auges mitsamt den noch dazu benötigten Komponenten (Augenhöhle, Sehnerv, Nervenkreuz, Augenlid, Tränendrüse ...) gleichzeitig entstehen müssen. Solche komplexen Großmutationen lehnte der bekannte Paläontologe G.G. SIMPSON zu Recht ab, da die Wahrscheinlichkeit dafür offensichtlich viel zu gering ist, um als echter Evolutionsfaktor in Betracht zu kommen.

Nun bleibt noch die Möglichkeit, dass die Bestandteile schon vorher zufällig entstanden sind. Dann wären sie jedoch auf nur schwer vorstellbare Weise erhalten geblieben, denn die Selektion würde noch unnütze Komponenten ausmerzen.[54]

Aber ein Auge allein genügt uns nicht, denn erst mit einem Augenpaar können wir räumlich sehen. Die von den beiden Augen wegführenden Sehnerven kreuzen sich an der Basis des Zwischenhirns, wobei es zu Überkreuzungen einzelner Nervenfasern kommt. Jedes Auge macht sozusagen ein Bild. Die Nervenüberkreuzungen ermöglichen es, dass beide Bilder praktisch „übereinandergelegt" werden. Erst dadurch können wir räumlich und in die Tiefe sehen.

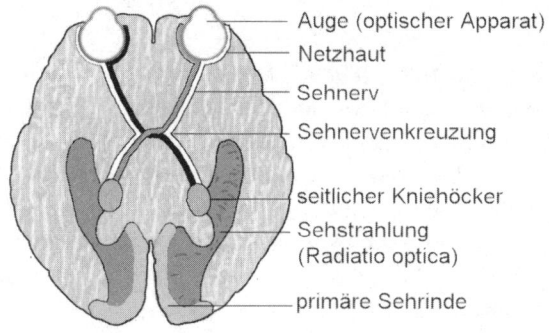

Visuelles System des Menschen
(vereinfachte Darstellung)

Auge (optischer Apparat)
Netzhaut
Sehnerv
Sehnervenkreuzung
seitlicher Kniehöcker
Sehstrahlung
(Radiatio optica)
primäre Sehrinde

---

[54] Um dem Problem zu entgehen, wird argumentiert, dass die Einzelkomponenten des gegenwärtigen Systems zuvor eben eine andere Funktion ausgeübt hätten. Wenn das tatsächlich so wäre, müsste aber auch erklärt werden, wie diese Einzelkomponenten den offensichtlich intelligenten Schritt zu ihrer neuen, gemeinsamen zielorientierten Funktion durch blinde Zufallsprozesse bewerkstelligen konnten. Die behaupteten Funktionswechsel sind jedoch spekulativ und nicht überzeugend.

Das gesamte System „Augen" ist eine konstruktive Meisterleistung und zu guter Letzt Regelungstechnik in Perfektion. Die Linse wird durch feinste Muskeln, die auf bestimmte Reize reagieren, gezielt verformt und die Iris je nach Lichteinfall verkleinert oder vergrößert. Solche Vorgänge laufen koordiniert ab und stehen in gegenseitiger Wechselwirkung. Ähnlich einer vollautomatischen Video-Kamera, die verschiedene Faktoren wie beispielsweise Lichteinfall und Bildschärfe ständig auswertet, die Ergebnisse in elektrische Impulse umwandelt und damit dynamisch Blende und Brennweite regelt, um permanent ein optimales Bild zu gewährleisten. Man bezeichnet solche dynamischen Systeme mit steuer- und regelungstechnischen Abläufen als *kybernetisch*.

Doch nicht nur die Augen selbst, sondern auch das Zusammenspiel mit ihren Komponenten (Augenhöhle, Sehnerv, Gehirn, Augenlid ...), die sie zur Ausführung ihrer Funktion und zu ihrer Erhaltung benötigen, ist wiederum ein regelungstechnisches Meisterwerk.

FAZIT

Für BRESCH hat der *„Würfel der Natur"* eine Sechs, mit der irgendwann eine Einheit die nächste Stufe erklimmen kann. Und es wird kräftig gewürfelt, denn *„die Evolution hat Zeit – viel Zeit. Schafft es heute keiner – was ist verloren? Zufällige Mutationen werden spielen und weiter spielen und spielen und spielen ..."*[Q63a] So sehr sich mancher Anhänger des Evolutionsgedankens das auch wünschen mag, es ist trotzdem kein Spiel ohne Grenzen.

Die Unmöglichkeit der plötzlichen Entstehung komplexer Organe und damit neuer Typen (Makroevolution) zwang DARWIN und heutige Evolutionstheoretiker dazu, diesen Entstehungsvorgang in äußerst viele kleine Schritte während extrem langer Zeiträume zu zerlegen (Gradualismus).

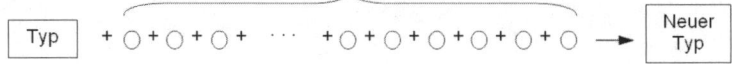

Beliebig viele Mikroevolutionen = Makroevolution?

Typ + ○ + ○ + ○ + ⋯ + ○ + ○ + ○ + ○ + ○ + ○ → Neuer Typ

Aber die noch so großen zeitlichen Abschnitte erklären nicht, *wie* ein noch nie beobachteter Prozess stattfand. Dazu bemerkte der Botaniker und Zeitgenosse DARWINs Albert WIGAND[55] treffend: *„Allein die Summe unendlich vieler unendlicher kleiner Rätsel gibt noch keine Lösung des Gesamträtsels.*"[Q64]

Die Millionen und Milliarden von Jahre werden von der Evolutionstheorie gefordert. Hier wird die wissenschaftliche Grenze hinsichtlich Überprüfbarkeit überschritten. In der Schöpfungstheorie benötigt man keine riesigen Zeiträume zur Erklärung von eigentlich schöpferischen Prozessen, wie die Bildung neuer Typen von Lebewesen.

Die plötzliche Entstehung (Makromutation) ebenso wie die in kleinsten Schritten extrem langsam ablaufende Entstehung eines komplexen Organs (Auge, Herz, Niere ...), das sehr viele funktionslose Stadien durchlaufen müsste, ist praktisch ausgeschlossen. Wenn man so ein Organ nicht isoliert betrachtet, sondern der Realität entsprechend mitsamt seinen zur Ausführung und zur Erhaltung notwendigen Komponenten, nimmt die geringe Wahrscheinlichkeit einer schrittweisen Entstehung jenes Organs noch weiter ab. Am Beispiel des menschlichen Augenpaares tragen dessen symmetrische Anordnung und die sich kreuzenden und teilweise verflochtenen Sehnerven zu der weiteren Wahrscheinlichkeitsabnahme bei.

Am Schluss dieses Kapitels soll nun nicht mehr von Wahrscheinlichkeit, sondern von Unwahrscheinlichkeit gesprochen werden – das leistet der Zufall einfach nicht.

---

[55] **Julius Wilhelm Albert WIGAND** (1821-1886) war Professor der Botanik und Pharmakognosie an der Universität Marburg und Direktor des Botanischen Gartens.

„Trotzdem sollen [richtungslose Mutationen]
das Material liefern, mit dessen Hilfe die sinnvolle
Anpassung der Organismen an die Umwelt vor sich geht.
*Sie durch ein **Spiel des Zufalls** ohne innere*
Bezogenheit entstanden zu denken, stellt aber für viele
eine Denkunmöglichkeit dar.
Sie verweisen unter anderem mit Recht darauf,
dass die Lebewesen ja nicht einfach in eine Summe
von Einzelanpassungen aufgelöst werden können,
*sondern dank **tausendfältigen, zwischen den Organen***
bestehenden Wechselbeziehungen jeweils eine
***harmonische Einheit darstellen.** "*[Q52]

Paul BUCHNER (1886-1978)
Zoologe, Zell- und Symbioseforscher,
einstiger Leiter des Zoologischen Instituts
in Breslau

- Bis zu 10 000 Jahren

Eine *absolute* Altersbestimmung ist die Dendrochronologie-Methode. Durch sie werden Anzahl und Breiten von Jahresringen langlebiger Bäume ausgewertet. Eine Chronologie erhält man, wenn es möglich ist, verschiedene Holzproben durch teilweise Überlappungen ihres spezifischen Jahresring-Musters einander zeitlich zuzuordnen. Durch die Dendrochronologie können Sedimente, historische Ereignisse und klimatische Bedingungen oftmals exakt datiert werden. Der bisher älteste lebende Baum weist ein Alter von 4 600 Jahren auf.[56] Bekannt sind die kalifornischen Borstenkiefer-Chronologien und die europäischen Eichen-Chronologien. Der europäische Eichenjahringkalender reicht mit über 9 000 Jahren zurück bis zum Jahr 7 237 v.Chr.[Q46]

Bei der Erstellung von Dendrochronologien spielen jedoch Vordatierungen eine gewisse Rolle, die den Vorteil der unabhängigen Reproduzierbarkeit gegenüber anderen Datierungsmethoden zu einem gewissen Teil wieder aufheben. Eine weitere absolute Datierungsmethode ist das Zählen der Jahresschichten (Warven) in Bändertonen, den feinkörnigen Ablagerungen in Schmelzwasserseen mit abwechselnd dunklen und hellen Lagen, die durch jahreszeitlich schwankende Sediment- und Wasserzufuhr entstehen.

- Bis zu 50 000 Jahren

Die Radiocarbonmethode oder kurz ^{14}C-Methode ist das populärste Verfahren, für dessen Entwicklung sein Erfinder, der amerikanische Chemiker Willard F. LIBBY (1908-1980), im Jahr 1960 den Nobelpreis erhielt. Sie beruht darauf, dass unter Einfluss der kosmischen Strahlung in der höheren Atmosphäre

---

[56] Nach SCHULMANN, 1958.

aus dem Stickstoff der Luft radioaktiver Kohlenstoff ^{14}C gebildet wird, der mit dem Sauerstoff zu Kohlendioxid oxidiert ($^{14}CO_2$). Durch die Nahrungskette gelangt das von den Pflanzen aufgenommene ^{14}C auch in Mensch und Tier. Solange ein Lebewesen lebt, bleibt sein ^{14}C-Gehalt in konstantem Gleichgewicht mit dem Gehalt in der Atmosphäre oder des Meeres. Stirbt ein Lebewesen, so nimmt es kein ^{14}C mehr auf und das angereicherte ^{14}C zerfällt mit konstanter Geschwindigkeit.

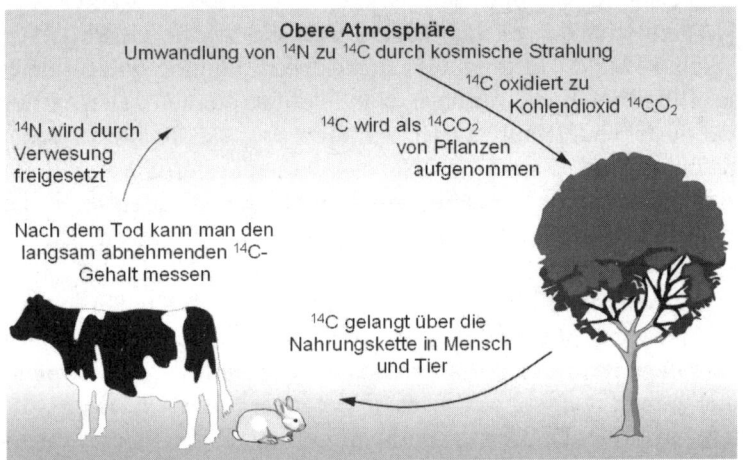

Obere Atmosphäre
Umwandlung von ^{14}N zu ^{14}C durch kosmische Strahlung

^{14}C oxidiert zu
Kohlendioxid $^{14}CO_2$

^{14}N wird durch
Verwesung
freigesetzt

^{14}C wird als $^{14}CO_2$
von Pflanzen
aufgenommen

Nach dem Tod kann man den
langsam abnehmenden ^{14}C-
Gehalt messen

^{14}C gelangt über die
Nahrungskette in Mensch
und Tier

Um das Alter einer Probe zu bestimmen, geht man wie folgt vor: Man stellt das Verhältnis ^{14}C zu ^{12}C (Mutter-Isotop[57] zu Tochter-Isotop) in einer Probe fest und vergleicht es mit dem Verhältnis in der Luft. Mit der ^{14}C-Methode kann man nur organisches Material datieren. ^{14}C hat eine spezifische Halbwertszeit[58] von 5 730 Jahren. Wenn also in einer Probe nur halb so viel ^{14}C gemessen wird wie in der Luft, dann ist die

---

[57] **Isotope**: Atome desselben Elements, mit gleicher Anzahl an Protonen, aber mit unterschiedlicher Neutronenzahl.
[58] **Halbwertszeit** nennt man die Zeit, nach der die Hälfte der Atome in einer Probe zerfallen ist. Nach Ablauf einer physikalischen Halbwertszeit sind sowohl Menge als auch die Radioaktivität eines Stoffes auf den halben Wert gesunken. Beim Zerfall wird Energie freigesetzt.

Probe 5 730 Jahre alt. Wenn nur ein Viertel ^{14}C gemessen wird, ist die Probe 11 460 Jahre alt usw. Mit der ^{14}C-Methode lässt sich maximal ein Alter von ungefähr 50 000 Jahren bestimmen.[Q12] Bei älteren Proben kann aus technischen Gründen kein ^{14}C mehr gemessen werden.

Es gibt manche Faktoren, die Einfluss auf die Genauigkeit der Datierungsmethode nehmen. Zum Beispiel kosmische Strahlung, Stärke des Erdmagnetfeldes, Atmosphärenzusammensetzung, Temperatur der Weltmeere, Vulkanaktivitäten, Kernwaffentests sowie globale Klimaveränderungen (^{14}C-Produzenten). Durch Korrekturfaktoren können viele dieser Einflüsse relativiert werden. Die ^{14}C-Methode ist insbesondere bis zu etwa 10 000 Jahren relativ genau, da sie hier mit der Dendrochronologie-Methode geeicht beziehungsweise kalibriert werden kann. Die Unsicherheit bei der Messung erhöht sich mit dem Alter der Probe.

Kalibrierung der ^{14}C-Methode

Aus der dendrochronologischen Datierung ist die zeitliche Zuordnung einzelner Jahrringe bekannt. Indem man für mehrere solcher Ringe ein ^{14}C-Alter bestimmt, kann man eine Kalibrierkurve erstellen, durch die man ^{14}C-Alter an dendrochronologisch gewonnene Alter anpassen kann.

• Bis zu mehreren Milliarden Jahren

Bei allen radiometrischen[59] Langzeit-Datierungsmethoden, kann durch präzise bestimmte Mengenverhältnisse zwischen Mutter- und Tochter-Isotopen in einer Gesteinsprobe und bei bekannten Halbwertszeiten die theoretische Länge des Zeitraumes, über den ein Zerfall angedauert hat, errechnet werden. Vorausgesetzt, man kennt das ursprüngliche Verhältnis Mutter-/Tochter-Isotop, die Zerfallsrate bleibt konstant und das

---

[59] **Radiometrie**: Messung radioaktiver Strahlung von Substanzen.

jetzige Verhältnis von Mutter-/Tochter-Isotop wurde nicht verfälscht. Diese Voraussetzungen lassen sich in der Praxis sehr
schwer ermitteln. Die radiometrische Kalium-Argon-Methode
geht beispielsweise von dem Isotop ^{40}K aus, das mit einer
Halbwertszeit von $1,28 \times 10^9$ Jahren unter anderem in das sta-
bile Argon-Isotop ^{40}Ar zerfällt.

- Abweichende radiometrische Ergebnisse

Oftmals bringen radiometrische Altersbestimmungen „uner-
wünschte" Ergebnisse. In vielen Fällen, jedoch nicht in allen,
findet man eine plausible Erklärung (z.B. Aufschmelzen, Ein-
dringen von Tochter-Isotopen). Viele radiometrisch erhaltene
Gesteinsalter sind sehr hoch. Ausnahmen, die „zu jung" (oder
„viel zu hoch") erscheinen, werden meist als falsch verworfen.
Das Vorgehen hat Ähnlichkeit mit einer überschlägigen Kopf-
rechnung, die man mit dem Ergebnis des Taschenrechners
vergleicht. Stimmen beide Ergebnisse grob überein, ist es
ziemlich sicher, dass man sich nicht vertippt hat. Bei den radiometrischen Messmethoden vergleicht man das *erwartete*
Alter mit dem von der Messung abgeleiteten Alter. Das *erwartete* Alter wird als richtig vorausgesetzt. Leider ist das
zahlenmäßige Verhältnis von „passenden" und „nichtpassenden" radiometrisch gewonnenen Altern auch in Fachkreisen nicht bekannt.[Q33]

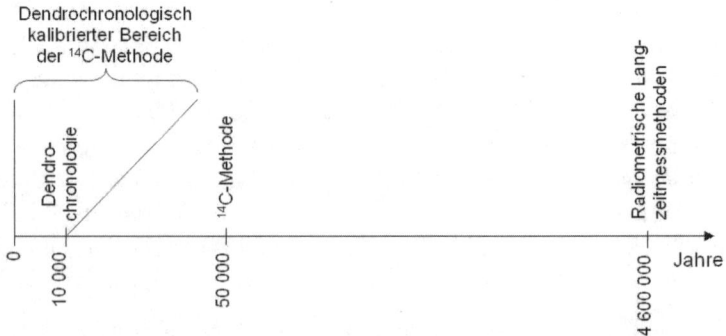

- Das Alter der Erde

Katastrophal oder gleichförmig?

Im Jahre 1830 wurde die damals vorherrschende Auffassung, dass die Erdoberfläche durch viele Katastrophen geformt wurde, erschüttert. Der Zoologe und Mitbegründer der Paläontologie, Georges CUVIER, erforschte Versteinerungen im Pariser Becken und stieß wiederholt auf große Lücken in der Abfolge der Fossilien. Er folgerte daraus, dass jene Lücken durch gewaltige, globale Katastrophen verursacht worden sein mussten. Als der Geologe Charles LYELL sein Werk "Principals of Geology" veröffentlichte, geriet CUVIERs Katastrophentheorie ins Wanken. LYELLs Gegenmodell, der Aktualismus, geht von der unbeweisbaren Annahme aus, dass alle Entwicklungen in der Erdgeschichte durch Prozesse erklärt werden können, die gegenwärtig wirken und beobachtbar sind.

Heutzutage wird angenommen, dass viele geologische Schichten sehr langsam in mehreren Jahrmillionen entstanden seien. Dies folgert man aus den Beobachtungen, die man in geologisch sehr kurzen Zeiträumen gemacht hat (Aktualismus). Es liegt die nicht prüfbare Annahme zugrunde, dass in weiter Vergangenheit die Ablagerungsprozesse mit der gleichen, extrem langsamen Geschwindigkeit abgelaufen sind, wie man es heutzutage beobachten kann.

Aktualismus und DARWIN

Der Evolutionsgedanke harmoniert nicht nur gut mit einem sehr hohen Erdalter, es war für DARWIN ein immens wichtiges Puzzleteil. Denn erst durch das Prinzip des Aktualismus war es ihm möglich, seine Abstammungslehre plausibel zu machen. Ernst HAECKEL[60] verdeutlichte 1868, dass *„für Darwins*

---

[60] **Ernst Heinrich Philipp August HAECKEL** (1834-1919), dt. Zoologe, Philosoph und Freidenker. Er war ein vehementer Verfechter der Ab-

*Theorie [...], die Annahme ganz ungeheurer Zeitmaße **absolut unentbehrlich** ist.* "[Q124]

Deutungsprobleme

Die für die Evolutionstheorie unentbehrlichen riesigen Zeitepochen werfen jedoch in manchen Disziplinen schwerwiegende Fragen auf. Während der Beginn der Zivilisation nur einige tausend Jahre zurückliegt, geht man üblicherweise davon aus, dass sich die gesamte Menschheitsgeschichte auf einen Zeitrahmen von circa 2 Millionen Jahren erstreckt. In dieser immens langen Zeit müsste aber das Bevölkerungswachstum 1,99 Millionen Jahre lang praktisch Null betragen haben.

Die Demografin PENNINGTON schreibt zu diesem Problem, dass es *„in Anbetracht unserer Reproduktionsmöglichkeit und Überlebensfähigkeit unter schlechtesten Bedingungen rätselhaft [ist], dass es nur so wenige von uns während einer so langen Zeit unserer Geschichte gab."* [Q125] *„Bei praktisch fehlendem Bevölkerungswachstum"*, schreibt BRANDT, hätte der Mensch *„die Erde im Paläolithikum* [Altsteinzeit; KUK] *erst gar nicht mit weit verstreut lebenden Kleingruppen bevölkern können."* [Q122] Erstaunlich ist auch, dass man aus dieser enormen Zeitspanne nur relativ geringe Mengen an Steinwerkzeugen gefunden hat, obwohl ein Vielfaches in der Größenordnung mehrerer Zehnerpotenzen zu erwarten wäre.

---

stammungslehre DARWINs. Er ebnete dem Darwinismus durch sein streitbares Eintreten den Weg nach Deutschland.

Ausführlicheres Zitat: *„Auf die unermessliche Länge der geologischen Zeiträume, welche hierzu erforderlich sind, müssen wir notwendig später noch einmal zurückkommen, da, wie Sie sehen werden, auch für Darwins Theorie, ebenso wie für diejenige Lyells, die Annahme ganz ungeheurer Zeitmaße absolut unentbehrlich ist. Wenn die Erde und ihre Organismen sich wirklich auf natürlichem Wege entwickelt haben, so muss diese langsame und allmähliche Entwickelung jedenfalls eine Zeitdauer in Anspruch genommen haben, deren Vorstellung unser Fassungsvermögen gänzlich übersteigt."*

Weltbevölkerung (in Millionen)

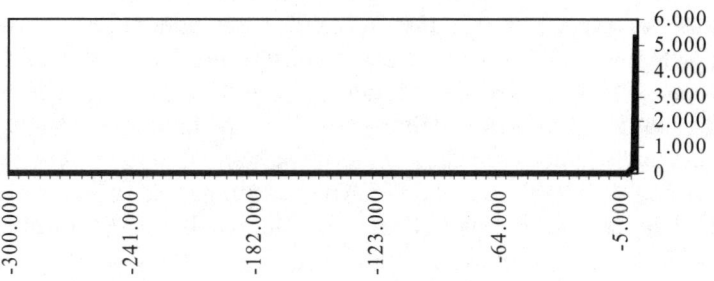

Zeitangaben in Jahren (- bedeutet v.Chr.)

Im konventionellen Zeitrahmen explodierte die menschliche Bevölkerung in den letzten sechs Jahrtausenden, während sie zuvor rätselhafterweise etliche Jahrhunderttausende lang stagnierte.

Innerhalb einer wesentlich kürzeren Zeitspanne wäre die Wachstumsrate der Bevölkerung deutlich höher und würde den bekannten Raten aus früher historischer Zeit und heute lebenden Naturvölkern entsprechen. Des Weiteren ließen sich die Anzahl der Werkzeugfunde und die technisch-kulturellen Fortschritte viel schlüssiger deuten.

Es gibt somit gute Gründe, den konventionell angenommenen Zeitrahmen der Menschheitsgeschichte von 2 Millionen Jahren in Frage zustellen und ihn auf wenige Tausende zu reduzieren.[61]

---

[61] Weiterführende Literatur: Michael BRANDT, „Wie alt ist die Menschheit? – Demografie und Steinwerkzeuge mit überraschenden Befunden", 2006.

Alternative Rechenmodelle

Es gibt alternative Modelle zur Bestimmung des Erdalters. Auch sie sind hypothetische Überlegungen mit Annahmen, die aus der Gegenwart in die Vergangenheit übertragen werden (Aktualismus) und somit auch nicht überprüfbar sind. Das Interessante an diesen Berechnungen ist jedoch, dass sie alle ein wesentlich jüngeres Erdalter zum Ergebnis haben, als das derzeit nach radiometrischer Datierungsmethode angegebene Alter von 4 560 000 000 Jahren. Die Erkaltung der Erde (50 000 000 Jahre), der geringe Gehalt von Helium in der Atmosphäre (161 000 Jahre) oder der Nickelgehalt im Meerwasser (9 000 Jahre), lassen zum Beispiel den Schluss auf eine wesentlich jüngere Welt zu.

Polystrate Fossilien

Nach heute gängiger Auffassung sind viele geologische Schichten durch extrem langsam ablaufende Ablagerungsprozesse in mehreren Jahrtausenden oder Jahrmillionen entstanden. In Gesteinsablagerungen gibt es jedoch fossile Baumstämme, die aufrecht stehen und Schichten unterschiedlichen Alters durchdringen. Man nennt sie *polystrate Stämme*. Hier müsste die Ablagerungszeit sehr kurz gewesen sein, denn die Stämme wären bei langsamer Ablagerung bereits verfault, bevor sie hätten eingebettet werden können. Einer von vielen Fundorten solcher Baumstämme ist Swansea, New South Wales (Australien).

Polystrate Stämme sind nicht durch eine langsame Ablagerung zu erklären und weisen auf eine sehr schnelle Bildung (Katastrophismus) der betreffenden Schichten und auf ein geringes geologisches Alter hin. Sie können zusammen mit den alternativen Rechenmodellen als Indizien für eine junge Erde betrachtet werden.

Zusammenfassend lässt sich sagen, dass die radiometrischen Datierungsmethoden ein in sich schlüssiges Verfahren zur indirekten Altersbestimmung sind. Die Isotopen-Verhältnisse können sehr genau gemessen werden. Doch die so gewonnenen Verhältnisse ergeben an sich noch kein Alter.

Erst durch die Grundannahmen, dass (a) die Zerfallsraten radioaktiver Atome immer konstant bleiben, (b) dass das ursprüngliche Verhältnis Mutter-/Tochter-Isotop bekannt ist und (c) dass das gemessene Verhältnis von Mutter-/Tochter-Isotop nicht durch Umwelteinflüsse verfälscht wurde, lässt sich aus den Verhältnissen ein Alter ableiten.

Von keiner dieser drei Annahmen kann mit absoluter Sicherheit ausgegangen werden. Wenn mit der Dendrochronologie (oder weiteren absoluten Verfahren) kalibriert werden kann, werden die „radiometrischen Uhren" zuverlässiger. Viele mögliche Einflüsse auf die Genauigkeit der radiometrischen Messungen werden durch Korrekturfaktoren berücksichtigt. Die so gewonnenen Datierungsangaben können als relativ genau betrachtet werden. Mittels der Halbwertszeit von ^{14}C geht man rechnerisch auf etwa 50 000 Jahre, bei ^{40}Ar bis auf circa 4 600 000 000 (4,6 Milliarden) Jahre zurück.

Doch wie weit darf man radiometrisch zurück extrapolieren?[62] Gibt es (k)eine Grenze?

Ein Beispiel: Wir haben vom 09.03.2000 an bis zum 17.01.2002 regelmäßig die Größe unserer Tochter gemessen. Im nachfolgenden Diagramm ist ihre Wachstumskurve dargestellt. Man kann bei Betrachtung dieser Daten den Schluss ziehen: Je größer, je älter. Und umgekehrt: Je kleiner, je jünger.

---

[62] **Extrapolieren** heißt, aus dem Verhalten einer mathematischen Funktion innerhalb eines Bereichs auf ihr Verhalten außerhalb dieses Bereichs zu schließen.

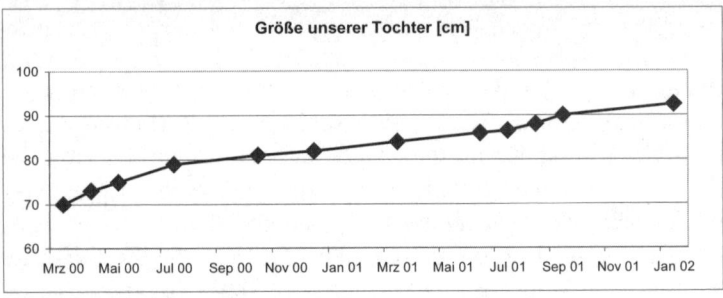

Verlängert man diesen Trend mit Hilfe der linearen Regression, kann man über die zukünftige und die vorherige Größe unserer Tochter eine Aussage machen.

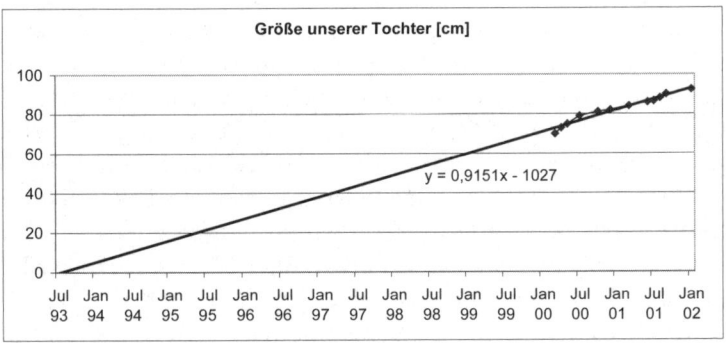

Laut Mathematik wäre sie im Juli 1993 null cm groß gewesen. Wir wissen, dass das nicht sein kann. Unsere Tochter wurde im Juni 1999 geboren. Setzt man die Größe 0 cm mit ihrer Zeugung oder Geburt gleich, kommt man zu einem falschen Ergebnis: Sie müsste dann schon sechs Jahre älter sein. Die Grundannahme dieser Berechnung ist somit falsch.

Altersangaben von Millionen oder Milliarden von Jahren gehen ebenfalls von Grundannahmen aus. Diese Grundannahmen leiten wir von den gegenwärtig beobachtbaren Verhältnissen ab. Wie weit in die Vergangenheit zurück extrapoliert werden darf, bleibt uns verborgen.

Bei dem Beispiel mit unserer Tochter können wir die theoretischen Ergebnisse, die wir von ihrem gegenwärtigen Wachstumsverlauf ableiteten, überprüfen. Theoretische Messergebnisse verschiedenster Datierungsmethoden, die beispielsweise mit der Dendrochronologie-Methode überprüft werden, dürfen als wesentlich sicherer gelten als Ergebnisse von Datierungsmethoden, die den überprüfbaren Rahmen überschreiten und deshalb mit einer vergleichsweise hohen Unsicherheit behaftet sind. Derzeit steht uns ein dendrochronologisch kalibrierter Datierungszeitraum von bis zu 10 000 Jahren zur Verfügung. Vor allem Datierungen mit Millionen oder Milliarden Jahren können, aber müssen nicht richtig sein. Solch hohe Datierungsangaben haben einen überwiegend hypothetischen Anteil und sind nur bedingt empirisch begründet.

Wir wissen nicht, ob es in der Vergangenheit gravierende Einschnitte in unsere physikalische Welt gegeben hat. Der Aktualismus ist nur insofern gerechtfertigt, weil den Forschern eben nur Daten aus wenigen Jahrhunderten vorliegen – eine andere Informationsquelle steht ihnen nicht zur Verfügung. Die zeitlich gesehen wenigen Daten sind das Einzige, wovon wir ausgehen können. Ob die Annahme des Aktualismus „wie-es-heute-ist-war-es-früher-auch" hinsichtlich Altersangaben von Millionen bis Milliarden von Jahren richtig oder ein schwerwiegender Fehler ist, entzieht sich einfach unserer Erkenntnis.

Die alternativen Rechenmodelle zur Bestimmung des Erdalters weisen jedoch auf eine junge Erde hin. Versteinerte aufrechtstehende Baumstämme (polystrate Stämme), die durch mehrere geologische Schichten hindurchgehen, widersprechen den heute geologisch angenommenen hohen Altern der einzelnen Schichten. Ein Baumstamm würde in wenigen Jahren verfault sein und nicht Tausende oder Millionen Jahre „warten", bis er von den Sedimenten eingebettet werden würde. Eine schnelle Einbettung muss hier vorgelegen haben – ein möglicher Hinweis auf kürzere geologische Zeiten.

Wie alt ist unsere Erde? Milliarden von Jahren nimmt man heute an. Das passt gut in die evolutionstheoretische Vorstellung. Weniger gut passt dieser konventionelle Zeitrahmen der Menschheitsgeschichte zu den demografischen Daten und den Fundmengen menschlicher Hinterlassenschaften. Ob das derzeit angenommene Erdalter richtig ist, kann man nicht wissen, da es auf dem nicht überprüfbaren Aktualismus beruht. Möglicherweise werden kommende Erkenntnisse es nötig werden lassen, nicht nur den Zeitrahmen der Menschheitsgeschichte sondern auch den der Erdgeschichte zu reduzieren. Es gibt Hinweise sowohl für eine alte, als auch für eine junge Erde.

5.10 Der Urknall und das anthropische Prinzip

Der Urknall oder *Big Bang* ist ein bekannter Begriff der vor allem in populärwissenschaftlichen Magazinen und Sendungen gerne aufgegriffen wird. Weniger bekannt ist jedoch, dass sich eine Reihe aktueller Erkenntnisse der Weltraumforschung nicht nahtlos in die Urknalltheorie einfügen lassen. Im Rahmen der Urknalltheorie sind mehrere Beobachtungen und Messungen gut deutbar. Durch sie konnten etliche Begebenheiten erklärt oder interpretiert, Vorhersagen getroffen und auch bestätigt werden.

Mit dem russisch-amerikanischen Physiker George GAMOW begann 1948 die Ära einer neuen Theorie, die von der Entstehung des Kosmos aus einem heißen Anfangszustand ausgeht. Parallel dazu entwickelte Sir Fred HOYLE als Alternative seine Theorie eines stationären Universums, die *Steady-State-Theorie*. HOYLE war es auch, der 1951 in einem BBC-Interview den heute so populären Begriff *Big Bang* erfand – den er eigentlich als Schimpfwort für die von GAMOW vertretene Theorie verstanden wissen wollte. Nach der Entdeckung der kosmischen Hintergrundstrahlung verlor die *Steady-State-Theorie* an Bedeutung und die Theorie des „Großen Knalls" wurde zum Standardmodell in der Kosmologie.

Seit den Neunziger Jahren gibt es Bestrebungen, eine *Quasi-Steady-State-Theorie* zu entwickeln. Sollte das sich gegenwärtig beschleunigt ausdehnende Universum durch seine Masse gebremst werden, könnte es theoretisch in ferner Zukunft zum Zusammensturz kommen, dem *Big Bounce*. Das wäre die Idee eines ewig pulsierenden Universums, in dem durch das Zusammenziehen des vorherigen Universums ein neues geboren würde.

Wie alt ist das Universum?

Die Urknalltheorie gründet auf der Allgemeinen Relativitätstheorie und der messbaren kosmischen Rotverschiebung.[63]
Alle weit entfernten Galaxien weisen eine Rotverschiebung
auf. In der Urknalltheorie interpretiert man diese Verschiebung der Spektrallinien zu roten Wellenlängen hin als Flucht-
bewegung. Daraus kann man folgern, dass sich das Universum
ausdehnt, und daraus wiederum, dass alle kosmischen Objekte
früher einmal ganz nahe beieinander gewesen sein könnten.
Dieser gedankliche Anfangszustand heißt *Big Bang*, der „Große Knall". Vereinfacht gesagt kann man mathematisch auf einen Zeitpunkt zurückrechnen, wo alle Materie auf einem
Punkt konzentriert gewesen sein könnte, wenn man den gemessenen Rotverschiebungswerten entsprechende Entfernun-
gen zuordnet.

Das folgende Zitat des Nobelpreisträgers, Astronomen und
Atheisten Steven WEINBERG[64] zeigt, dass die heute angenommene Interpretation der Rotverschiebung als Expansionsbewe-
gung in Fachkreisen noch immer diskutiert wird. Gleichzeitig
verdeutlicht WEINBERG zwei verschiedene Ebenen: die Ebene
der Fakten und der Interpretation. *„Ich möchte nicht den Ein-
druck erwecken, als seien sich alle in dieser Interpretation der
Rotverschiebung einig. Tatsächlich beobachten wir ja nicht,
dass die Galaxien sich von uns entfernen; alles, dessen wir uns
sicher sind, ist die Tatsache, dass die Linien in ihren Spektren
zum Roten, also zu den längeren Wellenlängen hin, verscho-
ben sind. Dass die Rotverschiebung irgend etwas mit Doppler-*

---

[63] **Rotverschiebung**: die Verschiebung der Spektrallinien im Licht eines
kosmischen Objekts zu größeren Wellenlängen (Rot) hin.
[64] **Steven WEINBERG** (*1933), Professor für Physik und Astronomie.
Den Nobelpreis für Physik erhielt er 1979 für seine Beiträge zur Theorie
der Wechselwirkung zwischen Elementarteilchen (Glashow-Salam-
Weinberg-Theorie) zusammen mit zwei weiteren Wissenschaftlern. Sein
bekanntestes Buch ist „Die ersten drei Minuten" (1977).

verschiebungen oder mit einer Expansion des Universums zu tun hat, wird von hervorragenden Astronomen bezweifelt."[Q93]

Der „Große Knall" soll vor rund 13-15 Milliarden Jahre stattgefunden haben. Es gibt aber auch Sterne, die auf höhere Alter hinweisen (Kugelsternhaufen M92: 16-19 Milliarden Jahre).[Q20] Doch Sterne können nicht älter sein als das Universum, aus dem sie entstanden sein sollen. Ein weiterer Widerspruch, auf den die Astronomen ARP und HOYLE hingewiesen haben, ist die unterschiedliche Rotverschiebung von Galaxien, die über „Materiebrücken" physikalisch miteinander verbunden sind.[Q20a] Sie sind Nachbarn, müssten aber laut ihrer unterschiedlichen Rotverschiebung weit voneinander entfernt sein.

Die eingängige Urknalltheorie ist ein Versuch, die Entstehung, Entwicklung und Struktur des Kosmos zu erklären. Auch hier gilt es, kritisch zu hinterfragen und insbesondere die Popularität des „Großen Knalls" nicht mit dessen Richtigkeit, oder besser, möglicher Wahrscheinlichkeit zu verwechseln.

Leben auf der Erde, wie ist das möglich?

Wenden wir uns nun unserem unscheinbaren, aber doch so bemerkenswerten blauen Planeten zu. Die Existenz unserer Erde ist abhängig von einer Reihe extrem unwahrscheinlicher Ereignisse, so dass es schwer fallen sollte, hier das Wort Zufall zu gebrauchen. Unsere mit Leben gefüllte Erde benötigt ein stabiles Planetensystem. Schon der im Zentrum stehende Stern muss eine Reihe von bestimmten Voraussetzungen erfüllen, die ungefähr die Hälfte aller Sterne im Universum dafür nicht mehr infrage kommen lassen.[Q21]

Man kam zu dem Schluss, dass ein geeigneter Stern fast exakt unserer Sonne entsprechen müsse. Er darf zum Beispiel nicht viel leichter (zu geringe Wärmeabstrahlung) und nicht wesentlich schwerer (zu kurze Lebensdauer) als unsere Sonne sein. Auch dürfte nach der Bildung des stabilen Planetensystems keine Supernova, also kein explodierender Stern, in der näheren Umgebung ausbrechen, da sonst die freigesetzten Röntgenstrahlen alles Leben zerstören würden.[Q21a] Ohne unseren Mond wäre auf der Erde kein Leben möglich, denn er stabilisiert präzise ihre Drehachse und gewährleistet somit relativ konstante, lebensgünstige Temperaturverhältnisse. Der Astrophysiker Norbert PAILER verdeutlicht, dass *„die verschwindend geringe Wahrscheinlichkeit, dass ein kleiner Sterntrabant wie die Erde einen derart großen Begleiter bekommt, heute unter Astrophysikern als zentrale Einschränkung für das Entstehen eines bewohnbaren Planeten [gilt]. "*[Q21b]

Nicht wenige Wissenschaftler erkennen das sogenannte *anthropische Prinzip*[65] an. Es beginnt mit der unumstößlichen Tatsache, die besagt, dass das für uns beobachtbare Universum für intelligentes Leben geeignet sein muss, denn andernfalls könnten wir nicht hier sein und es beobachten. Alle Bedingungen für die Existenz von menschlichem Leben auf unserem Planeten mussten bereits vor dem Menschen vorhanden sein. Damit Leben im Universum überhaupt möglich ist, müssen bestimmte Bedingungen hinsichtlich der physikalischen Gesetze erfüllt sein, die bis auf eine äußerst geringe Schwankungsbreite abgestimmt sein müssen. Das Weltall ist nach dem *anthropischen Prinzip* direkt auf den Menschen zugeschnitten.

Die erste anthropische Vorhersage machte Sir Fred HOYLE. Er sagte aufgrund des auf Kohlenstoff basierenden Lebens ein bisher unentdecktes, in engen Grenzen liegendes Energieniveau des Kohlenstoff-Atoms voraus. Als HOYLES Vorhersage eintraf und sein Energieniveau tatsächlich gefunden wurde,

---

[65] Auf das **anthropische Prinzip** (anthropos [griech.] = Mensch) wurde im Jahre 1974 von dem Physiker Brandon CARTER aufmerksam gemacht. Man unterscheidet oft zwischen dem „schwachen" (WAP) und dem „starken" anthropischen Prinzip (SAP). Das WAP sagt aus, dass das Universum Eigenschaften besitzt, die die Existenz von Beobachtern desselben zulässt, weil es eben Beobachter gibt. Das SAP hingegen besagt, dass die Eigenschaften des Universums so beschaffen sind, dass sie Beobachter des Universums hervorbringen müssen – das Universum verfolge ein Ziel.

meinte er dazu: „*Nichts hat meinen Atheismus so sehr erschüttert wie diese Entdeckung.*"[Q23] Solche physikalischen Feinabstimmungen sind im Kosmos mehrfach vorhanden. Wir leben offenbar in einem Universum, das von einer Folge von Variablen abhängt, bei denen eine winzige Veränderung ausreicht, um es für jegliche Form von Leben unbewohnbar zu machen. Haben wir einfach nur Glück gehabt – ein ko(s)mischer Zufall?

Peter C. HÄGELE von der Universität Ulm gibt zu bedenken, dass „*Leben viel enger an gesamtkosmische Bedingungen und Entwicklungen geknüpft zu sein [scheint], als bisher angenommen – und es wird immer weniger plausibel, Leben als Zufallsprodukt anzusehen. Viele Abläufe im Kosmos scheinen auf Leben hin ausgerichtet zu sein.*"[Q23a]

Das System Galaxie-Sonne-Erde-Mond ist anscheinend perfekt auf Lebensbedingungen für unseren Planeten Erde zugeschnitten. Peter RÜST stellt die Ergebnisse einer Wahrscheinlichkeitsbetrachtung von fünfundsiebzig Einflussgrößen vor, die dafür Sorge tragen, dass es eine bewohnbare Erde geben kann: „*Wenn man die Wahrscheinlichkeit ausrechnet, dass diese 75 Parameterwerte alle gleichzeitig in ihren richtigen Bereichen liegen, und noch einige Korrekturen anbringt, ergibt sich eine geschätzte Gesamtwahrscheinlichkeit von ungefähr* 10^{-99} [eine Zahl mit 98 Nullen nach dem Komma!; KUK]. *Da es (im grundsätzlich der Beobachtung zugänglichen Teil des Universums) etwa* 10^{11} [100 000 000 000] *Galaxien mit je etwa* 10^{11} *Sternen gibt und jeder höchstens einen für Leben geeigneten Planeten haben kann, ist die Wahrscheinlichkeit, im ganzen Universum auch nur einen einzigen für menschliches Leben geeigneten Planeten zu finden, ungefähr* 10^{-77}. *Natürlich ist diese Schätzung sehr ungenau, aber bei solch geringen Wahrscheinlichkeiten fallen sogar Fehler von mehreren Zehnerpotenzen nicht mehr ins Gewicht! Es ist wohl nicht übertrieben, zu sagen, es sei ein Wunder, dass es unsere Erde überhaupt gibt.*"[Q22a]

Ist es tatsächlich ein Wunder dass es das Universum, unsere Erde und uns Menschen gibt? Wie entstand das Universum? Hatte es einen Anfang? Die Urknalltheorie weist auf einen singulären Anfang hin, auf einen Punkt in der Geschichte des Universums, in dem es entstanden sein soll. Dieser Gedanke ist für manche Kosmologen beunruhigend, weil ein Anfang einen Initiator, einen Urheber benötigt. Zum Beispiel hat das Universum in der *Steady-State-Theorie* weder einen Anfang noch ein Ende – es ist ewig. Manche Astronomen vertreten sogar die Ansicht, dass der Kosmos aus sich selbst heraus entstanden wäre. Für viele Naturwissenschaftler ist die Hypothese eines ewigen Universums intellektuell annehmbar, während die Vorstellung eines ewigen Schöpfers als inakzeptabel verworfen wird. Dabei ist die Ablehnung eines ewigen Urhebers gerade in der Ursprungsfrage nicht zwingend, sondern die Folge des in wissenschaftlichen Kreisen vorherrschenden philosophisch-materialistischen Dogmas, auf gar keinen Fall eine dahinterstehende schöpferische Intelligenz anzunehmen, selbst wenn es noch so offensichtlich sein sollte.

Weshalb sollte die Hypothese eines ewigen Universums kein Lückenbüßer sein, die Annahme eines ewigen Schöpfers aber schon?

FAZIT

Die Urknalltheorie ist weit verbreitet und genießt eine hohe Akzeptanz unter der Bevölkerung. In der Wissenschaft gilt sie als Standardmodell zur Entstehung des Universums. Die Naturwissenschaft geht von dem Prinzip aus, dass es für jede Wirkung eine Ursache gibt. Welche ursächliche Kraft ist für die Existenz des Universums verantwortlich? Ist es geschaffen oder planlos aus dem Nichts entstanden? Wie entstand die Materie? Da die Entstehung unseres Universums ein einmaliges Ereignis ist, das nicht beobachtet wurde oder wiederholt werden kann, ist die wissenschaftliche Methode nur von geringem Wert, um eine Antwort auf diese Frage zu finden. Das Thema der Ursprünge liegt grundsätzlich außerhalb des Bereiches der empirischen, auf wiederholbaren Experimenten gestützten Wissenschaft – alle diesbezüglichen Überlegungen sind Spekulation.

Gemäß atheistisch-materialistischer Sichtweise wertet man das Entstehen des Kosmos als reines Zufallsereignis. Dem aber widerspricht die Feinabstimmung im Kosmos. Denn *„es gibt triftige Gründe anzunehmen, dass die Umwelt, die wir auf der Erde vorfinden, ein unerhört unwahrscheinlicher Treffer war. Entstehung und Entwicklung des Weltalls sind geprägt von einer großen Menge an unwahrscheinlichen Umständen, die aber unbedingt eintreffen mussten, wenn es überhaupt menschliches Leben geben sollte"*,[Q22] erläutert RÜST. Diese Erkenntnis teilt er mit Freeman J. DYSON, Professor für Mathematische Physik und Astrophysik. Sofern wir ins Universum hinausblicken und erkennen, *„wie viele Zufälle in Physik und Astronomie zu unserem Wohle zusammengearbeitet haben, dann scheint es fast, **als habe das Universum in einem gewissen Sinne gewusst, dass wir kommen**"*.[94] *„Wenn man bedenkt, dass die Naturgesetze haargenau aufeinander abgestimmt sein müssen, um ein Universum zu schaffen, wie wir es sehen können, kommt man um den Gedanken nicht herum, dass die Entstehung des Universums nicht nur so passiert ist, **sondern dass ein Zweck dahinterstecken muss**"*,[Q90] folgert der Physiker John POLKINGHORNE aus der Feinabstimmung des Universums.

Doch ein Zweck oder Sinn setzt einen Sinngeber voraus. Deshalb wundert es nicht, wenn der ehemalige Atheist Patrick GLYNN bemerkt: *„Aus der Sicht eines Wissenschaftlers könnte die Tatsache, dass das Universum den Anschein macht, als habe es einen festen Anfang gehabt, beunruhigend genug sein. Doch was Raumforscher wirklich aus der Fassung bringt, ist das anthropische Prinzip – dass die Erde und das Weltall für den Menschen geschaffen wurden."*[Q27]

Bei der ungeheuren Vielzahl von Eigenschaften, die das Universum prinzipiell haben könnte, ist es extrem unwahrscheinlich, dass es genau jene Eigenschaften aufweist, die unsere Existenz ermöglichen. Sind wir das Ergebnis eines Zufalls? Woher kommen wir und warum sind wir hier? Letztlich können wir uns zwei Fragen zu unserer Herkunft und zu der Tatsache unserer Existenz in diesem Universum stellen: Gibt es ein unbekanntes fundamentales Naturgesetz, nach dem sich das Universum nur so entwickeln konnte, wie wir es vorfinden – und wenn ja, was ist der Zweck und woher kam dieses Naturgesetz? Oder gibt es eine Intelligenz, die unsere Welt so und nicht anders geschaffen hat, um unser Leben zu ermöglichen?

Die Grenze der Naturwissenschaft ist bei der Ursprungsfrage erreicht. Hier beginnt das Gebiet der Philosophie und Theologie. Ein Schöpfer ist wissenschaftlich weder zu beweisen noch zu widerlegen. Es gibt Argumente für und gegen ihn. Wenn sich jemand für das eine oder andere entscheidet, ist das seine persönliche Überzeugung und hat mit prüfbarer Naturwissenschaft nichts mehr zu tun. Die Ursprungsfrage ist letztendlich keine Frage der Wissenschaft, sondern eine Frage des Glaubens. Was glauben Sie?

„Ich kann nicht glauben,
dass unsere Existenz in diesem Weltall
eine Laune des Schicksals ist,
ein historischer Zufall, ein kleines Versehen
in dem großen kosmischen Drama.
Wir sind zu beteiligt. [...]
Wir sind dazu da, hier zu sein. "[Q95]

Paul DAVIES (*1946)
Britischer Physiker, Kosmologe
und Professor für Naturphilosophie
an der Macquarie University und
Träger des Templeton Preises

5.11 Design-Signale oder die Intelligent-Design-Theorie

In der Natur lassen sich Strukturen und Mechanismen finden, die durch ihre Funktionalität und Genialität glänzen. Eine Genialität, welche die technischen Errungenschaften der Menschen weit in den Schatten stellt. *„Selbst die fortschrittlichsten von Menschen erfundenen ‚fliegenden Wunder' sind in ihrem Design primitiv, verglichen mit den winzigen Flugapparaturen [den Insekten], die wir reichlich in der Schöpfung, der Natur finden."*[Q106] Die *Bionik* ist ein Forschungszweig, der sich von den Konstruktionen in der Natur Anregungen holt und diese auf die heutige Technik zu übertragen und umzusetzen versucht.

Das Offensichtliche, die Planung, die Zielgerichtetheit der biologischen Konstruktionen, wird jedoch unter dem wissenschaftlichen Dogma des „methodischen Atheismus" geleugnet. Der Nobelpreisträger F. CRICK schreibt: *„Biologen müssen sich ständig ins Gedächtnis rufen, dass das, was sie sehen, nicht geplant wurde, sondern sich entwickelte."*[Q107] In gleichem Tenor äußert sich Richard DAWKINS, indem er sagt, dass die Biologie *„das Studium komplizierter Dinge [ist], die so aussehen, als seien sie zu einem Zweck entworfen worden."*[Q108]

In der Weltanschauung der Evolution hat ein Konstrukteur der biologischen Realitäten keinen Platz. Weshalb nicht?

In der Naturwissenschaft hat sich eine Methodik durchgesetzt, die ein Eingreifen metaphysischer[66] Kräfte ausschließt. Das gegenwärtige naturwissenschaftliche Denken ist gekennzeichnet durch den „methodischen Naturalismus",[67] der oftmals auch als „methodischer Atheismus" bezeichnet wird. Jeder Wissenschaftler muss schon von Berufs wegen daran interessiert sein, so viel wie möglich rational erklärend über sein

---

[66] **Metaphysisch**: übernatürlich, jenseits des Erfahrungsbereichs.
[67] **Naturalismus**: siehe Fußnote 76 und S. 156.

Forschungsgebiet herauszufinden. Er stellt eine übernatürliche Lösung – wie das Eingreifen eines Gottes oder einer kosmischen Kraft – selbstverständlich ganz hinten an. Würde er das nicht tun, wäre er kein Wissenschaftler. Wissenschaft kann mit einem atheistischen *und* theistischen Vorzeichen betrieben werden. Es geht nicht darum, durch die Hypothese „Gott" eine wissenschaftliche Lücke zu schließen, denn in einer wissenschaftlichen Erklärung der Funktionsweise eines Mechanismus benötigt man dessen Urheber nicht. Aber es ist fatal, die Person, die für die Existenz des Mechanismus verantwortlich ist, im Denken dogmatisch auszuschließen. Dadurch gerät man in Gefahr, sich der möglichen Erkenntnis zu berauben, ob ein Mechanismus zufällig entstand oder geplant wurde. Man wäre gar nicht mehr in der Lage, Ursprungsfragen vernünftig zu behandeln, da man nicht mehr unterscheiden könnte, ob ungelenkte Prozesse oder absichtsvolles Handeln die bessere Erklärung ist – denn die Antwort stünde ja von vornherein fest.

Weil es bei der Untersuchung eines Organismus oder Mechanismus nicht darauf ankommt, ob man mit einer gottgläubigen oder ungläubigen Denkeinstellung herangeht, ist es nicht gerechtfertigt zu behaupten, dass allein die Ablehnung eines Schöpfers beziehungsweise das Nicht-Glauben an Gott den Erfolg der Wissenschaft sichere (siehe Kapitel 11).

Der Genetiker W.-E. LÖNNIG bemerkt dazu: *„Die Behauptung, dass erst das materialistische Denkverbot (‚Schließe auch von den genialsten Konstruktionen in der Natur niemals auf den intelligenten Konstrukteur!') einen intersubjektiven Erkenntnisgewinn ermöglicht, wird durch die Tatsache widerlegt, dass fast ‚alle Begründer der modernen Biologie, wie Linné, Cuvier, von Baer, Pasteur, Johannes Müller, Agassiz, (Mendel) und viele andere [...] mit der Erkenntnis des Geistigen als Ursache für den Ursprung der Organismenwelt beziehungsweise mit einem intelligenten Konstrukteur gerechnet haben [...]. **Für die Pioniere der modernen Biologie war der Schluss von den biologischen Konstruktionen auf den intelligenten Konstrukteur selbstverständlicher Teil ihrer***

Arbeit. [...] Wäre die Meinung richtig, dass man Wissenschaft erst nach Akzeptierung des oben zitierten materialistischen Denkverbots treiben könnte, dann hätten alle diese genialen Köpfe besser ihren Beruf aufgegeben: Denn vernünftige Wissenschaft wäre ihnen gar nicht möglich gewesen und die Fundamente der modernen Biologie hätten sie erst recht nicht legen können. "[Q4c]

Unter dem methodischen Naturalismus erfolgreich zu forschen, ist eine Sache, ihn jedoch auf die Ursprungsfrage auszuweiten, eine andere. In der naturalistischen Forschungsmethode klammert man einen Gott gezielt aus. Man begeht aber einen massiven Denkfehler, wenn man von dieser Vorgehensweise ausgehend darauf schließt, dass es wirklich keinen Gott gäbe. Es ist ein Irrtum, aus den biologischen Mechanismen der Natur abzuleiten, dass es keinen Urheber gibt, nur weil in der wissenschaftlichen Beschreibung jener Mechanismen kein Urheber erwähnt werden muss. Das wäre so, als würde man aus der Funktionsbeschreibung der Dampfmaschine schließen, dass es deren Erfinder James WATT (1736-1819) [68] nicht gegeben hätte, nur weil in der Funktionsbeschreibung der Erfinder nicht genannt wird.

Im Übrigen ersetzen heutige wie frühere Evolutionstheoretiker das Eingreifen eines Gottes in gewisser Weise durch den Zufall. Erscheint eine Sache nicht plausibel in einem uns zugänglichen Zeitrahmen, wird Zufallsprozessen eine Unmenge an Zeit gegeben, um das Unmögliche scheinbar doch noch möglich machen zu können – der Zufall bekommt einen gottähnlichen metaphysischen Charakter (siehe 5.8). Die *Intelligent-Design-Theorie* bewegt sich zweifelsfrei im naturwissenschaftlichen Bereich. Es werden Daten gesammelt und innerhalb der Theorie gedeutet. Eine Wertung zwischen einer zu-

---

[68] **James WATT** (1736-1819), britischer Ingenieur und Erfinder. Er verbesserte 1765 die Dampfmaschine T. NEWCOMENs durch Einführung des vom Zylinder getrennten Kondensators und schuf damit die erste direkt wirkende Niederdruckdampfmaschine.

fälligen und nicht-zufälligen Möglichkeit der Entstehung von Strukturen und biologischen Sachverhalten findet statt. In der *Intelligent-Design-Theorie* wird somit nicht die Frage nach dem Urheber, dem „intelligenten Konstrukteur", diskutiert, sondern Zielgerichtetheit (Teleologie) soll als solche erkannt werden. Weil diese Theorie mit naturwissenschaftlicher Methodik arbeitet, ist es folgerichtig, dass in ihr keine Aussagen über den möglichen Schöpfer getroffen werden – ein Schöpfungshandeln sowie dessen Identität sind generell nicht naturwissenschaftlich erfassbar.

Als Design-Signale kommen etwa Strukturen im Pflanzen- und Tierreich in Betracht, deren Entstehen nicht durch kleinste schrittweise Änderungen oder andere Mechanismen erklärbar gemacht werden können. Strukturen, deren Funktion völlig zusammenbricht, wenn auch nur ein Teil davon entfernt wird. Man bezeichnet sie als *nicht reduzierbar komplexe Systeme* (siehe 5.3). Des Weiteren lässt sich intelligentes Design an Mechanismen oder an Gestaltgebungen aufzeigen, die mit reiner Notwendigkeit nicht erklärbar sind. Solche, die den gleichen Zweck erfüllen würden, auch wenn sie wesentlich einfacher und weniger aufwendig realisiert worden wären. Verschiedene faszinierende Bestäubungsmechanismen von Pflanzen können hier als Illustration dienen.

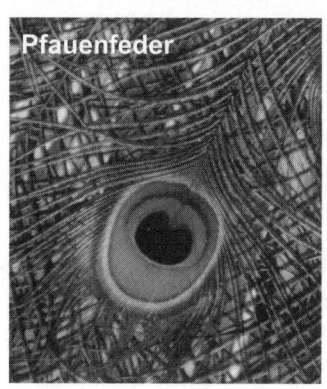 **Pfauenfeder**  **Tagpfauenauge**

Pfau und Falter: Gleiches Design an völlig unterschiedlichen Tierarten.

Auch Schönheit ist nicht mit Zweckmäßigkeit verbunden. Verschiedene Blumen oder Schmetterlinge könnten auch ohne ihr faszinierendes Farbmuster und ohne ihre Farbenpracht existieren – ihre verwandten Artgenossen machen es ihnen vor.

Wozu Schönheit?

Den Anblick einer Orchidee oder auch das Schauspiel eines prächtigen Sonnenaufgangs bezeichnen wir als schön. Das Empfinden von Schönheit ist eine zutiefst gefühlsmäßige Wahrnehmung und trotzdem eine Realität wie das Fühlen von Zuneigung und Liebe. In der Evolutionslehre ist die Zweckmäßigkeit das Maß aller Dinge und somit muss auch das in der Natur offensichtliche Vorhandensein von Schönheit in die Kategorien zweckmäßig oder unzweckmäßig eingeteilt werden. Wenn viele organische Strukturen tatsächlich *„nur der Schönheit wegen vorhanden seien, um die Augen des Menschen oder den Schöpfer zu ergötzen"* oder *„der bloßen Abwechslung wegen"*, müsste das seiner *„Theorie unbedingt verderblich werden"*,[Q3e] schrieb DARWIN.

Mit unserem heutigen Wissen, *„ist die eigentliche Frage nach dem herrlich gefärbten, in kostbarem Überfluss der Farben und Formen prangenden Pfauenrad nicht beantwortet"*,[Q81] meinte dazu der Biologe Joachim ILLIES (1925-1982). Er erinnerte daran, dass DARWIN *„an die Zweckmäßigkeit als oberstes Gesetz der organischen Entwicklung [glaubte]"* und deshalb auch der Pfau *„dafür herhalten"* musste. *„Seine Farbenpracht ist zwar im Kampf ums Dasein so extrem unzweckmäßig, dass man sich eigentlich nur wundern kann, weshalb ihn seine natürlichen Feinde im indischen Urwald nicht längst ausgerottet haben."*[Q81a] ILLIES wies darauf hin, dass die *„Zweckmäßigkeits-Ideologie"* DARWINs die unnötige Pracht und Schönheit des Pfaus nicht erkläre. Wolfgang KUHN, Professor für Biologie und deren Didaktik in Saarbrücken, ist sich sicher, dass *„weder eine Auslese im Kampf ums Dasein noch eine solche bei der geschlechtlichen Zuchtwahl Evolutions-*

faktoren bei der Entstehung von Schönheit [sind]. **Hier versagt [Darwins] Theorie als Erklärung vollständig!** *Nein, sie ist nicht zu ignorieren, diese so überflüssige Schönheit. [...] Je mehr die Forschung über die Lebensweisen und Leistungen der Organismen in Erfahrung bringt, umso unwahrscheinlicher erscheint der 'blinde' (Dawkins) Zufall als ihre Ursache.* "[Q82]

Einfach nur schön zu sein, scheint keinen evolutiven Vorteil zu bringen. Die Herkunft und den Zweck von Schönheit kann die Evolutionslehre bei weitem nicht befriedigend erklären.

Signalreihen und Zufallsreihen

Bereits seit mehreren Jahrzehnten wird mit äußerst leistungsfähigen Teleskopen im All nach außerirdischer Intelligenz gesucht. Bei dem SETI-Projekt (Search for Extraterrestrial Intelligence) werden aus dem All empfangene Daten analysiert. Man geht davon aus, dass intelligente Signale auf einen intelligenten Sender zurückzuführen sind. Ziel ist es, aus allen empfangenen Daten intelligente Signale herauszufiltern, das heißt, Signalreihen von Zufallsreihen zu unterscheiden. Das SETI-Projekt arbeitet mit demselben methodischen Prinzip wie die *Intelligent-Design-Theorie*. In beiden versucht man, an den Untersuchungsobjekten durch bestimmte Kriterien, Zufall von Intelligenz zu unterscheiden. Es wird von derselben Grundannahme ausgegangen: Ein (codiertes) Signal weist auf eine intelligente Urheberschaft hin und entsteht nicht durch Zufallsprozesse (siehe 5.4).

Wenn es als möglich betrachtet wird, aus einem außerirdischen Signal einen intelligenten Urheber ableiten zu können, weshalb sollte man bei der perfekt codierten Information in der DNS nicht denselben Schluss ziehen? Die DNS ist ein starkes Design-Signal.

„[Die DNS] impliziert die Notwendigkeit eines intelligenten Planers und Gestalters, weil [...] sie dasselbe Kennzeichen (nämlich Informationsgehalt) besitzt, das auch durch intelligente Planung gestaltete menschliche Texte und Computersprachen besitzen",[Q97] schreibt der Wissenschaftsphilosoph Stephen MEYER.

FAZIT

Das Erkennen von Design-Signalen ist prinzipiell ein Vorgang, der im Bereich der Naturwissenschaften liegt. Ob Design vorliegt, also (a) eine nicht reduzierbare Komplexität und (b) eine nicht notwendige, spielerische Komplexität (warum kompliziert und ausgefallen, wenn es auch einfach geht?), ist mit wissenschaftlicher Methodik erfassbar und kann diskutiert werden. Gerade weil Organismen unzweifelhaft geplant aussehen – wie Evolutionsbiologen ja auch einräumen –, ist es notwendig, bei der Frage nach dem Ursprung der Lebewesen zu versuchen, zwischen Planung und ungelenkten, ziellosen Abläufen zu unterscheiden.

Das Design-Argument besteht im Wesentlichen aus der Feststellung, dass (a) *nicht reduzierbare Komplexität* derzeit nicht durch ungelenkte Prozesse erklärt werden kann, und (b) in der positiven Evidenz, dem klaren Sachverhalt, dass die Bildung *nicht reduzierbar komplexer Systeme* in der Technik, bekanntermaßen Intelligenz, Sachkenntnis und zielgerichtetes Handeln erfordert.

Natürlich wird die *Intelligent-Design-Theorie* von vielen Evolutionstheoretikern heftig angegriffen, denn der logische Schluss auf einen Urheber schwebt wie ein Damoklesschwert über den Köpfen jener Wissenschaftler, die eine Entstehung des Lebens unter Ausschluss von Intelligenz erklären wollen.

6 Zusammenfassung

„Die Stufen, in denen man heute fast überall die erdgeschichtlichen Etappen des menschlichen Werdens weiteren Kreisen vor Augen stellt, wirken durch drastische Bilder und museale, plastische Gestaltungen mit großer Eindrucksmacht auf uns.

Die Anschaulichkeit der künstlerischen Darstellung, die visuelle Macht der Rekonstruktionen in großen Museen suggeriert die Gewissheit, dass die Forschung über diese fernen Ereignisse völlige Klarheit besitze.

Wo aber ist die breitere Darstellung der Zweifel, der Kontraste und Widersprüche in der Deutung, wie sie dem begegnet, der die Fachschriften wirklich an der Quelle aufsucht und befragt?" [Q16]

Adolf PORTMANN[69] (1897-1982)

Ehemaliger Direktor der Zoologischen Anstalt
der Universität Basel

---

[69] **Adolf PORTMANN** (1897-1982), schweizerischer Biologe und Natur-philosoph. Arbeiten zur vergleichenden Morphologie, allgemeinen Biologie und Entwicklungsgeschichte sowie Studien über die biologische Sonderstellung des Menschen.

• Die kambrische Explosion (siehe 5.1.2) kennzeichnet eine plötzlich auftretende Menge an fossilen Funden fertig ausgebildeter Tiere. Eine allmähliche Entwicklung (Evolution) ist aus den Funden im Prä-Kambrium praktisch nicht abzulesen.

Der gesamte Fossilbericht weist nicht zwangsläufig auf einen gemeinsamen Ursprung hin, aus dem sich Tiere und Pflanzen entwickelt haben sollen (siehe 5.1.1). Die Funde zeigen parallele Entwicklungsverläufe verschiedener Ursprünge. Erst durch die evolutionstheoretische Deutung von Ähnlichkeiten ordnet man verschiedene Typen in bestimmter Weise und erhält somit Stammbäume mit gemeinsamem Ursprung.

Lebende Fossilien (siehe 5.1.4) sind in der Evolutionstheorie Ausnahmen, die gegen eine stetig ablaufende Höherentwicklung sprechen. Sie werden als ein Stehenbleiben aufgrund konstanter Umweltbedingungen interpretiert. Ihr häufiges Vorkommen stellt durchaus ein Problem für die Evolutionstheorie dar. In der Schöpfungstheorie stützen sie die Stabilität der Grundtypen.

Für die Evolutionstheorie spricht die Regelmäßigkeit der Fossilüberlieferung in den geologischen Schichten. Aber erst zusammen mit dem Aktualismus (LYELL, 1830) und den damit verbundenen riesigen Zeiträumen, erhält die Abstammungslehre ihr stärkstes Argument. Ohne den gewaltigen Zeitrahmen hätten die Evolutionsmotoren mit ihren Zufallsprozessen nicht genügend Zeit, um die aus dem Fossilbericht gedeuteten Abstammungslinien zu bewirken.

DARWIN zog aus dem Aktualismus LYELLs seinen logischen Schluss, den Gradualismus, dass nämlich die Abstammung ganz allmählich durch kleine Veränderungen erfolgen würde. Erst durch den Aktualismus wird die Abstammungslehre plausibel. Dieser überträgt die heute beobachtbaren geologischen Ereignisse auf die Vergangenheit. Das Konzept ist aber durch die relativ kurze Zeit der direkten Beobachtung von Naturereignissen nur mit Vorbehalten vertretbar. Die derzeitigen Ablagerungsprozesse sind extrem langsam. Daraus wird geschlossen, dass sich die meterdick abgelagerten

Schichten schon immer so langsam gebildet haben sollen. Erst dadurch erhält man geologische Alter von bis zu mehreren Millionen Jahren.

Der Aktualismus steht größtenteils im Widerspruch zur Katastrophentheorie[70] (CUVIER, 1812), die unter den früheren Wissenschaftlern weit verbreitet war. Die damaligen Anhänger dieser Theorie behaupteten, dass nur große Katastrophen die grundlegenden Veränderungen der Erdkruste bewirken konnten. Die meisten Wissenschaftler glaubten daran, dass die Katastrophentheorie mit der in der Bibel beschriebenen Sintflut in Einklang stehe. Die kambrische Explosion (siehe 5.1.2) kann im Rahmen des Katastrophismus als Auswirkung einer weltweiten Flut gedeutet werden. Bei WITHCOMB und MORRIS (1961) beginnt die Sintflut mit dem Kambrium. Jedoch ist es bisher weder mit alten noch mit neueren Sintflutmodellen möglich, alle Begebenheiten schlüssig zu erklären. Verschiedene Modelle konkurrieren miteinander und schließen sich teilweise aus.

Die einzelnen Entwicklungsstufen der Lebewesen sind nach gängiger Meinung der meisten Evolutionstheoretiker geringfügige, schrittweise (mikroevolutive) Änderungen über lange Zeiträume hinweg (Gradualismus). Gegen die Evolutionstheorie spricht das universelle Fehlen von Übergangsformen (siehe 5.1.3) und das explosionsartige Auftreten von Tieren in der kambrischen Explosion. Die fehlenden Übergangsformen werden im Punktualismus durch eine extrem schwankende Evolutionsgeschwindigkeit begründet. Das Problem ist, dass diese Hypothese praktisch ohne Belege auskommt, denn sie besagt im Grunde nur, dass die fehlenden Glieder eben nicht gefunden werden. Sie ist mehr eine Tatsachenbeschreibung als eine Erklärung. Der Punktualismus erweitert die

---

[70] Der Aktualismus widerspricht der Katastrophentheorie nur teilweise, denn es ist auch möglich mit der Methode des Aktualismus auf vergangene Katastrophen zu schließen.

Evolutionstheorie, bietet aber eigentlich keine Möglichkeit, um ihn selbst zu überprüfen.

Die Schritte vom Fisch zum Amphibium, weiter zum Reptil und von da aus zum Vogel sind aber durch Fossilfunde noch immer nicht nachgewiesen – die Übergangsformen fehlen. Eventuelle Makromutationen konnten noch nie nachgewiesen werden und sind generell höchst unwahrscheinlich (siehe 5.1.3). Die wichtigen Evolutionsschritte (siehe 5.7) – vom Wasser zum Land und vom Land in die Luft – bleiben somit unbestätigt.

Der Evolutionstheoretiker Adolf PORTMANN schrieb über seine Untersuchungen zur Frage, wie sich aus einer Reptilschuppe eine Vogelfeder entwickelt haben könnte: *„Seit etwa 40 Jahren sind in unserem Basler Institut diese eher kleinen, aber irritierenden Eigenschaften der Struktur, mit Gestalt und Farbe der Vogelfeder, ein wichtiges Objekt unserer Arbeit. [Die Untersuchungen und umfassenden Studien] haben viele neue Aufschlüsse gebracht, aber das Rätsel haben sie nicht gelöst. Im Gegenteil: **Es ist immer unwahrscheinlicher geworden, dass der Selektionsvorgang, von dem Darwin ausging, ein entscheidender Faktor beim Formwerden, bei der Entstehung dieser seltsamen, wunderbaren Gebilde gewesen ist.***"[Q65]

Aussagen aufgrund der Evolutionstheorie	Aussagen aufgrund der Schöpfungstheorie
Langsame allmähliche Entstehung der Lebensformen	Plötzliches Auftreten der Lebensformen (Grundtypen)
Andauernde Weiterentwicklung der Lebewesen zum Höheren	Konstanz der Typen, Variation nur innerhalb des Typs
Viele Übergangsformen zwischen den einzelnen Typen	Keine Übergangsformen werden erwartet

- Die von Gregor Johann MENDEL entdeckten Vererbungsgesetze (siehe 5.2) blieben – kurz nach Veröffentlichung von
DARWINs Werk „Die Entstehung der Arten" – weitestgehend
unbeachtet. Sie widersprachen nicht nur der Vererbung erworbener Eigenschaften (DARWIN, HAECKEL), sondern waren offensichtlich mit dem damaligen, neu aufgekommenen evolutionären Weltbild nicht mehr vereinbar.

Die MENDELschen Gesetze bestätigen die Unveränderbarkeit, die Konstanz der Arten (Typen). Bei der Fortpflanzung
wird mit vorhandener genetischer Information neu kombiniert
(Rekombination). Selektion und Rekombination können keine
neue Information erzeugen.

Als Lieferanten neuer Information kommen ausschließlich
Mutationen in Frage (siehe 5.2). Aus jahrzehntelanger Erfahrung durch die Mutationszüchtung weiß man jedoch, dass sich
die allermeisten Mutationen auf Lebewesen schädlich auswir-
ken oder neutral verhalten und dass bei steigender Zahl der
Mutationsversuche die Zahl der tatsächlich neuen Mutanten
rückläufig ist (rekurrente Variation; siehe 5.2). Die Anzahl
von Mutanten eines Typs ist begrenzt und die wenigen positiven Mutationen liefern empirisch belegt Veränderungen im
mikroevolutiven Bereich, also *innerhalb* eines Typs.

Die Selektion siebt die positiven erblichen Veränderungen
aus. Dadurch tragen positive Mutationen zur besseren Anpassung einer Art in ihrer speziellen Umwelt bei. Selektion und
Rekombination erklären die Vielfalt in der heutigen Flora und
Fauna, *jedoch nicht das Entstehen neuer Typen, neuer Organe
und Strukturen.*

Die Makroevolution ist – im Gegensatz zur Mikroevolution
– *nicht empirisch belegt.* Mikroevolutive Vorgänge, also Vorgänge innerhalb eines Typs, harmonieren mit beiden Theorien.
Die für die Evolutionstheorie notwendige Makroevolution ist
in der Schöpfungstheorie nicht erforderlich.

Aussagen aufgrund der Evolutionstheorie	Aussagen aufgrund der Schöpfungstheorie
Spezialisierung, Anpassung von Typen und Arten (Mikroevolution)	Spezialisierung, Anpassung von Typen und Arten (Mikroevolution)
Entwicklung neuer Typen aus vorangehenden Typen (Makroevolution)	Feste Grenzen innerhalb eines Typs, keine Entstehung neuer Typen (Mikroevolution)
Höherentwicklung (Makroevolution)	Keine Höherentwicklung (nur Mikroevolution)

• Die Evolutionstheorie setzt nach der zufälligen Lebensentstehung einfachste Lebewesen voraus, aus denen sich immer komplexere Lebewesen entwickeln sollen (Urzelle - Fisch - Mensch - ?; siehe 5.3). Die Molekularbiologie entdeckt dagegen immer mehr die ungeheure Komplexität von „einfachen" Zellen.

Diese molekularbiologischen Befunde waren DARWIN und den damaligen Wissenschaftlern nicht bekannt, weil ihnen die geeignete Technik noch nicht zur Verfügung stand. Heute sehen wir in der Molekularbiologie nicht nur eine ungeheuer große, sondern auch eine nicht reduzierbare Komplexität (siehe 5.3). Dies gilt sowohl für komplizierte Stoffwechselabläufe wie Blutgerinnung und Zuckerverbrennung als auch für Organe. Das menschliche Auge war für DARWIN ein „Organ extremer Perfektion". Weil er die Unmöglichkeit einer spontanen Entstehung dieses Organs erkannt hatte, verwies er auf langsame, schrittweise Entwicklungsstufen.

Doch was er nicht wusste – und damals auch gar nicht wissen konnte –, war das feine Zusammenspiel vieler sich gegenseitig beeinflussender Komponenten, welche die Funktion des Auges aufrechterhalten. Keine dieser Komponenten ist überflüssig und somit ist dieses Gesamtsystem Auge ab einem gewissen Grad in einem oder mehreren seiner Teilbereiche nicht reduzierbar. Ein Zustandekommen ist daher nicht durch viele kleine Schritte erklärbar. Die Selektion erklärt auch nicht das Entstehen, sondern nur die Veränderlichkeit, die Variation biologischer Systeme. *„Ich betone"*, sagt der Molekularbiologe Michael J. BEHE, *„dass die natürliche Auslese* [Selektion; KUK], *Darwins Evolutionsmotor, nur dann tätig werden kann,* **wenn es bereits etwas auszulesen gibt.** "[Q10d]

Aussagen aufgrund der Evolutionstheorie	Aussagen aufgrund der Schöpfungstheorie
Entwicklung vom Einfachen zum Komplexen	Keine Entwicklung vom Einfachen zum Komplexen. Grundtypen variieren.
Lebewesen müssen auf einfache Lebensformen zurückführbar sein (reduzierbare Systeme werden erwartet)	Lebewesen lassen sich nicht auf einfache Lebensformen zurückführen (nicht reduzierbare Systeme werden erwartet)

- In der Biologie trifft man auf eine riesige Menge an Information. Die Lebewesen selbst sind informationsverarbeitende Systeme. In der DNS ist auf kleinstem Raum codierte Information perfekt gespeichert. Woher stammt diese Information? Mit Ursuppenhypothesen wird in der Evolutionstheorie versucht, den Ursprung der Information durch Materie, Energie und Zufall plausibel zu machen (siehe 5.4). Im Rahmen der Schöpfung wird indessen ein intelligenter Urheber als Informationsgeber angenommen.

Manfred EIGEN und andere Evolutionstheoretiker setzen weiterhin auf die Lebensentstehung in Ursuppen, während Francis CRICK und Bruno VOLLMERT der sogenannten „chemischen Evolution" wissenschaftlich begründete Absagen erteilen, in denen sie ihr enorme Unwahrscheinlichkeit attestieren. Im Gegensatz zu VOLLMERT und vielen anderen Wissenschaftlern, die eine intelligent planende Instanz hinter der Lebensentstehung vermuten, weicht CRICK auf eine Hypothese aus, nach der die Erde von Außerirdischen mit Leben „infiziert" worden sei (Panspermie). Diese Hypothese löst aber das Problem nicht einmal annähernd, weil sie den Ursprung des Lebens auf spekulative, extraterrestrische Lebensformen verlagert und daher auch nicht naturwissenschaftlich prüfbar ist. Sie führt unweigerlich in einen infiniten Regress[71] (siehe 14).

Die MILLER-Versuche (siehe 5.4) zur Entstehung des Lebens aus Ursuppen stehen im krassen Widerspruch zu dem experimentellen Ergebnis Louis PASTEURs, der 1862 eindeutig bewies, dass Leben nicht aus toter Materie entstehen kann. Dass Ursuppen *„so gehaltvoll wie eine kräftige Fleischbrühe"* (M. EIGEN) gewesen sein sollen, ist empirisch-wissenschaftlich nicht belegbar und im höchsten Grade unwahrscheinlich – mehr „Fiction" als „Science". Somit bleibt *„die Frage nach dem Ursprung der biologischen Information ein weiteres Rätsel"* (K. DOSE; siehe 5.4).

Im Einklang mit unserem derzeit bekannten physikalisch-chemischen Wissen ist der durch Versuche bestätigte und bis heute unwiderlegte Satz PASTEURs: „Leben entsteht nur aus Leben". Information ist ein essentieller Bestandteil des Lebens. Sie ist eine notwendige Voraussetzung und kann ursächlich nur durch Intelligenz begründet werden. Die Unmöglichkeit der Polykondensation von Makromolekülen in Ursuppen und die Naturgesetze der Information entziehen der Evolutionstheorie hinsichtlich der Entstehung des Lebens ihr Fundament.

Da im Rahmen der Evolutionstheorie die mythische Vorstellung vertreten wird, dass Materie die Information in sich tragen soll, muss man folglich weiter fragen, wo nun die Materie ihre Herkunft hat. Eine prüfbare Antwort darauf kann aber nicht gegeben werden, weil Ursprungsfragen generell durch die Maschen der Naturwissenschaft fallen – egal wie eng das Netz gewoben ist. Weder die Herkunft der Materie noch ein intelligenter Informationsgeber sind wissenschaftlich beweisbar. Allerdings muss ein Erzeuger der Information gefordert

---

[71] **Infiniter Regress**: siehe Fußnote 129.

werden, weil Information eine geistige, nichtmaterielle Größe ist. Die Hypothese der „chemischen Evolution" widerspricht dem Naturgesetz des Lebens (PASTEUR) und den Naturgesetzen der Information.

Aussagen aufgrund der Evolutionstheorie	Aussagen aufgrund der Schöpfungstheorie
Die Frage nach dem Ursprung von Materie und Energie wird nicht beantwortet (und ist auch nicht wissenschaftlich prüfbar)	Ein intelligenter Informationsgeber steht hinter der biologischen Information (nicht wissenschaftlich prüfbar, jedoch naturgesetzlich erforderlich [GITT, 2002][Q25c])
Information ist Bestandteil der Materie	Information ist eine geistige Größe (GITT, 2002, Naturgesetz NGI-2)[Q25b]
Eine physikalisch-chemische Entwicklung hat stattgefunden	Eine physikalisch-chemische Entwicklung hat nicht stattgefunden (und wird deshalb auch nicht experimentell nachweisbar sein)

• Ähnlichkeiten (Homologien) von Lebewesen werden in der Evolutionstheorie als Argument für Abstammung gebraucht (siehe 5.5). In der Schöpfungstheorie gelten Ähnlichkeiten der Organismen als Hinweis auf einen „Konstrukteur" derselben. Erfassbar sind nur die Ähnlichkeiten unter den Pflanzen, den Tieren und beim Menschen. Diese Tatsachen lassen sich in der Evolutions- und Schöpfungstheorie interpretieren. Daraus resultiert gerade beim Menschen die evolutionstheoretische Hypothese, dass Mensch und Affe auf gemeinsame Vorfahren zurückzuführen seien: Bruder Affe. In der Schöpfungstheorie wird die Ähnlichkeit als vom selben Urheber herrührend gedeutet. Gegen eine Abstammung von gemeinsamen Vorfahren spricht die allgemeine Unwahrscheinlichkeit von Makroevolution, die in (a) fehlenden Übergangsformen, (b) begrenzter Anzahl neuer Mutanten (rekurrente Variation), (c) meist schädlicher oder neutraler Wirkung der Mutationen, (d) stabilisierender Wirkung der Selektion auf Typen und (e) nicht reduzierbar komplexen Organen (Systemen) ihren Niederschlag findet.

Die Fähigkeit des Menschen zu sprechen, sowie in verschiedenen Zeitbegriffen (Vergangenheit, Gegenwart, Zukunft) zu denken, unterscheidet ihn grundlegend von den Tieren. Seine komplexe grammatikalische Sprache ist mit der Verständigungsweise von Tieren nicht vergleichbar.

Aussagen aufgrund der Evolutionstheorie	Aussagen aufgrund der Schöpfungstheorie
Alle Lebewesen stammen von der in der Ursuppe zufällig entstandenen Urzelle ab (Makroevolution)	Alle Grundtypen der Pflanzen, Tiere sowie der Mensch wurden von einem intelligenten Urheber geschaffen
Mensch und Affe stammen von gemeinsamen Vorfahren ab (Makroevolution)	Mensch und Affe stammen vom selben Schöpfer
Der Mensch ist ein Tier	Der Mensch ist kein Tier

• Gegen alle Erklärungsversuche von Makroevolution spricht die nicht reduzierbare Komplexität von Organen und Stoffwechselabläufen (siehe 5.3) Ein Organ muss zu einem gewissen Grad fertig sein, um überhaupt funktionieren zu können. Eine schrittweise Entstehung oder Umbildung in ein anderes Organ ist nahezu ausgeschlossen (siehe 5.7), da die Funktion eines Organs erst ab einem gewissen Stadium gewährleistet ist. Bis dahin wäre es völlig funktionslos. Aber Lebewesen können ja beim Umbau *„nicht wie ein Unternehmer den Betrieb [...] schließen"* (G. OSCHE). Eine solche funktionsbeeinträchtigte Mutante würde in der Natur den äußeren Einflüssen ihrer Umwelt unterliegen und von der Selektion unerbittlich ausgemerzt werden.

Die Evolutionstheorie geht von neu zu bildenden, die Schöpfungstheorie hingegen – entsprechend dem Grundtypenmodell – von fertig geschaffenen Organen aus. In der Evolutionstheorie sowie in der Schöpfungstheorie akzeptiert man die mutative Veränderung von Organen und die daraus resultierende Anpassung und Spezialisierung (Mikroevolution).

Geeignete Lebewesen zur Untersuchung der Reichweite von Mutationen sind vor allem Bakterien, aber auch die Fruchtfliege (*Drosophila*). Bakterien können bis zu 3 500 000 Generationen und die Fruchtfliege 1 700 in 100 Jahren aufweisen.[Q2] Mutationsraten lassen sich auf künstliche Weise steigern, bei Mikroorganismen sogar auf das 10 000 000-fache und mehr.[Q5] Umfangreiche Mutationsversuche sind schon seit Beginn des 20. Jahrhunderts gemacht worden. LÖNNIG bemerkt, dass *„trotz der riesigen Zahlen induzierter Mutationen und Reversionen* [Umkehrentwicklungen; KUK] *und der kaum mehr zu schätzenden Milliarden und Billionen von Testindividuen* **nirgends die Weiterentwicklung** *von [der Bakterie]* Salmonella typhimurium **zu neuen Arten und Gattungen** *etc.* **festgestellt worden [ist].** *Dasselbe kann man für alle anderen Testmethoden mit Bakterien, vor allem für die umfangreichen und intensiven Studien an [der Bakterie]* Escherichia coli *feststellen. Aber auch höher organisierte Organismen [...] sind in umfangreichen Versuchsserien für Mutagenitätstests verwendet worden.“*[Q6] Der Genetiker Werner GOTTSCHALK stellt zusammenfassend fest, dass *„neue Arten experimentell weder durch die schrittweise Anhäufung von Genmutationen noch durch die Induzierung einzelner progressiver Mutationen hergestellt worden [sind].“*[Q5]

Alle bisher beobachteten Mutationen erbrachten keine neuen Organe oder Strukturen. Das heißt, die Fruchtfliege blieb eine Fruchtfliege, das Bakterium blieb ein Bakterium usw. Experimentell bestätigt ist lediglich Mikroevolution. *Alle bisherigen Mutationsexperimente verbannen die hypothetische Makroevolution in das Reich der Spekulation.*

Aussagen aufgrund der Evolutionstheorie	Aussagen aufgrund der Schöpfungstheorie
Organe und neue Typen haben sich entwickelt	Organe und neue Typen haben sich nicht entwickelt. Grundtypen variieren.
Durch zufällige Mutation und Selektion entwickeln sich neue Typen (Makroevolution)	Mutation und Selektion wirken nur innerhalb der Typen (Mikroevolution)

• Zufallsprozesse, gepaart mit extrem langen Zeiträumen, werden in der Evolutionstheorie zur Erklärung der noch nie beobachteten Makroevolution, des Entwicklungssprungs von einem Typ zu einem anderen Typ, herangezogen. Diese unvorstellbar langen Zeitspannen entziehen der Hypothese der Makroevolution im Allgemeinen die Möglichkeit einer experimentellen Überprüfung und können vor allem nicht erklären, *wie* ein noch nie beobachteter Vorgang geschehen soll.

Dass mehrere gleichzeitig verlaufende positive Mutationen ein ganzes Organ entstehen lassen könnten, gleicht fast einem Wunder. Eine plötzliche Entstehung von Organen und neuen Strukturen ist praktisch ausgeschlossen. Vor dem Hintergrund von „nicht reduzierbaren Systemen" (die auf keine einzige Komponente verzichten können) und der Synorganisation (alle Komponenten arbeiten feinst aufeinander abgestimmt zusammen), kann eine schrittweise Entstehung eines komplexen Organs wie der Lunge oder des Auges nur als äußerst unwahrscheinlich bezeichnet werden (siehe 5.3 und 5.8).

Aussagen aufgrund der Evolutionstheorie	Aussagen aufgrund der Schöpfungstheorie
Der Zufall spielt eine wesentliche Rolle bei der Entstehung und Entwicklung des Lebens	Das Leben ist geschaffen und bis ins Detail eine Planung

• Der Instinkt ist in der Evolutionstheorie nicht hinreichend erklärbar (siehe 5.7). Das Zugverhalten vieler Tierarten kann nicht durch eine Aneinanderreihung zufälliger genetischer Änderungen entstanden und dann weitervererbt worden sein. Man stelle sich einen Zugvogel vor, der hundert Kilometer in die richtige Richtung flog und dieses Wissen irgendwie genetisch weitergab. In der nächsten Generation fliegt ein Vogel zusätzlich zu den bereits vererbten „richtigen" hundert Kilometern weitere siebzig Kilometer in die richtige Richtung usw., bis eine Route von vielleicht eintausendvierhundert Kilometern erreicht ist, auf der die Vögel über den Ozean gezielt ihre Insel zur Überwinterung erreichen. Ist das denkbar?

Nein, denn entweder findet ein Zugvogel sein weit entferntes Ziel über den Ozean und überlebt, oder er findet sein Ziel nicht und ertrinkt. Ein Zugvogel, der vielleicht nur hundert Kilometer über das offene Meer in die richtige Richtung flog, kann das nicht an die nächste Generation weitergeben.

Ferdinand SCHMIDT deckte auf anschauliche Weise jenen Erklärungsnotstand in der Evolutionstheorie auf. Er schreibt in seinem Beitrag zu dem von ihm organisierten Symposium „Neodarwinistische oder Kybernetische Evolution zum Thema Vogelzug und Vogelorientierung" (1988, S. 244) nach Anführung einer Reihe von Beispielen zu diesem Sachverhalt: *„Ich kann nicht verstehen, dass nicht zumindest die Verhaltensforscher über die Unvereinbarkeit dieser genetischen Fixierung des Zugverhaltens mit einer neodarwinistischen Interpretation schon längst gestolpert sind und klaren Widerspruch angemeldet haben.*

Wenn nicht nur die Sturmtaucher und andere Zugvögel, sondern auch die Bärenrobben oder auch die Suppenschildkröten sich Jahr für Jahr aus den Weiten der Ozeane zur gleichen Zeit, ohne dabei eines Führers zu bedürfen, oft auf winzigen Inseln versammeln, muss man daraus schließen, dass die geographische Lage dieser Inseln – also eine eindeutige Umweltinformation – nie und nimmer durch einen mutativen Zufall in das Genom dieser Tiere gelangt sein kann.

Mikromutationsschritte, die von der Selektion angereichert werden könnten, helfen hier nicht weiter, weil von ihnen in den meisten Fällen nicht der geringste Vorteil zu erwarten war: Der Tahiti-Brachvogel findet zum Beispiel bei seinem Zug aus den Tundren Alaskas entweder das winzige Eiland von Tahiti in den unermessbaren Weiten des pazifischen Ozeans oder er findet es nicht und geht elend zugrunde. [...] Für mich ist es schlechterdings unvorstellbar, dass ein Zufall im Genom eine Information zu deponieren vermag, wo Tahiti für den Tahiti-Brachvogel liegt, die Pribylow-Inseln für die Bärenrobben, das Sargassomeer für die Wanderung der Aale, die Himmelfahrtsinsel für die Suppenschildkröten oder ein beliebiges anderes, instinktiv gesteuertes Reiseziel.

Deshalb wird man auch in allen neodarwinistischen Lehrbüchern vergeblich nach einer einleuchtenden Deutung des angeborenen Zugverhaltens suchen.[Q6a]

Aussagen aufgrund der Evolutionstheorie	Aussagen aufgrund der Schöpfungstheorie
Der Instinkt hat sich entwickelt	Der Instinkt ist angelegt

• Die Gesteinsschichten und die zugeordneten Leitfossilien stellten anfangs nur eine relative zeitliche Abfolge dar, die erst durch die Radiometrie absolute Zeitangaben erhielt. Durch genaues Messen von Isotopen-Verhältnissen und einer Kalibrierung mit der Dendrochronologie kann man den Messergebnissen ein absolutes Alter zuordnen. Bei der ^{14}C-Methode sind derzeit innerhalb des kalibrierten Bereichs von 10 000 Jahren relativ genaue Altersangaben zu erwarten (siehe 5.9).

Alle radiometrischen Datierungsmethoden arbeiten mit der Annahme, dass der radioaktive Zerfall heute wie früher mit unveränderter Geschwindigkeit stattfindet. Tatsächlich zeigen die gemessenen Zerfallsgeschwindigkeiten eine große Konstanz. Aber auch hier gilt, dass durch wissenschaftliche Forschung nur die gegenwärtige Sachlage erfassbar ist. Es kann durchaus sein, dass die Zerfallsgeschwindigkeiten generell konstant sind, es könnte aber auch sein, dass uns nicht mehr zugängliche frühere Verhältnisse eine Veränderung der Zerfallsgeschwindigkeit bewirkten. Wenn man von gegenwärtig gemessenen Werten auf vorhergehende schließt, mag das in einem relativ kleinen Bereich noch vertretbar sein, doch von wenigen Jahrzehnten auf Millionen oder gar Milliarden Jahre zu schließen, enthält einen Hauch von Spekulation.

Wir haben über einen längeren Zeitraum die Größe unserer Tochter gemessen und das Datum dazu notiert. Diese Werte haben wir mathematisch zurück extrapoliert (siehe 5.9). Wenn man von der Annahme ausgeht, dass die Größe Null gleich der Geburt unseres Kindes entspricht, erhält man ein völlig falsches Alter als Ergebnis. Dass bei dieser Rechnung ein Fehler von 6 Jahre auftritt, wissen wir, weil wir es selber bezeugen und anhand der Geburtsurkunde nachweisen können. Will man das Alter der Erde bestimmen, hat man keine Möglichkeit, das gewonnene Ergebnis auf Richtigkeit zu prüfen. Die getroffenen Annahmen bei radiometrischen Datierungen entziehen sich bei Altersangaben von Millionen oder Milliarden Jahren weitestgehend unserer Beobachtung und sind ohne Kalibrierung der Meßmethode zum großen Teil hypothetischer Art.

Alternative Rechenmodelle zur Bestimmung des Erdalters – die auch erst kalibriert werden müssten – weisen auf eine relativ junge Erde hin. Die Rechenmodelle beziehen sich zum Beispiel auf die Erkaltung der Erde und den Gehalt von Helium in der Atmosphäre.

Mit einem erheblich kürzeren Erdalter würde auch eine stark verkürzte Menschheitsgeschichte harmonieren, die gegenüber dem konventionell angenommenen Zeitrahmen eine wesentlich schlüssigere Deutung demografischer Daten, Fundmengen menschlicher Hinterlassenschaften und technisch-kulturellen Fortschritte zulassen würde (siehe S. 99).

In vielen Fällen nimmt man an, dass sich einzelne geologische Schichten sehr langsam in mehreren Jahrmillionen ablagerten (Aktualismus). Baumstämme, die durch mehrere geologische Schichten unterschiedlichen Alters gehen (*polystrate Stämme*), sind ein weiterer Hinweis auf eine schnelle Sedimentablagerung der betreffenden Schichten. Denn bei langsamer Ablagerung wären solche Baumstämme verwest, lange bevor sie hätten eingeschlossen werden können. Möglicherweise sind wesentlich mehr geologische Schichten erheblich jünger, als man heute annimmt.

Aussagen aufgrund der Evolutionstheorie	Aussagen aufgrund der Schöpfungstheorie
Erde und Weltall sind sehr alt	Erde und Weltall sind relativ jung

„Die Frage, die ich untersuchen möchte, besteht darin, **ob sich der Darwinismus auf eine faire Beurteilung der wissenschaftlichen Beweise gründet,** *oder ob er nur eine andere Art des Fundamentalismus darstellt.*

Wissen wir wirklich ganz genau, dass es irgendeinen natürlichen Prozess gibt, mit dessen Hilfe sich Menschen und alle anderen Lebewesen aus mikrobischen Vorfahren entwickelten, die wiederum aus toter Materie entstanden?

Die National Academy of Sciences sagt uns, dass das grundsätzlichste Charakteristikum der Wissenschaft ist, sich ganz auf naturalistische[72] Erklärungen zu stützen.

Will sie uns damit auch sagen, **die Wissenschaftler wüssten irgendwie, dass bei der Erschaffung der Welt und ihrer Lebensformen kein Schöpfer beteiligt war?** *Kann sich etwas außerhalb des wissenschaftlichen Bereichs befinden, aber wahr sein, oder ist es gleichbedeutend mit Unsinn? Können Außenstehende angesichts dessen, dass die Fachwelt die naturalistische Evolution nachdrücklich gutheißt, zumindest über die Möglichkeit nachdenken, dass diese offiziell anerkannte Lehre möglicherweise falsch ist?* "[Q87a]

Phillip E. JOHNSON[73]

---

[72] **Naturalistisch**: siehe Fußnote 76 und S. 156.

[73] **P.E. JOHNSON** ist Juraprofessor (University of California, Berkeley), mit dem Spezialgebiet der Analyse von Argumentationslogik und war Rechtsreferendar für Earl Warren, den obersten Bundesrichter der USA. Er ist Autor des Aufsehen erregenden Buches „Darwin on Trial" (1991),

6.1 Falsifikation – Aufstellung möglicher Kriterien

Was unterscheidet Wissenschaft von reiner Spekulation, wo liegt die Grenze zwischen wissenschaftlicher Erkenntnis und anderen Formen des Wissens? Karl POPPER und mit ihm der Kritische Rationalismus ziehen eine klare Grenze. Wissenschaft ist Wissenschaft, weil in ihr Voraussagen getroffen werden, die empirisch prüfbar sind. Kennzeichen einer guten Theorie sind nach Karl POPPER also überprüfbare Voraussagen. Welche Voraussagen kann man aus der Evolutionstheorie (ET) und der Schöpfungstheorie (ST) ableiten? Welche Falsifikationskriterien können angegeben werden? Im Folgenden werden einige beispielhaft genannt.

• Eine andauernde Weiterentwicklung zum Höheren, mit sanften Übergängen zwischen den einzelnen Lebensformen, wird im allgemeinen durch die ET vorausgesetzt. In der ST geht man von einem plötzlichen Auftreten der Organismen ohne Typensprünge aus (Grundtypen).

Voraussagen der ET	Voraussagen der ST
Es gibt viele Übergangsformen zwischen den einzelnen Typen	Keine Übergangsformen zwischen Typen werden erwartet

Bisher hat man keine einzige unumstrittene Übergangsform gefunden (siehe 5.1.3). Erwarten müsste man mehrere Tausend, doch die Fossilien zeigen „fertige" Tiere.

• Eine andauernde Weiterentwicklung der Organismen zum Höheren bedeutet in der ET neben Spezialisierung, Anpassung von Typen und Arten, auch die zufällige Entwicklung neuer Typen und eine Zunahme an Komplexität (Makroevolution).

---

worin er scharfsinnig die Argumentation für die Evolutionstheorie analysiert und hinterfragt. Dt. Ausgabe: „Darwin im Kreuzverhör", 2003.

In der ST erwartet man eine Konstanz, eine Variation innerhalb fester Grenzen und keine Entwicklung neuer Typen. Ebenso müssen in der ET Lebewesen auf einfache Lebensformen zurückführbar sein, wohingegen in der ST keine solchen reduzierbaren Systeme erwartet werden.

Voraussagen der ET	Voraussagen der ST
Die Grenzen der Typen sind fließend. Veränderungen über den Typ hinaus müssen möglich sein	Konstanz der Typen von Lebewesen, Variation nur innerhalb des Typs
Makroevolution	Mikroevolution

Die Ergebnisse der Mutationsforschung und das Gesetz der rekurrenten Variation (siehe 5.2 und S. 43) bestätigen nur die Variabilität innerhalb der Typen und damit deren Konstanz.

Man hat daher keine experimentellen Beweise, dass und wie sich neue Organe und Strukturen gebildet haben. Die Mikroevolution ist empirisch belegt und fungiert sowohl in der ET wie in der ST als Erklärung für die Vielfalt der Lebewesen. Der für die ET so wichtigen Makroevolution fehlen die Beweise. Neue Organe und Strukturen oder Typen entstanden in allen Mutationsversuchen nicht – ein Bakterium blieb ein Bakterium, eine Fliege blieb eine Fliege.

• In der ET ist Information eine Eigenschaft der Materie. Der Ursprung der Materie und Energie wird nicht beantwortet und somit auch nicht der Ursprung der Information. In der ST hingegen wird Information als geistige Größe betrachtet, von der aus auf einen intelligenten Informationsgeber, der hinter der biologischen Information steht, geschlossen wird. Ein Informationsgeber ist naturgesetzlich erforderlich (GITT, 2002).[Q25c]

Weder die Annahme der ET noch die Annahme der ST hinsichtlich Information sind wissenschaftlich prüfbar und stellen somit kein Falsifikationskriterium dar. Allein die evolutionstheoretisch vorausgesetzte physikalisch-chemische Entwicklung (siehe 5.4) ist möglicherweise prüfbar.

Voraussagen der ET	Voraussagen der ST
Eine physikalisch-chemische Entwicklung hat stattgefunden	Eine physikalisch-chemische Entwicklung hat nicht stattgefunden

Bisher ist das Experiment des Chemikers und Mikrobiologen Louis PASTEUR (1862), das eindeutig besagt, dass Leben nur aus Leben entsteht (*omne vivum ex vivo*) nicht widerlegt, sondern mit jedem gescheiterten Versuch, eine spontane Lebensentstehung aus toter Materie experimentell zu beweisen, weiter bestätigt worden. Bisher gilt (trotz MILLER-Versuchen), dass nur Lebendiges neues Leben hervorbringen kann.

• Der Code in der DNS, komplexe Organe, die nicht-reduzierbaren Systeme und das anthropische Prinzip weisen auf eine Zweck- und Zielgerichtetheit (Teleologie) in der Natur hin. Man spricht auch von Design-Signalen. *Intelligent-Design* ist ein Fachbegriff, zu dem viele Wissenschaftler stehen und sich als *Intelligent-Design*-Theoretiker bezeichnen. Die Folgerung auf *Intelligent-Design „geht natürlicherweise aus den Daten an sich hervor – und nicht aus heiligen Schriften oder sektiererischen Auffassungen“,*[Q10a] schreibt der Molekularbiologe M.J. BEHE.

Wenn man entdeckt, dass etwas geplant zu sein scheint, stellt man sich automatisch die Frage, wer dies geplant hat. Über die Feststellung oder das Vorhandensein von *Intelligent-Design* kann wissenschaftlich sachlich argumentiert werden. Der Schritt zur Frage, wer der Urheber ist, geht über die Grenze des Prüfbaren hinaus. Ein Schöpfer ist wissenschaftlich unbeweisbar, jedoch informationstheoretisch erforderlich, denn aus den Naturgesetzen der Information ist zu folgern, dass eine Entstehung von Information durch Materie und Energie nicht möglich ist. Codierte Information ist demnach geistigen, und nicht materiellen Ursprungs.

In der ET spielen Zufallsprozesse und extrem lange Zeitspannen (siehe 5.8) eine entscheidende Rolle bei der Entstehung und Entwicklung des Lebens. Im Gegensatz dazu betrachtet man in der ST das Leben als ein Produkt von Intelligenz, als geschaffen und bis ins Detail geplant.

Voraussagen der ET	Voraussagen der ST
Zur Entstehung des Lebens wurde keine Intelligenz benötigt	Zur Entstehung des Lebens wurde Intelligenz benötigt

Prüfbar ist jedoch die Behauptung der ST, dass zur Entstehung des Lebens Intelligenz benötigt wurde. Wenn man eine bestimmte Menge von lebloser Materie nehmen und gegen jegliches äußeres intelligentes Eingreifen abschirmen würde und es entstünde daraus etwas Lebendiges, wäre die grundlegende These der ST völlig widerlegt.

Bisher gelang kein Experiment, das die spontane Lebensentstehung aus toter Materie zum Ziel hatte. Und selbst wenn sich Wissenschaftler ein ausgeklügeltes Experiment ausdächten, das das gewünschte Ergebnis lieferte, würde auch hier die Entstehung von Leben aus toter Materie nur durch Einsatz geistiger Intelligenz und Leben (eben durch die Wissenschaftler) möglich. Die Wissenschaftler selbst würden zum intelligenten Urheber.

„Ehrliche Unwissenheit ist weniger schlimm als falsches Wissen.“[Q76]

Theodor MOMMSEN (1817-1903)
Historiker und Jurist

7 Abschließende Bemerkung

Das bisher Diskutierte ist ein grober Überblick über das komplexe Thema Schöpfung/Evolution. Wichtige Sachverhalte wurden stellvertretend genannt und deren Deutungsmöglichkeiten in der Schöpfungstheorie und in der Evolutionstheorie aufgezeigt. Es ist der Zweck dieses Buchteils, die Evolutionstheorie kritisch zu hinterfragen, um zu einem neuen Denken anzuregen. Man könnte noch weitaus mehr und wesentlich fachspezifischer diskutieren, doch das würde den Rahmen sprengen. An dieser Stelle sei auf die weiterführenden Literaturangaben im Anhang verwiesen.

Die Popularisierung

Der allgemeine Umgang mit dem Evolutionsgedanken äußert sich in Medien und Schulen in einer einseitigen Popularisierung der Theorie. In evolutionsorientierter und evolutionskritischer Fachliteratur werden aufkommende Unstimmigkeiten zwischen der Evolutionstheorie und den naturwissenschaftlichen Erkenntnissen offengelegt. Allein in Schulbüchern und den allermeisten populärwissenschaftlichen Veröffentlichungen sowie in vielen Fernsehsendungen und Filmen wird die Evolutionstheorie frei von Kritik dogmatisch verkündet.

Die Naturwissenschaften sind ein großartiges Werkzeug, um die Welt immer mehr zu verstehen. In ihnen werden naturwissenschaftliche Fakten durch Forscher gedeutet und interpretiert. Weil diese Interpretationen aber jedes Mal durch den Filter der Weltanschauung des jeweiligen Wissenschaftlers gehen, ist es relevant, welche Prämisse vorliegt; Daten können unter der Voraussetzung einer Evolution oder einer Schöpfung betrachtet werden. Beide sind Denkmodelle, die zwar naturwissenschaftlich arbeiten, deren grundlegende Thesen sich aber dem empirisch-wissenschaftlichen Rahmen entziehen (beispielsweise Stammbäume, Makroevolution, Grundtypen, Entstehung des Lebens mit oder ohne Intelligenz).

Weil beide Modelle Aussagen über den Ursprung machen und somit zwangsweise weltanschauliche Elemente enthalten müssen, sollte man eigentlich von Schöpfungs- oder Evolutions-*lehre* sprechen. Man muss sich persönlich entscheiden, welchem Modell man seinen *Glauben* schenken möchte, da letztlich keines der beiden wissenschaftlich beweisbar ist.

Der Missbrauch

Der zweite Kritikpunkt ist der Missbrauch der Evolutionslehre. Schönheit, Liebe, Kunst, Gott und Glaube gebe es nach dieser Sichtweise nicht in ihrem eigentlichen Sinne, weil das evolutionistische Weltbild diese Phänomene nicht kennt. Das ist ein fataler Fehler. Denn man hat zu Beginn diese Phänomene aus naturwissenschaftlichen Gründen ausgeklammert und folglich können sie sich auch nicht im evolutionistischen Weltbild rekonstruieren lassen. Reinhard LÖW (1949-1994), ehemaliger Direktor des Forschungsinstitutes für Philosophie in Hannover, bemerkte hierzu treffend: *„Hier ist festzuhalten, wovon eine sich ihrer naturwissenschaftlichen Voraussetzungen bewusste Evolutionstheorie nicht handeln kann.* **Von der ganzen Sphäre menschlicher Sinnphänomene kann sie nicht handeln, von Liebe, Schönheit, Kunst, Glaube** *und von der Sphäre der Zwecke und Zweckmäßigkeiten in der Natur ebenso wenig. All dies wurde am Anfang ja [...] ausgeklammert [...]. Das wäre just so, als sähe man bei einer Volkserhebung von der Frage nach der Konfession ab und am Ende stellte man fest, es gebe nur konfessionslose Atheisten im Volk."* LÖW beschrieb die Evolution als *„Fundament einer Weltanschauung".*[Q67]

Um Missverständnissen vorzubeugen, sei an dieser Stelle angemerkt, dass ich gegen das Evolutionsmodell – als rein wissenschaftliche Theorie – nichts einzuwenden habe. Daten im Rahmen einer Theorie zu deuten und den wissenschaftlichen Standard an der Schule zu lehren, ist ein legitimes Vorgehen. Doch leider entpuppt sich die Evolutionslehre als eine im wissenschaftlichen Kleide verpackte Ideologie. Sie ist weder wissenschaftlich vorurteilsfrei noch durch ihre Verabsolutierung gesellschaftlich neutral. Sie ist philosophischen Ursprungs – ein Versuch, die Herkunft des Lebens vom atheistischen Standpunkt aus zu erklären. Marx und Hitler gebrauchten in ihren Ideologien den Darwinismus. Freilich muss man Hitler einen äußerst primitiven Darwinismus zuschreiben, den wohl annähernd alle Evolutionstheoretiker heutiger Zeit vehement ablehnen. Seine Rassenlehre und sein Buch „Mein Kampf" sprechen aber deutliche Worte. Hitler sagte, dass bei einer Mischehe zwischen niederer (jüdischer) und höherer (deutscher) Rasse die Absicht der Natur, eine höhere Entwicklungsstufe zu erreichen, zunichte gemacht werde. Der Evolutionstheoretiker Sir Arthur KEITH sagte über Hitler: *„Hitler ist ein **kompromissloser Anhänger der Evolution**. Um seine Handlungen zu verstehen, müssen wir nach einer evolutionstheoretischen Erklärung suchen."*[Q68] *„**Die ganze Idee der christlichen Nächstenliebe scheint der biologischen Evolution entgegenzuwirken** und ihre Vorteile aufzuheben, und seit dieser Gedanke im Gefolge von Darwins gefährlicher Idee durch die Köpfe schleicht, werden wissenschaftliche und unwissenschaftliche Vorschläge zur Verbesserung des Erbguts (Eugenik) unterbreitet und betrieben"*,[Q7a] gibt der Konstanzer Biologe E.P. FISCHER zu bedenken.

Eine äußerst extreme Position, die auf der Grundlage des Evolutionsgedankens bestens gedeiht und an die nationalsozialistischen Verfehlungen erinnert, bezieht Peter SINGER,[74]

---

[74] **Peter SINGER** (*1946, Melbourne, Australien), Moralphilosoph. Direktor des „Zentrums für menschliche Bioethik" an der Monash Universität in Melbourne und Anhänger des Utilitarismus, der Nützlichkeitsethik Jeremy BENTHAMS und J.S. MILLS. International bekannt durch sein Buch „Animal Liberation", der „Bibel der Tierrechtsbewegung". SINGER ist Verfechter des Rechts auf Schwangerschaftsabbruch. Seine Ansichten zum Umgang mit behinderten Menschen sind stark umstritten. Sympathisanten SINGERS sind u.a. Helga KUHSE (Co-Autorin) und Georg MEGGLE (Philosoph).

Direktor des „Zentrums für menschliche Bioethik". Er geht davon aus, dass es keinen grundsätzlichen Unterschied zwischen Mensch und Tier gibt (Antispeziesismus); Mensch, Schwein, Fisch und Schimpanse wären gleichwertige Personen.

Schwerbehinderte Menschen erhalten aber nach seiner Anschauung keinen Personenstatus. Er folgert sogar in seinem Buch „Praktische Ethik" (1984), dass ein neugeborenes Kind *nicht* denselben Anspruch wie eine Person hat, und *„das Leben eines Neugeborenen [...] also **weniger Wert** als das Leben eines Schweins, eines Hundes oder Schimpansen [hat]. "*[Q101] Er meint, dass wir uns daran erinnern sollten, *„dass unser heutiger absoluter Schutz des Lebens von Säuglingen Ausdruck einer bestimmten jüdisch-christlichen Haltung ist und nicht etwa ein universaler moralischer Wert. "*[Q101a] Der christliche Wert des Lebens ist für ihn keineswegs bindend, wenn er sagt, dass *„die Tötung eines behinderten Säuglings [...] **nicht** moralisch gleichbedeutend mit der Tötung einer Person [ist]. Sehr oft ist sie überhaupt **kein Unrecht**. "*[Q101b] SINGER ist einer der ideologischen Väter der Tier-Rechts-Bewegung. Er möchte, dass Menschen und Menschenaffen die gleichen Rechte zugesprochen werden („great ape project").

Trotz dieser bedenklichen Entwicklungen in der Bioethik besteht hier nicht die Absicht, Schwarzmalerei zu betreiben. Mit diesen krassen Beispielen soll darauf hingewiesen werden, dass der kritiklose Umgang mit der Evolutionslehre in der breiten Bevölkerung auch sehr bedenkliche Auswirkungen haben kann.

Die Auseinandersetzung

Die Kontroverse zwischen Schöpfung und Evolution gibt nicht erst heute Anlass zu heißen Diskussionen. Bereits im Jahre 1860 erreichte sie einen ihrer Höhepunkte, als die beiden Kontrahenten Samuel WILBERFORCE und Thomas HUXLEY in der Universität Oxford ihre legendäre Debatte fochten.

Woher kommen wir, wohin gehen wir und wozu sind wir hier? – die Ursprungsfrage lässt niemanden unberührt. Wenn man sich bewusst macht, dass den Modellen Schöpfung und Evolution philosophisch-religiöse Annahmen vorangestellt sind, ist es zumindest ein Stück weit nachvollziehbar, falls eine nüchtern begonnene Diskussion in einem hitzigen Streitgespräch endet.

In Deutschland kann man die Göttinger Podiums-Diskussion,[75] die Mitte des Jahres 1983 an der Universität Göttingen vor circa tausend Zuhörern stattfand und die in Briefform geführte Debatte (1983-1985) zwischen den Professoren Carsten BRESCH und A.E. WILDER-SMITH, als vorbildliche Beiträge zum offenen Dialog zwischen Vertretern des Entwicklungs- und Schöpfungsgedankens beispielhaft nennen. In neuerer Zeit sind unter anderem die Diskussion zwischen den Genetikern Diether SPERLICH und Wolf-Ekkehard LÖNNIG (Juli 1991) an der Universität Tübingen und das Salzburger internationale Symposium „Evolution – Faktum und/oder Mythos" (Nov. 2005) positiv zu erwähnen.

Leider scheint es so, als gestalte sich ein solcher Austausch heute äußerst schwierig, denn es gibt Wissenschaftler, die eine sachliche Diskussion mit Vertretern der Schöpfungslehre von vornherein ablehnen. Sie sind der Meinung, dass man sich nicht auf Diskussionen mit ihnen einlassen dürfe, weil man

---

[75] Teilnehmer der Göttinger Vorträge und Disputationen waren Dr. Dr. Horst W. BECK, Prof. Dr. Wolfgang KUHN, Prof. Dr. Alma VON STOCKHAUSEN, Prof. Dr. Werner GITT, Prof. Dr. Manfred EIGEN (Nobelpreisträger) und Prof. Dr. Dietz LANGE.

dadurch den Anschein erwecken würde, deren Ansicht, Gott habe Adam erschaffen, ernst zu nehmen.

Diese Einstellung zeigt ein offensichtliches Unvermögen, naturwissenschaftliche Fakten von persönlichen Glaubens-überzeugungen zu trennen. Verfolgt man diesen Ansatz weiter, dürfte ein Physiker mit atheistischer Glaubensüberzeugung keinen Wissensaustausch mit einem christlichen Physiker betreiben. Demnach hätten Walther Hermann NERNST und Max PLANCK kein Sterbenswörtchen über wissenschaftliche Fragestellungen miteinander reden können. Es dürfte also keinen Dialog unter christlichen, buddhistischen, atheistischen, kommunistischen, theosophischen oder pantheistischen Wissenschaftlern geben.

Die Wirklichkeit sieht glücklicherweise anders aus. Denn Wissenschaftler jeder Couleur können sich auf dem neutralen Boden der Naturwissenschaften begegnen. Persönliche Glaubensüberzeugungen stehen ohnehin nicht zur Debatte, wenn es um mögliche Deutungen biologischer oder physikalisch-chemischer Realitäten geht. Es muss einem also völlig unverständlich erscheinen, wenn ein Evolutionsvertreter seine Absage an einer öffentlichen Diskussion über naturwissenschaftliche Fakten zum Thema Schöpfung/Evolution damit begründet, dass ihm die Glaubensüberzeugung seines Diskussionspartners nicht gefalle. Offenbar ist man sich hier seiner eigenen Glaubensüberzeugung nicht mehr bewusst und scheint empfindlich berührt, wenn die Evolutionslehre in Frage gestellt wird.

Die Proklamierung der „Tatsache Evolution" ist nicht naturwissenschaftlicher, sondern subjektiver Natur und spiegelt die persönliche Überzeugung der jeweiligen Personen wider. Im Allgemeinen heißt es, dass die Evolution eine Tatsache sei, die man nicht länger zu beweisen bräuchte, man wisse nur noch nicht im Detail, wie sie abgelaufen sei. Das ist ein reiner Glaubenssatz. Genauso kann man glaubend von einer Schöpfung als Tatsache ausgehen.

Während die Schöpfungslehre die Regelhaftigkeit der Fossilien in den geologischen Schichten bisher nicht schlüssig erklären kann, hat die Evolutionslehre vor allem bei der Entstehung der Information und bei den postulierten Typensprüngen erhebliche Erklärungsnotstände. Wenn man beide Denkvoraussetzungen untersucht, hat man auf der einen Seite den Glauben an einen hinter der Natur stehenden intelligenten Urheber als Begründung für Information und Leben. Auf der anderen Seite hat man den Glauben, dass sich tote, geistlose Materie selbst lebendig macht, von sich aus intelligent und immer komplexer wird – ähnlich einem Münchhausen, der sich an seinem eigenen Schopfe aus dem Sumpf zieht. Aus der Philosophie des Materialismus erscheint es folgerichtig, dass der Materie schöpferisch-mythische Kräfte zugesprochen werden können.

Die Grundüberzeugungen (Paradigmen) beider Modelle sind nicht beweisbar und werden von ihren Anhängern auch nicht mehr hinterfragt. Wir wollen hoffen, dass es wieder vermehrt möglich sein wird, einen spannenden und sachlichen Dialog zwischen Vertretern des Schöpfungs- und Evolutionsgedankens zu führen, der neue Erkenntnisse bringt und die freie Meinungsbildung fördert. Das Denkmodell der Evolution ist natürlich eine Möglichkeit, den Ursprung und den Verlauf des Lebens zu erklären, aber sie ist nicht die einzige.

„In popularisierenden Veröffentlichungen
wird immer wieder der faktische Charakter
der Evolution unterstrichen.
Es wird zwar eingestanden, dass viele Einzelheiten
noch nicht geklärt seien, aber grundsätzliche Zweifel daran,
dass eine Evolution stattgefunden habe,
werden als längst überholt abgetan.
Nur aus völliger Ignoranz könne jemand
die Tatsache der Evolution heute noch in Frage stellen.
Wer alles ohne einen Schöpfer erklären will,
ist natürlich auf die ausschließlich zufällige,
spontane Entstehung des Lebens
und aller Lebewesen angewiesen.
Allzu oft ist einem solchen Atheisten dabei die
eigentlich religiöse, nicht wissenschaftliche
Grundvoraussetzung, von der er ausgeht,
nicht einmal bewusst, während er
Andersdenkenden religiösen Obskurantismus vorwirft.
Natürlich kann er nicht an der Evolution zweifeln. *"*[Q19]

Peter RÜST
Biochemiker

149

Teil II

Evolution und Schöpfung

aus philosophisch-theologischer Sicht

„Aus unserem modernen
Verständnis der Evolution folgt [...],
*dass es **keinen letzten Sinn***
des Lebens gibt. *"*[Q83]

William B. Provine

Evolutionsbiologe und Wissenschaftshistoriker
an der Cornell University
im Bundesstaat New York

Isaac NEWTON, der große Naturforscher, empfing einmal in seinem Studierzimmer einen sehr gelehrten Freund, der Gottesleugner war. Bewundernd schaute der Besucher auf einen Globus, der auf NEWTONS Schreibtisch stand. „Sagen Sie, wer hat dies Prachtstück gemacht?", fragte er. „Oh, niemand!", antwortete NEWTON lakonisch.

Der Gelehrte dachte, NEWTON mache sich einen Spaß und wiederholte seine Frage. Und wieder war die Antwort: „Niemand!" Der Gelehrte wurde zornig und sagte: „Sie haben es nicht mit einem Kind zu tun. Ich will unbedingt wissen, wer diesen Globus gemacht hat!"

„Werter Kollege", entgegnete nun NEWTON, „Sie finden es dumm und töricht, dass ich Ihnen weismachen will, dieser Globus habe keinen Verfertiger. Ich finde es noch viel unverständlicher, dass Sie behaupten wollen, die größte und schönste Schöpfung habe keinen Schöpfer."[Q51]

Mit diesen humorvollen Sätzen sollen einleitend zwei gegensätzliche Weltanschauungen skizziert werden. NEWTON setzte einen Urheber voraus. In der atheistisch-evolutionistischen Sichtweise auf der Grundlage des Naturalismus[76] wird die Annahme eines Schöpfers von vornherein ausgeschlossen. Die Ansicht eines Evolutionstheoretikers klingt folglich anders. Für den Biochemiker Ernest KAHANE[77] ist *„es absurd und absolut unsinnig zu glauben, dass eine lebendige*

---

[76] **Naturalismus**: philosophische, religiöse Weltanschauung, nach der alles aus der Natur und diese allein aus sich selbst erklärbar ist. (Duden, 1995)

[77] **Ernest KAHANE**, rumänisch-französischer Biochemiker von der Universität Montpellier. Das Zitat stammt aus dem Vortrag "L´origin de la vie", den er am 17.11.1964 in CERN bei Genf hielt. Im Zusammenhang ging es um die Situation der Darwinisten. Gehört von Prof. Dr. H. SCHNEIDER (Heidelberg), der dem Vortrag KAHANES beiwohnte.

Zelle von selber entsteht; aber dennoch glaubt [er] es, denn [er] kann es [sich] nicht anders vorstellen."[Q55]

An dieser Stelle soll erneut darauf hingewiesen werden, dass hier die Grenze der Naturwissenschaft überschritten wird. Ein Schöpfer ist weder beweisbar noch widerlegbar. Aber ist der Schöpfungsakt eines Gottes tatsächlich undenkbarer als die Evolutionslehre, die im Wesentlichen durch Zeit und Zufallsprozesse funktionieren soll? *„Der reine Zufall, nichts als der Zufall, die absolute, blinde Freiheit [ist die] Grundlage des wunderbaren Gebäudes der Evolution"*, schrieb der Nobelpreisträger Jacques MONOD und nannte es *„zentrale Erkenntnis der modernen Biologie."*[Q56] Doch was unterscheidet eigentlich einen Zufall, der maßgeblich für das Zustandekommen des Kosmos und des Lebens mit all seinen Variationen verantwortlich gemacht wird, von einem Schöpfer? Der Vertreter des Evolutionsgedankens Ferdinand SCHMIDT war der Auffassung, dass *„an die Stelle eines göttlichen Schöpfers lediglich der Gott Zufall gesetzt [wurde]."* Ein göttlicher, allmächtiger und allgegenwärtiger Zufall.[Q71]

Die Naturwissenschaften haben bereits eine Vielzahl an Phänomenen in der Natur durch physikalische und chemische Abläufe erklären können. Oft hört man die Meinung, dass man heutzutage keinen hinter der Natur stehenden Urheber mehr in Betracht zu ziehen hätte. Je mehr durch reine Naturgesetze erklärt werden könne, umso unwahrscheinlicher sei es, dass es einen Schöpfer gebe. Ist diese Meinung logisch richtig?

Der britische Naturwissenschaftler A.E. WILDER-SMITH (1915-1995) hinterfragte kritisch diese Ansicht: *„Eine physikalisch-chemische Erklärung der Basis des Lebens vernichtet demnach jeglichen metaphysischen*[78] *‚Aberglauben' auf biologischem Gebiet – das ist die moderne Parole. Man meint, dass ‚Naturwissenschaft die Religion*

---

[78] **Metaphysisch**: siehe Fußnote 66.

tötet'. Stimmt das? Crick[79] und viele andere mit ihm meinen also, dass die bloße Entdeckung der Tatsache, dass der Mensch und sämtliche biologische Wesen, materiell gesehen, chemisch begründete Systeme sind, zur gleichen Zeit [...] automatisch den Beweis dafür liefert, dass das Übernatürliche als die Basis der Erschaffung und des Wesens des Menschen zu bezweifeln ist. [...] Diese Überzeugung beherrscht heute fast die ganze denkende naturwissenschaftliche Welt, obwohl sie offensichtlich irrational (unvernünftig) ist."

„Was sagt diese Überzeugung aus? In Wirklichkeit besagt sie, dass jedes neue Verständnis der Wirkungsweise irgendeiner Maschine die Erschaffung und Konzeption dieser Maschine durch einen Ingenieur unwahrscheinlicher macht. Also, je besser man die Funktionsweise irgendeiner Maschine begreift, desto unwahrscheinlicher wird es, dass die Maschine von einem Ingenieur entworfen und gebaut wurde! **Je mehr man versteht, wie die Maschine funktioniert, desto sicherer wird es, dass kein Ingenieur sondern die aus Materie bestehende Maschine die Maschine baut! [...] Cricks Aussage ist offenbar irrational!"[Q35]**

Wohl kaum jemand würde verneinen, dass unsere heutige Computertechnologie durch Einsatz geistiger Arbeit ermöglicht wurde. Dass eine Quarzuhr oder ein Gartenzaun nicht von selbst entstanden ist, bestreitet niemand. Aber weshalb sollte man dann den Schöpfer durch den Zufall ersetzen, wenn man doch mehr und mehr von den unvorstellbar großen Plänen, die in der Natur und dem Kosmos geschrieben stehen, verstehen lernt? Weshalb sollte man gerade dann den größten „Konstrukteur" leugnen, wenn man seine Konstruktionen entdeckt und zu begreifen beginnt? Gibt es einen Plan ohne Planer?

---

[79] **Francis CRICK**: siehe Fußnote 36.

Die ausgeklügelten Mechanismen in der Natur und dem Kosmos legen einen Urheber nahe. Doch diesen logischen Schluss lehnt die Philosophie des Naturalismus (Materialismus)[80] ab. Im Naturalismus wird geglaubt, dass alles aus der Natur und diese aus sich selbst erklärbar ist. Wenn das tatsächlich wahr sein sollte, *muss* eine Art von Evolutionslehre die logische Folgerung aus dem Naturalismus sein. Damit ist auch ersichtlich, dass es sich generell nicht um Wissenschaft contra Theismus,[81] sondern um Naturalismus contra Theismus handelt – zwei Weltanschauungen prallen hier aufeinander.

Nicht die Erkenntnisse der Naturwissenschaften haben den Schöpfer abgeschafft, sondern die philosophische Denkrichtung des Naturalismus! Das bezeugt bereits die Geschichte, denn die berühmtesten Naturwissenschaftler wie zum Beispiel NEWTON, KEPLER, PASCAL, von LIEBIG, MENDEL und PLANCK waren Theisten, sie glaubten an einen Schöpfergott. Heutzutage ist man offensichtlich der Auffassung, alles ohne Intelligenz und geistige Urheberschaft erklären zu können.

Genau an dieser Stelle begegnen wir dem oft begangenen materialistischen Denkfehler: Indem man der Vorstellung erliegt, dass man für ein in der Natur erkanntes Prinzip keinen geistigen Urheber mehr benötigt, *verwechselt man eine wissenschaftliche Erklärung dafür, wie ein Prinzip funktioniert, mit der Erklärung dafür, wie das Prinzip entstanden ist!* Doch gerade das Vorhandensein eines Prinzips oder Mechanismus schließt einen Erfinder nicht aus.

Auch die Existenz von Zufallsprozessen in der Natur widerlegt einen Urheber nicht, denn Zufallsprozesse können Bestandteile natürlicher Mechanismen sein. Betrachten wir zur Verdeutlichung eine mechanische Armbanduhr mit Automa-

---

[80] **Materialismus**: philosophische Lehre, die die ganze Wirklichkeit (einschließlich Seele, Geist, Denken) auf Kräfte oder Bedingungen der Materie zurückführt (Duden, 1995). **Naturalismus** (siehe Fußnote 76) und Materialismus sind eng miteinander verwandt.

[81] **Theismus**: Glaube an einen persönlichen, von außen auf die Welt einwirkenden Schöpfergott (Duden, 1995).

tik. Zufällige Bewegungen des Handgelenks bringen ein kleines Gewicht in der Automatikuhr zum Rotieren. Mit dem so erzeugten Drehmoment wird mittels Sperrklinken, Zahnrädern und anderen mechanischen Teilen die Feder aufgezogen. Hier liegt also ein Mechanismus vor, der zwar auch durch einen Zufallsprozess wirkt, deshalb aber den Erfinder jener Uhr nicht überflüssig macht (nach LENNOX).

Wir können die Prinzipien und Mechanismen eines Sportwagenmotors beschreiben, ohne auf den Konstrukteur des Motors hinzuweisen. Ebenso können wir die Funktionsweise des Bakterienmotors von *Escherichia coli*[82] beschreiben, ohne auf einen Erfinder hinweisen zu müssen. Die Naturerscheinungen und Naturgesetze sind beschreibbar. Das „Wie" wird durch die Naturwissenschaft bekannt, aber das „Warum" bleibt ihr verborgen. Es ist ein Fehler, die Naturerscheinungen allein durch die Naturgesetze erklären zu wollen. In der Erklärung eines Prinzips taucht kein Urheber auf – man benötigt ihn dort auch nicht. *Doch ohne diesen Urheber hätte man nichts, was man untersuchen und beschreiben könnte.*

---

[82] **Escherichia coli** ist ein stäbchenförmiges Bakterium, das zur natürlichen Darmflora gehört. Es bewegt sich mittels eines Geißelmotors, der folgenden Aufbau hat: In einem festen Ring (Stator) bewegt sich der scheibenförmige Rotor, der über eine in einem Lager laufende Achse mit der Geißel (Propeller) verbunden ist. Der Aufbau des Bakterienmotors ist dem Aufbau eines herkömmlichen Elektromotors verblüffend ähnlich: Biotechnik mit wenigen Tausendstel Millimetern Größe.

157

„Der ganzen modernen Weltanschauung
liegt die Täuschung zugrunde,
dass die sogenannten Naturgesetze
die Erklärungen
der Naturerscheinungen seien. "[Q98]

Ludwig WITTGENSTEIN (1889-1951)
Philosoph und Logiker

9   Ist Leben nur Chemie und Physik?

Alle Organismen existieren nur auf der Basis von Informationsübertragung. Geniale Programme sorgen für deren Wachstum, Erhalt und Vermehrung. Der genetische Code (siehe 5.4) ist nicht nur in jeder Zelle eines Lebewesens enthalten, sondern auch ein grundlegender Bestandteil aller informationsverarbeitenden lebenden Systeme. Ist dieser genetische Super-Code zufällig entstanden? In der Brockhaus Enzyklopädie lesen wir, *„dass der genetische Code [wahrscheinlich] nicht Gegenstand einer Evolution ist, denn Veränderungen in den Codon-Aminosäuren würden sehr große Veränderungen im Aufbau und damit in der Funktion der Eiweiße bedingen. Mit hoher Wahrscheinlichkeit wäre eine Veränderung in der Codon-Aminosäurezuordnung für heutige Lebewesen* **letal (tödlich)**. *"*[Q99]

Das Wunderwerk DNS[83] mit ihrem genetischen Code ist ein perfektes Gebilde, das nicht unbegrenzt verändert werden kann. Dogge und Pekinese lassen sich kreuzen, Dackel und Katze jedoch nicht. Kreuzungen außerhalb eines Grundtyps sind nicht möglich, denn nur innerhalb der Typengrenzen gibt es genetische Variation. Im Schöpfungsbericht steht geschrieben, dass die Lebewesen geschaffen wurden, „ein jedes nach seiner Art". Die Tiere können sich tatsächlich nur so vermehren, ein jedes nach seiner „Art".

Die Doppelhelix ist ebenso faszinierend komplex, wie sie unbegreiflich und für unsere Maßstäbe unbegrenzt in ihren Kombinationsmöglichkeiten ist – ein Meisterstück auf kleinstem Raum, verborgen in jeder einzelnen lebenden Zelle. Die DNS ist ein chemisches Speichermedium mit der höchsten uns bekannten Informationsdichte von $1{,}88 \times 10^{18}$ bit/mm^3. Ein herkömmlicher DRAM-Speicher (256-Mbit) bringt es in etwa

---

[83] **DNS** (engl. DNA) ist die Abkürzung für Desoxyribonukleinsäure. Sie ist ein in allen Lebewesen vorhandener Träger der genetischen Information. Siehe 5.4.

auf eine Informationsdichte von $9{,}39 \times 10^5$ bit/mm³.[Q25d] Somit schlägt die DNS den Computerspeicher um Längen mit einem gigantischen Faktor von mehr als 2 000 000 000 000. Unsere heutigen Speicherchips sind Spielzeuge im Vergleich zur DNS.

DRAM-Speicher

Die in der DNS gespeicherten Informationen sind eine notwendige Voraussetzung, damit programmgesteuert bestimmte Stoffe rechtzeitig in ausreichender Menge produziert werden können, die einen Menschen, ein Tier oder eine Pflanze wachsen lassen und am Leben erhalten. Die Naturwissenschaft ist in der Lage, komplizierteste Prozesse innerhalb einer Zelle physikalisch-chemisch zu beschreiben. Der Vorgang der Zellteilung und die faszinierende Verdopplung der DNS sind keine Geheimnisse mehr. Aber sind nun mit Physik und Chemie alle Fragen gelöst? Woher weiß die Zelle, welche Gestalt das Lebewesen, dessen Bestandteil sie ist, einmal haben soll? Woher weiß die Zelle, wie sich die Gestalt des Lebewesens im Laufe seines Lebens zu verändern hat? Woher weiß die Zelle, wann sie zu sterben hat? Robert NACHTWEY stellte diese Problematik folgendermaßen dar: *„Alle organbildenden Zellen arbeiten ja so, als ob sie Einsicht in die Zwecke des Organs hätten, das von ihnen aufgebaut wird, als ob sie mit weit vorausschauendem, durchdringendem Verstand begabt wären. Ebenso handeln alle von ihrem ‚Instinkt‘ geleiteten Tiere. **Weder die Tiere noch ihre Körperzellen können ihr merkwürdiges ‚Wissen‘ aus der Erfahrung gewonnen haben**.*"[Q8] Woher stammt dieses geheimnisvolle „Wissen"?

Wenn ein Lebewesen stirbt, ist auch kurz nach dessen Tod die Materie in Form des Körpers und die im genetischen Code gespeicherte Information immer noch vorhanden. Was also macht den Unterschied zwischen Leben und Tod? Wir mögen sagen können, dass Musik eine Aneinanderreihung verschiedener Schallwellen ist, die auf unser Trommelfell treffen und mittels Nervenimpulse an unser Gehirn weitergeleitet werden. Aber es wäre vollkommen abwegig zu meinen, Musik könne dadurch angemessen beschrieben werden. In gleicher Weise ist Leben allein durch Physik und Chemie nur unzureichend erfassbar, denn das wissenschaftliche Netz ist zu grobmaschig, um das Rätsel des Lebens einfangen zu können.

Alle natürlichen Abläufe und Mechanismen sind sehr komplex und je weiter man hineinschaut, desto komplizierter erweisen sie sich. Von unglaublicher Harmonie und Strukturiertheit sind die Pläne, die im Kosmos und in der Natur geschrieben stehen. Pläne weisen zwangsweise auf einen Initiator hin und geben auf diese Weise Zeugnis von ihrem Urheber. Jeden Tag führt uns das Leben vor Augen, dass alles auf eine Ursache zurückgeführt werden kann. Hinter jeder unserer Handlungen steckt ein Ziel, hinter jeder Handlung steckt ein Urheber und jede Konstruktion erwuchs aus schöpferischem Denken.

Die Entstehung der Psyche und unserer Gefühle wie Freude, Leid und Trauer sind evolutiv gesehen nicht notwendig, ja sogar sinnlos, wenn sie nicht zur Arterhaltung oder Weiterentwicklung beitragen. Die Evolutionslehre schließt planvolles Handeln beim Ursprung des Kosmos und des Lebens gänzlich aus und das erscheint vollkommen unsinnig. Die Bibel zeigt einen Urheber, ein zielbewusstes Vorgehen eines Schöpfers, das mit unserer täglichen Erfahrung konform geht. Wir sind diesem Schöpfer ähnlich im Denken und Fühlen, denn es steht geschrieben, dass Gott den Menschen nach seinem Bilde, nach dem Bilde Gottes schuf (1Mo 1,27). Ist dieser Urheber erkennbar, kann man ihn finden?

„Im Evolutionssystem braucht man jedoch einen
Mechanismus, der von Generation zu Generation
selbsttätig eine Verbesserung bringt.
Nach evolutionistischer Vorstellung sollen Mutation und
Selektion die Antriebsräder der Höherentwicklung sein.
Diese sind aber weder planmäßig noch zielstrebig.
Es herrscht vielmehr ein anderes Gesetz in der Materie:
Das Gesetz der Trägheit, der Passivität, der Energieent-
wertung und der Tendenz zur Nivellierung.
Leben aber ist immer – bis in den Feinbau der
Makromoleküle – mit Planmäßigkeit verbunden.
Niemand wird bezweifeln, dass dem Bau unserer heutigen
Computer ein aufwendiger Plan zugrunde liegt.
Aber selbst die komplexesten Rechnerarchitekturen sind nur
ein Kinderspielzeug im Vergleich zu dem,
was in jeder lebendigen Zelle arbeitet und somit
in höchstem Grade planmäßig ist."[Q34]

Werner GITT
Früherer Direktor an der
Physikalisch-Technischen Bundesanstalt
in Braunschweig

10 Der Schöpfer ist erkennbar

Verschiedene Denker, Philosophen und Naturwissenschaftler erwägen die Möglichkeit, dass es Gott geben könnte. Andere kommen sogar zu dem Schluss, dass es ihn geben muss. Dabei sind diese Erkenntnisse nicht an Zeitepochen geknüpft. Sie gehen von ARISTOTELES bis in unser Jahrhundert zu Stephen HAWKING. Im Folgenden sind einige Zitate von großen Denkern, Nobelpreisträgern und Naturwissenschaftlern unterschiedlichster Disziplinen aufgeführt.

Die auf den folgenden Seiten wiedergegebenen Zitate sollen nicht auf den jeweiligen Glauben der Person hinweisen; Atheisten, Agnostiker und Theisten kommen hier zu Wort. Welche individuellen Schlüsse die einzelnen zitierten Personen aus ihrer persönlichen Entdeckung hinsichtlich der Existenz Gottes ziehen, sei an dieser Stelle sekundär. Wichtig ist hier, dass sie gemäß Römer 1,19-20 durch Betrachten und Erforschen der Natur, den Schöpfer darin zu erkennen vermögen.

Doch man muss kein Akademiker oder Philosoph sein, um zu erfassen, dass es Gott gibt. Abraham LINCOLN (1809-1865), der 16. Präsident der U.S., soll einmal bemerkt haben: *„Ich kann verstehen, wenn ein Mensch die Welt betrachtet und ein Atheist wird, aber ich kann nicht begreifen, dass er den Himmel betrachten und sagen kann, es gäbe keinen Gott."*

> „Weil das von Gott Erkennbare unter ihnen offenbar ist, da Gott es ihnen geoffenbart hat; denn sein unsichtbares Wesen, das ist seine ewige Kraft und Gottheit, wird seit Erschaffung der Welt an den Werken durch Nachdenken wahrgenommen, so dass sie keine Entschuldigung haben." (Röm 1,19-20)

„Gott, der für jedes sterbliche Wesen unsichtbar ist, wird sichtbar in seinen Werken." ARISTOTELES[84]

---

[84] ARISTOTELES (384-322 v.Chr.), griechischer Philosoph, Naturforscher und einer der einflussreichsten Denker der abendländischen Gei-

- Astronomie

> „Die Weltallsweiten erzählen die Herrlichkeit Gottes ...“
> (Ps 19, 2)
> „Ein Tag erzählt es dem nächsten, und eine Nacht sagt
> es der anderen. Ohne Worte reden sie, keinen Laut kann
> man hören. Doch auf der ganzen Erde hört man die
> Sprache der Schöpfung ...“ (Ps 19, 3-5)

„Der Himmel und seine Gestirne zeigen es am klarsten, dass sie von einer Gottheit gelenkt werden.“ CICERO[85]

Am Ende seines Werkes „Harmonica Mundi“ schrieb der große Astronom **Johannes KEPLER**[86] (1571-1630): *„Es ist jetzt Zeit, dass ich endlich Augen und Hände von den Blättern voller Sätze und Beweise weg zum Himmel erhebe und zum Vater des Lichtes in Andacht und Demut bete:*

Dir sage ich Dank, Herrgott, unser Schöpfer, dass du mich die Schönheit schauen lässt in deinem Schöpfungswerk. Siehe, ich habe jetzt das Werk vollendet, zu dem ich berufen ward. Ich habe dabei alle die Kräfte meines Geistes genutzt, die Du mir verliehen hast. Ich habe die Herrlichkeit Deiner Werke den Menschen, die meine Ausführungen lesen werden, geoffenbart, so viel von ihrem unendlichen Reichtum mein enger Verstand hat fassen können.“[Q32a]

---

stesgeschichte. Mitglied der Akademie PLATONS und Erzieher des späteren Alexander des Großen. Er gründete eine eigene Schule in Athen.
[85] **Marcus Tullius CICERO** (106-43 v.Chr.), römischer Staatsmann, Philosoph und Anwalt.
[86] **Johannes KEPLER** (1571-1630), deutscher Naturphilosoph, Mathematiker, Astronom, Astrologe und Optiker. Entdecker der Gesetze der Planetenbewegung (Keplersche Gesetze).

Johann Heinrich MÄDLER (1794-1874), deutscher Astronom: *„Ein echter Naturforscher kann kein Gottleugner sein. Wer so tief wie wir in Gottes Werkstatt hineinschaut und so viel Gelegenheit hat, seine Allwissenheit und ewige Ordnung zu bewundern, der muss in Demut seine Knie beugen vor dem Walten des heiligen Gottes.* "[Q26a]

Sir Fred HOYLE (1915-2001), Atheist, Kosmologe und Astrophysiker: *„Ein Superintellekt hat mit der Physik herumgespielt, wie auch mit der Chemie und Biologie.* "[Q22b]

Allan SANDAGE, respektvoll „Mister Cosmologie" genannt, Nobelpreisträger und herausragender Astronom: *„Als junger Mann war ich praktizierender Atheist."*

„Die Erforschung des Universums hat mir gezeigt, dass die Existenz von Materie ein Wunder ist, das sich nur übernatürlich erklären lässt."[Q28]

Charles FEHRENBACH[87] gab auf die an ihn gestellte Frage „Was sagt Ihnen das Weltall?" zur Antwort: *„Wirklichkeiten zu schauen, die den anderen verwehrt, Naturerscheinungen zu verstehen, die die anderen nicht begreifen können, fordert uns noch mehr auf, vor dem Weltall zu staunen ... Sicherlich finde ich als Astronom Gott nicht darin. Doch bleibe ich auch als Astronom ein Glaubender ... Das Staunen bleibt, hervorgerufen durch die Weiten, die Grenzenlosigkeit und die wunderbaren Wechselbeziehungen der Gestirne, aber auch durch die Frage, wie ist die Welt beschaffen jenseits der Grenzen."*

Ob er dem Bibelwort *„Die Himmel erzählen die Herrlichkeit Gottes"* (Ps 19,2) zustimmen könne, erwiderte er:

---

[87] **Charles FEHRENBACH** (*1914), französischer Astronom. International bekannt geworden durch seine Studien über die Große Magellansche Wolke, wofür er 1977 ausgezeichnet wurde. Mitglied der Académie française und Ehrendirektor des Observatoire de Haute-Provence. Träger der Karl-Schwarzschild-Medaille der Astronomischen Gesellschaft.

165

„O ja, ich glaube! Ich möchte hinzufügen, dass auch das Leben und ebenso das Atom Seine Herrlichkeit rühmen. Die Bedeutsamkeit dieser biblischen Worte ist für die Gegenwart noch eindrücklicher geworden. "[Q26]

- Physik/Chemie

Justus von LIEBIG[88] (1803-1873): *„Wahrlich, die Größe und unendliche Weisheit des Weltenschöpfers erkennt nur der, welcher in dem unendlichen Buche, welches die Natur ist, seine Gedanken zu verstehen sich bemüht, und alles, was sonst die Menschen von ihm wissen und sagen, erscheint wie ein leeres, eitles Gerede dagegen.* "[Q31g]

Blaise PASCAL[89] (1623-1662): *„Wie alle Dinge von Gott reden, die ihn kennen, und ihn enthüllen denen, die ihn lieben, so verbergen sie ihn aber auch allen denen, die ihn nicht suchen und nicht kennen.* "[Q32b]

Isaac NEWTON[90] (1643-1727): *„Die wunderbaren Einrichtungen der Sonne, der Wandelsterne, der Kometen können nur nach dem Plan eines allwissenden und allmächtigen Wesens und nur nach dessen Weisung zustande kommen.* "[Q31f]
„Wer nur halb nachdenkt, der glaubt an keinen Gott, wer aber richtig nachdenkt, der muss an Gott glauben. "[Q32c]

---

[88] **Justus von LIEBIG** (1803-1873), Chemiker und Begründer der organischen Chemie und der Agrikulturchemie. Studien über den Stoffwechsel bei Tieren und Pflanzen.

[89] **Blaise PASCAL** (1623-1662), französischer Philosoph, Mathematiker und Physiker. Herausragender Denker des 17. Jahrhunderts. Er schrieb bereits mit 16 Jahren eine Abhandlung über Kegelschnitte. Entdecker des Gesetzes der kommunizierenden Röhren.

[90] **Isaac NEWTON** (1643- 1727), englischer Physiker, Mathematiker und Astronom. Begründer der klassischen theoretischen Physik und Entdecker des Gravitationsgesetzes. Einstiger Präsident der Londoner Royal Society (1660 gegründete Gelehrtengesellschaft).

Benjamin Franklin[91] (1706-1790): *„Ich bezweifelte niemals das Dasein Gottes, bezweifelte nie, dass er die Welt geschaffen habe und durch seine Vorsehung leite.“*[Q32c]

André M. Ampère[92] (1775-1836): *„Der überzeugendste Beweis für die Existenz Gottes ist der Beweis, welcher der augenscheinlichen Harmonie jener Mittel entnommen ist, welche die Ordnung des Weltalls aufrechterhalten und durch welche die Lebewesen in ihrem Organismus all das finden, was sie für ihre Fortdauer, Fortpflanzung, Entwicklung ihrer physikalischen und geistigen Fähigkeiten benötigen.“*

James P. Joule[93] (1818-1889): *„[Wir] stoßen auf eine Mannigfaltigkeit von Erscheinungen, die in einer nicht misszuverstehenden Sprache von der Weisheit und der gesegneten Hand des großen Baumeisters der Natur reden.“*

W. Freiherr von Braun[94] (1912-1977): *„Die gelegentlich gehörte Meinung, dass wir im Zeitalter der Raumfahrt soviel wissen, dass wir es nicht mehr nötig haben an Gott zu glauben, ist durch nichts zu rechtfertigen.“*

---

[91] **Benjamin Franklin** (1706-1790), amerikanischer Naturwissenschaftler und Politiker. Er wies 1752 die elektrische Natur des Gewitters nach. Er gilt als Erfinder des Blitzableiters und der Bifolkalbrille (Brillengläser mit zwei optischen Wirkungen).

[92] **André Marie Ampère** (1775-1836), französischer Physiker und Mathematiker. Er entdeckte Anziehung, Abstoßung und magnetische Wirkung elektrischer Ströme und erklärte den Magnetismus durch Molekularströme. Entdecker des elektrodynamischen Grundgesetzes.

[93] **James Prescott Joule** (1818-1889), britischer Physiker. Entdecker des Joule-Gesetzes und Mitentdecker des Energiesatzes und des Joule-Thomson-Effekts.

[94] **Wernher Freiherr von Braun** (1912-1977), deutsch-amerikanischer Physiker und Raketeningenieur. War technischer Direktor des Raketenwaffenprojektes der Heeresversuchsanstalt in Peenemünde (1937). Ab 1945 in den USA. Dort leitender Mitarbeiter der NASA.

Arthur H. Compton[95] (1892-1962): *„Für mich beginnt der Glaube mit der Erkenntnis, dass eine höchste Intelligenz das Universum ins Dasein rief und den Menschen schuf. Es fällt mir nicht schwer, dies zu glauben, denn es ist unbestreitbar, dass, wo ein Plan ist, auch Intelligenz ist – ein geordnetes, sich entfaltendes Universum legt Zeugnis ab für die Wahrheit der gewaltigsten Aussage, die je ausgesprochen wurde – Am Anfang schuf Gott.* "[Q91]

Max Planck[96] (1858-1947): *„Wohl den unmittelbarsten Beweis für die Verträglichkeit von Religion und Naturwissenschaft auch bei gründlich-kritischer Betrachtung bildet die historische Tatsache, dass gerade die größten Naturforscher aller Zeiten, Männer wie Kepler, Newton, Leibniz von tiefer Religiosität durchdrungen waren.* "[Q31a]

„Für die Religion [steht] Gott am Anfang, für die Naturwissenschaft am Ende alles Denkens. Für die eine bedeutet er das Fundament, für die andere die Krone des Aufbaues jeglicher weltanschaulicher Betrachtung. "[Q31b]

Derek H. R. Barton[97] (1918-1998): *„Gott ist Wahrheit. Es gibt keine Unverträglichkeit zwischen Wissenschaft und Religion. Beide sind auf der Suche nach derselben Wahrheit. Die Wissenschaft zeigt, dass Gott existiert.* "[Q73]

---

[95] **Arthur Holly Compton** (1892–1962), amerikanischer Physiker. Entdecker des nach ihm benannten Compton-Effekts, mit dem ein eindeutiger Beweis für die korpuskulare oder Quantennatur des Lichts erbracht wurde. Nobelpreis für Physik zusammen mit C.T.R. Wilson 1927.

[96] **Max Planck** (1858-1947), deutscher Physiker und Begründer der Quantentheorie, Mitbegründer der modernen Physik. Von der Thermodynamik ausgehend, leitete er das heute nach ihm benannte Plancksche Strahlungsgesetz her. Er erhielt 1918 den Nobelpreis für Physik.

[97] **Derek Harold Richard Barton** (1918-1998), englischer Chemiker und Mitglied der Royal Society. Er erhielt den Nobelpreis für Chemie 1969 zusammen mit Odd Hassel.

Der britische Physiker und Atheist **Stephen HAWKING**[98] (*1942) lässt bei seinen Versuchen, die Fragen über das Universum zu beantworten, die Möglichkeit zu, dass *„die Gesetze [der Physik] vielleicht ursprünglich von Gott eingesetzt wurden."*[Q29]

---

[98] **Stephen William HAWKING** (*1942), britischer Physiker, Mathematiker und Astronom, Arbeiten über Kosmologie und einheitliche Feldtheorie. Sein populärwissenschaftliches Werk „Eine kurze Geschichte der Zeit" (1988) wurde 1992 verfilmt. Inhaber des Lucasischen Lehrstuhls für Mathematik an der Universität Cambridge. Träger zahlreicher nationaler und internationaler Preise und Ehrungen.

- Biologie

> „Frage doch das Vieh, dass es dich belehre, die Vögel
> des Himmels, dass sie dir kundtun, oder das Wild des
> Feldes, dass es dich belehre, oder dir sollen erzählen die
> Fische des Meeres. Wer wüsste es nicht unter diesen al-
> len, dass die Hand des Herrn dies gemacht hat?"
> (Hiob 12,7-9)

Der Zoologe **Russell Lowell MIXTER**[99]: *„Wenn einer in der
Bibel liest, dass Gott den Menschen erschaffen hat, die Tiere,
die Pflanzen, so kann er bestimmt glauben, dass das, was er in
der Natur sieht, im Einklang mit solch einem Glauben steht.
Die Bibel ist kein Textbuch der Wissenschaft. Aber sie liefert
die fundamentale Grundlage der Wissenschaft. Und was für
mich eine ewig scheinende und niemals verglimmende Wahrheit ist – eine Wahrheit, die nichts von ihrem Glanz in der Gegenwart materialistischer Theorien verliert, die jemals erdacht
oder erfunden wurden –, das ist die Tatsache, dass der Gott
der Bibel und der Gott der Natur ein und derselbe ist.* "[Q31c]

Max HARTMANN (1876-1962), ehemaliger Direktor am Max-
PLANCK-Institut für Biologie: *„Die Ergebnisse der höchstentwickelten Naturwissenschaft, der Physik, stehen nicht im geringsten Widerspruch zum Glauben an eine hinter der Natur
stehende und sie regierende Macht. [...] Die Sinnhaftigkeit
und Planmäßigkeit der Naturgesetze, die in ihrer Gesamtheit
zum Ausdruck kommt, die darin sich offenbarende Zweckmäßigkeit, [...] alles das kann auch dem kritischen Naturforscher
als eine grandiose Offenbarung Gottes in der Natur erscheinen.* "[Q31d]

---

[99] **Russell Lowell MIXTER** (1906-2007), war Professor für Biologie am
Wheaton College (Illinois).

Hans SPEMANN[100] (1869-1941): *„[...] ich [will] bekennen, dass ich bei meinen experimentellen Arbeiten oft das Gefühl einer Zwiesprache habe, bei der mir mein Gegenüber als der bedeutend Gescheitere vorkommt [...] Dieser ungeheuren Wirklichkeit gegenüber, in der wir uns vorfinden, ergreift den alten Forscher immer wieder dasselbe Gefühl, das schon den jungen Forscher in die Natur hineinlockte, das Gefühl eines tiefen, ehrfürchtigen Staunens"* (Rektoratsrede, 1923).[Q31e]

Der Nobelpreisträger **Werner Arber**[101] (*1929) denkt, *„dass das Leben erst auf der Ebene einer funktionierenden Zelle beginnt. Wahrscheinlich benötigen die einfachsten Zellen zumindest mehrere hundert verschiedene spezifische biologische Makromoleküle. Wie solche bereits recht komplexen Strukturen zusammenkommen können, bleibt für mich ein Geheimnis. Die Möglichkeit der Existenz eines Schöpfers, Gottes, ist für mich eine befriedigende Lösung des Problems.* "[Q74]

---

[100] **Hans** SPEMANN (1869-1941), deutscher Zoologe. Für seine Leistungen auf dem Gebiet der experimentellen Entwicklungsphysiologie erhielt er 1935 den Nobelpreis.
[101] **Werner** ARBER (*1929), schweizerischer Genetiker und Mikrobiologe. Den Nobelpreis für Physiologie oder Medizin erhielt er 1978. Seit 1971 ist er als Professor am Biozentrum der Universität Basel tätig.

- Medizin

Sir **John C. Eccles**[102]: *„Da materialistische Lösungen darin versagen, unsere erfahrene Einzigartigkeit zu erklären, bin ich gezwungen, **die Einzigartigkeit des Selbst oder der Seele auf eine übernatürliche, spirituelle Schöpfung zurückzuführen**.*

Es ist die Gewissheit des inneren Kerns einer einzigartigen Individualität, die keine andere Lösung als eine ‚göttliche Schöpfung' zulässt. Ich gestehe ein, dass keine andere Erklärung haltbar ist [...].

Diese Schlussfolgerung ist von unschätzbarer theologischer Bedeutung. Sie unterstützt entschieden unseren Glauben an die menschliche Seele und ihren wunderbaren Ursprung in einer göttlichen Schöpfung. Sie enthält nicht nur das Bekenntnis des transzendenten[103] Gottes, Schöpfer des Alls – des Gottes, an den Einstein glaubte –, sondern auch des immanent[104] wirkenden Gottes, dem wir unser Dasein verdanken.“[Q77]

- Erkennbar am Gewissen

> „Durch ihr Handeln beweisen sie, dass Gott ihnen seinen Willen in ihre Herzen geschrieben hat, denn ihr Gewissen und ihre Gedanken klagen sie entweder an oder sprechen sie frei.“ (Röm 2,15)

---

[102] **John Carew Eccles** (1903-1997), australischer Physiologe und Hirnforscher. Zusammen mit Hodgkin und Huxley erhielt er 1963 den Nobelpreis für Physiologie oder Medizin für ihre Entdeckung über den Ionen-Mechanismus (bei Erregung und Hemmung in den peripheren und zentralen Bereichen der Nervenzellmembran).

[103] **Transzendent**: übersinnlich, übernatürlich.

[104] **Immanent**: innerhalb möglicher Erfahrung liegend.

- Erkennbar durch Historie und Archäologie

Es gibt wohl kein Buch der Welt, das mit der Historie derart eng verwoben ist, wie die Bibel. Das Wort Gottes ist Geschichte und schreibt Geschichte.

So kann G.S. WEGENER im Vorwort zu seinem Werk „6000 Jahre und ein Buch" sagen: *„Für den gläubigen Christen ist diese Bibel das Wort Gottes, die Heilige Schrift, die sein Leben bestimmt. Aber auch der Andersgläubige, der Gleichgültige, der Gottesleugner kommt an diesem einzigartigen Buch nicht vorbei; der Kritiker des Christentums am allerwenigsten. Als Bert Brecht, den man schwerlich als christlichen Glaubenszeugen ins Feld führen wird, nach seiner liebsten Lektüre gefragt wurde, entgegnete er: ‚Sie werden lachen, die Bibel'. [...] Er hatte klar erkannt: Wer sich ernsthaft mit der Kultur- und Geistesgeschichte des Abendlandes, nein, der Menschheit, auseinandersetzen will, der kann dies nicht an der Bibel vorbei tun. Ohne sie hätte es dieses Abendland und diese Menschheit, wie wir sie heute vorfinden, nicht gegeben. Ohne sie gäbe es nicht unsere Ethik, nicht unsere Philosophie, nicht unsere Kunst und Dichtung. Nicht einmal unsere deutsche Sprache, wie wir sie heute sprechen, gäbe es."*[Q131]

Im Buch der Könige und der Chroniken befinden sich peinlich genaue geschichtliche Aufzeichnungen. Die Schriften der Bibel fordern dazu auf, geprüft zu werden.

Im Buch des Propheten Jesaja spricht Gott: *„Ich habe nicht im Verborgenen geredet, nicht irgendwo im Dunkeln. Nie habe ich zu den Israeliten gesagt: ‚Sucht mich vergeblich!' Ich bin der HERR, und was ich sage, das ist gerecht; was ich ankündige, das trifft ein!"* (Jes 45,19)

„Darum habe ich euch lange im Voraus wissen lassen, was ich tun werde; ihr habt davon gehört, bevor es geschah, ... Ihr habt also davon gehört und es ist eingetroffen. Schaut euch nur um! Warum wollt ihr es nicht zugeben?" (Jes 48,5-6)

„Stapeln Sie diese Bücher auf der linken Seite Ihres
Schreibtisches; aber legen Sie Ihre Bibel auf die rechte
Seite – ganz für sich und mit weitem Abstand.
Denn [...] es ist eine Kluft zwischen ihr und den sogenann-
ten heiligen Büchern des Ostens [...] ein wahrer Abgrund,
den keine Religionswissenschaft überbrücken kann. "[Q126e]

M. Montiero WILLIAMS

ehemaliger Professor für Sanskrit,[105]
machte diese Aussage, nachdem er
42 Jahre mit dem Studium orientalischer
Schriften verbracht hatte.

---

[105] **Sanskrit** ist die altindische Sprache.

„Seit mehr als zwei Jahrhunderten werden Naturwissenschaft und Religion als sich widersprechend empfunden und gegeneinander ausgespielt, obwohl **viele gerade der größten Forscher** *bis in die jüngste Zeit hinein hier eher eine beglückende* **Harmonie** *sahen. [...]* **Von einem Widerspruch [kann] gar keine Rede sein** *[...]. Einen solchen hochzuspielen, beruht entweder auf einer reichlich oberflächlichen Beurteilung oder auf einem Wunschdenken [...]. Was auf Naturwissenschaft folgt, sind immer wieder* **deutliche Hinweise auf göttliches Wirken,** *die so stark empfunden werden können, dass Kepler[106] es wagen konnte [...], zu sagen, er könne Gott im Universum geradezu mit Händen greifen'.* "[Q112]

Walter HEITLER[107]
Quantentheoretiker,
Professor für theoretische Physik

---

[106] **Johannes KEPLER**: siehe Fußnote 86.

[107] **Walter H. HEITLER** (1904-1981) war Professor für theoretische Physik an der Universität Zürich (1949-1974) und Quantentheoretiker, Mitglied der Royal Irish Academy und der Royal Society (britische Akademie der Wissenschaften), Inhaber der Max-Planck-Medaille und des Marcel-Benoist-Preises.

Der erste Teil dieses Buchs soll dazu dienen, die Ansicht zu verdeutlichen, dass der Mensch seine Sinne und seinen Verstand dazu benutzen kann, Gott aus seinem Denken auszuschließen, oder ihn zu erkennen, zu suchen und zu finden. Natürlich kann man viele Wissenschaftler und kluge Köpfe anführen, die Gott nicht in der Schöpfung erkennen wollen. Doch die im vorigen Kapitel genannten Zitate sollen belegen, dass Wissenschaft nicht automatisch Atheisten produziert – oftmals ist das Gegenteil der Fall.

Wissenschaft tötet den Glauben?

Die Wissenschaft ist ein überaus fruchtbarer Zugang zur Realität, doch man muss sich darüber im Klaren sein, dass jener Zutritt ein eingeschränkter ist. Mit wissenschaftlicher Methodik lässt sich immer nur ein Teil der Wirklichkeit erschließen. Zu Kunst, Ethik, Liebe, Schönheit und zur Frage nach Gott kann die Wissenschaft prinzipiell keine Aussagen treffen, denn diese liegen außerhalb ihres Erfassungsbereichs. Anhand dieser Tatsache wird deutlich, dass keine wissenschaftliche Aussage über Gott gemacht werden kann, auch nicht von einem Wissenschaftler. Wissenschaftliches Denken und der Glaube an einen Schöpfer sind miteinander vereinbar, denn wer die Bibel liest und ihr glaubt, muss nicht wie die Schüler Bhagwans „Schuhe und *Verstand* draußen lassen".[Q129] Nicht Glaube und Wissenschaft liegen miteinander im Streit, sie verhalten sich zueinander neutral, sondern zwei unterschiedliche Weltanschauungen stehen sich gegenüber: Die Philosophie des Naturalismus[108] ist eben nicht mit der theistischen Weltsicht vereinbar.

---

[108] **Naturalismus**: siehe Fußnote 76.

Glaube behindert Wissenschaft – Gott als Lückenbüßer?

Dass der Glaube an Gott die Wissenschaft behindere, ist eine irrige Auffassung, die schon allein dadurch widerlegt ist, dass die Pioniere der Physik und Biologie an einen Schöpfer glaubten. Trotzdem hält sich das Vorurteil hartnäckig, dass Gott als Lückenbüßer verwendet werden würde, um Wissenslücken zu stopfen und dadurch einen Erkenntnisgewinn behindere. Dass diese Ansicht falsch ist, wurde bereits aus der Antwort des französischen Mathematikers Pierre Simon de LAPLACE[109] ersichtlich, der auf Napoleons Frage, wo denn nun Gott in seiner Himmelsmechanik vorkäme, geantwortet haben soll: *„Mein Herr, ich benötige diese Hypothese nicht."*[110] Dieser Ausspruch wird oft fälschlicherweise als Argument für den Atheismus[111] verwendet, aber er sagt nichts darüber aus, ob LAPLACE an Gott glaubte oder nicht. Durch seine Antwort wird lediglich deutlich, dass innerhalb einer wissenschaftlichen Beschreibung eines Mechanismus dessen Urheber nicht vorkommt. Wenn man beispielsweise einen Ottomotor auf seine Funktion hin untersucht und wissenschaftlich beschreibt, kommt der Erfinder, Nikolaus OTTO (deutscher Ingenieur, 1832-1891), selbstverständlich *nicht* darin vor. Halten wir fest: *Eine wissenschaftliche Beschreibung macht keine Aussage über die Existenz eines eventuellen Urhebers!* Aus diesem Grund ist die Aussage von LAPLACE keineswegs als Fähnchen für die atheistische Weltsicht hochzuhalten. Vielmehr wird deutlich, dass die Wissenschaft nicht dazu fähig ist, Gott zu „begraben".

---

[109] **Pierre Simon de LAPLACE** (1749-1827), französischer Mathematiker, Physiker und herausragender Astronom. Sein Hauptwerk war „Traité de mecanique céleste" in 5 Bänden von 1799-1825 (Himmelmechanik).
[110] „Sire, je n'ai pas besoin de cette hypothèse-là."
[111] **Atheismus**: Gottesleugnung, Verneinung der Existenz Gottes oder seiner Erkennbarkeit (Duden, 1995).

Der Mensch muss sich seine Grenzen eingestehen und sie akzeptieren. Ich kann nicht etwas leugnen, was ich nicht fassen und begreifen, geschweige denn wissenschaftlich erforschen kann. Das wäre vermessen. Ich muss ehrlicherweise in Erwägung ziehen, dass es Gott geben könnte. Der Atheismus ist in diesem Punkt nicht redlich.

Nehmen wir an, jemand leugnet die Existenz eines Herrn Joachim König, geboren am 02.08.1968, wohnhaft in Aalen, Baden-Württemberg. Um herauszufinden, worauf sich seine Annahme gründet, könnte man ihn fragen, ob er sich beim Einwohnermeldeamt erkundigt oder im Telefonbuch nachgesehen hat. Und ob er versucht hat, sich mit Verwandten oder Freunden zu unterhalten, die die Existenz von Herrn König bestätigen könnten. Was würden sie dazu sagen, wenn er alle Fragen mit nein beantworten müsste? Wenn sich herausstellte, dass er gar nicht oder an Stellen suchte, die ihm bei seiner Suche grundsätzlich nicht weiterhelfen konnten? Jemand sagte, dass manche Menschen Gott suchen wie ein Dieb die Polizei – besser, man findet sie nicht!

Wenn jemand etwas über Kunst erfahren möchte, ist er gut beraten, zuerst einen Kunstliebhaber aufzusuchen, und nicht jemanden, der von Kunst nichts hält. Wenn ich Gott ernsthaft suche, dann muss ich auch in die Bibel schauen oder mich mit überzeugten Christen unterhalten. Im kommunistischen Manifest von Marx und in Nietzsches[112] Schriften werde ich ihn nicht finden; auch auf einer Versammlung von Atheisten komme ich Gott nicht näher.

In Jeremia 29,13 lesen wir, dass Gott sich finden lässt, wenn man ihn von ganzem Herzen sucht. Das ist eine Zusage. Eine Suche, die nicht wirklich das Finden zum Ziel hat, ist von vornherein zum Scheitern verurteilt.

---

[112] **Friedrich NIETZSCHE** (1844-1900), deutscher Philosoph, Atheist und radikaler Kritiker des Christentums. Er prägte den Ausdruck: Gott ist tot!

Oftmals wird das Nicht-Glauben an Gott durch die Evolution begründet. Es wird behauptet, dass die Evolutionslehre wissenschaftlich bewiesen sei. Mit der objektiven naturwissenschaftlichen Methode, die mit reproduzierbaren Experimenten arbeitet, ist nur die Gegenwart direkt erforschbar. Bei der Evolutionslehre, die auch die Entstehung des Kosmos und den Anfang des Lebens beschreiben will, verlassen wir zwangsläufig die Naturwissenschaft und müssen Spekulationen aufstellen, denn diese Vorgänge lassen sich nicht mehr direkt beobachten oder experimentell nachvollziehen. Deshalb muss man zu-geben, dass insbesondere bei Ursprungsfragen und anderen nicht mehr beobachtbaren (historischen) Vorgängen und Ereignissen der Bereich der Naturwissenschaft verlassen wird.[113] Somit ist der Anspruch der Evolutionslehre, reine Naturwissenschaft zu sein, nicht gerechtfertigt. Das Gebäude der Evolution hat ohne weltanschaulichen Hintergrund keinen Bestand.

In seinem Vorwort zu Charles DARWINs Werk „Die Entstehung der Arten" (London, 1971) sagte L. Harrison MATTHEWS: *„Die Tatsache der Evolution ist das Rückgrat der Biologie und somit ist die Biologie in der eigentümlichen Situation, eine Wissenschaft zu sein, die auf einer unbegründeten Theorie basiert – ist sie jetzt Wissenschaft oder Glaube?* **Der Glaube an die Evolutionstheorie ist somit exakt zu vergleichen mit dem Glauben an die spezielle Schöpfung – beides sind Konzepte, die ihre Anhänger für wahr halten, aber keines von beiden konnte bis heute bewiesen werden.** "[114]

---

[113] Vergangene, unwiederholbare Ereignisse: siehe S. 218.

[114] Originalzitat: *"The fact of evolution is the backbone of biology, and biology is thus in the peculiar position of being a science founded on an unproved theory – is it then science, or a faith? Belief in the theory of evolution is thus exactly parallel to belief in special creation. Both are concepts which believers know to be true but neither, up to the present, has been capable of proof."*[Q38] MATTHEWS nennt die Evolution eine Tatsache, die nicht mehr hinterfragt wird (Paradigma). Er unterscheidet zwischen „Tatsache Evolution" und der Evolutionstheorie, welche die

Prämissen – was wir nicht wissen

Richard DAWKINS, Zoologe an der Universität von Oxford, erklärte in einer Rede, dass es keine Beweise gebe, um Religion zu untermauern, und dass jeder höher gebildete Mensch dies zugeben werde (Science, 1997).[Q69] Er stellte die Behauptung auf, dass jede Person, die an einen Schöpfergott glaube, ein „wissenschaftlicher Analphabet" sei. Nun, wenn diese Aussage stimmen würde, dann wären NEWTON, KEPLER, PASCAL, von LIEBIG, AMPÈRE, COMTON, JOULE, EINSTEIN und PLANCK „dumme Jungs".

Der Begründer der Umweltlehre, Jakob von UEXKÜLL,[115] erkannte den weltanschaulichen Kern der Entwicklungslehre und griff sie mit harten Worten an: *„Der Darwinismus, dessen logische Folgerichtigkeit ebenso zu wünschen übrig lässt wie die Richtigkeit der Tatsachen, auf die er sich stützt, **ist mehr eine Religion als eine Wissenschaft**. Deshalb prallen alle Gegengründe an ihm wirkungslos ab; **er ist weiter nichts als die Verkörperung des Willensimpulses, die Planmäßigkeit auf***

„Tatsache" beschreiben soll. Im selben Vorwort schrieb er: *„Many naturalists were already convinced of the fact of evolution, but without a plausible theory to show how it might have taken place ..."*[Q38]

[115] **Jakob von UEXKÜLL** (1864-1944) war ein Pionier der Theoretischen Biologie und der Begründer der Umweltlehre. Der eigenwillige Philosoph und Biologe studierte Zoologie in Estland von 1884 bis 1889. Danach arbeitete er am Institut für Physiologie der Universität Heidelberg. 1907 erhielt er einen Doktortitel der Universität Heidelberg für seine Arbeiten auf dem Gebiete der Muskelphysiologie. Eines seiner Ergebnisse dieser Jahre wurde bekannt als das UEXKÜLL-Gesetz. 1925 war er Professor an der Hamburger Universität, wo er 1926 das „Institut für Umweltforschung" gründete, das er bis 1940 leitete.

Er gilt als ein Vorläufer der Biokybernetik und als einer der Begründer der Verhaltensphysiologie und Ethologie. Seine Arbeitsgebiete, in denen er bemerkenswerte Beiträge leistete, waren die vergleichende Physiologie der Wirbellosen, vergleichende Psychologie, Philosophie der Biologie. Auch wird er als Gründer der Biosemiotik angesehen (Bedeutungslehre, 1940).

jede Weise aus der Natur loszuwerden. So ist der Entwicklungsgedanke die heilige Überzeugung Tausender geworden, die aber mit einer vorurteilslosen Naturforschung gar nichts mehr zu tun hat. "[Q117]

Es ist eine Tatsache, dass sich weder die Grundthesen der Evolutionslehre noch die der Schöpfungslehre wissenschaftlich beweisen lassen. Die Schöpfung steht für planerisches zielgerichtetes Handeln, während die Evolution maßgeblich durch Zufallsprozesse bewirkt wird. Als Essenz daraus, lassen sich Plan und Zufall gegenüberstellen. Unter welcher Denkvoraussetzung wollen wir gewonnene naturwissenschaftliche Fakten betrachten? Es ist entscheidend, welche Prämisse wir wählen.

Die Bibel ist selbstverständlich kein wissenschaftliches Werk. Doch die wissenschaftlichen Fakten können in manchen Bereichen besser im Rahmen einer Schöpfung gedeutet werden.

Vor allem bei der Ursprungsfrage dürfen wir biblischen Aussagen mehr Beachtung schenken, als den Grundannahmen der Evolutionslehre. Denn speziell in der Frage nach der Herkunft der Information tragen sie dem informationstheoretisch erforderlichen intelligenten Sender (Urheber) Rechnung, indem sie aussagen, dass (a) das Sichtbare aus dem Unsichtbaren entstand (Hebr 11,3) und (b) im Anfang der Schöpfung das Wort[116] war (Joh 1,1). Das heißt Sprache und Bedeutung, also unsichtbare immaterielle Information! Gott sprach (1Mo 1,3), heißt in diesem Zusammenhang, dass der intelligente Urheber die notwendige Information lieferte.

Welt der Wunder

Wir leben in einer Welt der Wunder. Die Natur um uns herum und wir selbst sind Zeugnisse komplexester und detailreichster Funktionalität mit teilweise bestechend schöner Formgebung.

---

[116] Im Griechischen heißt Wort *logos*.

Beim Nachdenken über das Universum oder bei der Betrachtung der komplizierten Stoffwechselabläufe in unserem Körper kann man zu staunen beginnen. Oder ist es möglich, die Faszination an der Natur zu verlieren, wenn man naturwissenschaftliche Zusammenhänge erkannt hat? Ist ein Baum, auch wenn man weiß, dass er seine lebenswichtigen Stoffe wie Wasser und Mineralien aus dem Boden mit den Wurzeln aufnimmt und durch komplizierte Photosynthese aus dem Licht Energie gewinnt, seiner Faszination beraubt? Oder ist man gerade deshalb fasziniert, weil man weiß wie der Baum lebt?

Wer noch nie eine Pflanze oder ein Tier staunend betrachtet hat und wer bei der Geburt eines Kindes nicht spürt, dass er einem Wunder beiwohnt, dem entgeht eine wichtige Botschaft: die Botschaft der Schöpfung. Wir sind keine zufälligen, ungewollten Produkte. Wir sind geplant, das ist meine feste Überzeugung.

In der antiken griechischen Übersetzung des Alten Testaments (Septuaginta) gibt es *zwei* Begriffe für Zeit. *Chronos*, die „Zeit des Menschen", und *Kairos*, die „Zeit Gottes". Diese Begriffe lassen sich jedoch im Deutschen (u.v.a. Sprachen) nicht unterscheiden. *Chronos* ist die physikalische Zeit, an die wir gebunden sind. Wir können von selbst auf dieser Zeitachse weder vor noch zurück. Diese chronologisch ablaufende Zeit existiert seit Anbeginn der Schöpfung und ist von Raum und Materie nicht zu trennen. *Kairos* hingegen ist die Zeit Gottes und sie ist unabhängig von Raum und Materie. Das bedeutet, dass der Schöpfer nicht unserem Zeit-Raum-Kontinuum[117] unterliegt, das er ins Leben rief. Er sieht gewissermaßen unsere gesamte chronologische Zeitachse auf einen Blick. Wir lesen in der Bibel, dass Gott über aller Zeit steht. Was für uns ein Tag ist, das ist für Gott wie tausend Jahre; und was für uns tausend Jahre sind, das ist für ihn wie ein Tag (2Petr 3,8). Das bedeutet, dass der Schöpfer für uns zeitlos, ewig ist. Er ist der

---

[117] **Kontinuum** bedeutet allgemein, etwas lückenlos Zusammenhängendes.

Anfang und das Ende, er ist die unvergleichliche Intelligenz und Macht, er ist eine Person, die den Rahmen unserer begrenzten Vorstellungskraft sprengt. Er ist der Geber unseres Lebenssinns.

Letztendlich ist es mühselig, darüber zu diskutieren, ob es Gott gibt oder nicht. Ob wir an ihn glauben oder nicht, er ist da. Auf einen Schöpfer, der nur existiert, wenn man an ihn glaubt, kann man getrost verzichten, denn dann wäre er ja nur das eigene Gedankenkonstrukt. Die vierte Dimension, die Zeit,[118] wird als gegeben hingenommen und froh und munter wird mit ihr gerechnet, doch niemand weiß eigentlich genau, was sie ist. Die Zeit ist unsichtbar, sie durchdringt alles und ist trotzdem eine Realität, die auf unser Leben Einfluss hat, ob man an sie glaubt oder nicht. Gott ist unsichtbar, er durchdringt alles und ist ebenso eine Realität, ob man an ihn glaubt oder nicht.

Wissenschaft und Glaube schließen sich nicht aus

Wir sind im dreidimensionalen Raum mit unserer Wahrnehmung eindeutig begrenzt, doch allzu oft maßen wir uns an über Dinge zu urteilen, die jenseits unserer Beobachtungsmöglichkeiten liegen. Die Wissenschaft ist jedoch als eingeschränkter Realitätszugang nicht in der Lage, die Existenz Gottes zu widerlegen. Darüber hinaus ist die naturwissenschaftliche Vorgehensweise gegenüber Weltanschauungen neutral. Fortschreitende wissenschaftliche Erkenntnis muss demnach kein Glaubenshindernis sein, sondern kann als Bestätigung für den Glauben an einen Schöpfer dienen.

---

[118] **Zeit**, allgemein: Abfolge eines Geschehens, die im menschlichen Bewusstsein als Vergangenheit, Gegenwart und Zukunft am Entstehen und Vergehen der Dinge erfahren wird (Meyers, 1995).

J. POLKINGHORNE über die Planmäßigkeit des Universums:
*„Ich glaube, eine attraktive, schlüssige und intellektuell zufriedenstellende Erklärung dafür ist, **dass es tatsächlich einen göttlichen Geist hinter der wissenschaftlich erkannten rationalen Ordnung des Universums gibt**.*

Ich glaube, dass Wissenschaft möglich ist, weil die physische Welt geschaffen wurde, und weil wir, um eine alte und starke Formulierung zu verwenden, Geschöpfe sind, die als Bild dem Schöpfer gleichen (1Mo 1,26).

Diese Einsicht ist mein primärer Grund für den Glauben, dass das Universum geplant erschaffen wurde.

Ich entschuldige mich nicht für die theistische Sprechweise, denn wenn das Universum geplant erschaffen wurde, wer könnte dann sein Konstrukteur sein, wenn nicht ein Schöpfer-Gott? "[Q70]

John C. POLKINGHORNE[119] (* 1930)

---

[119] **John Charlton Sir POLKINGHORNE**, KBE (Knight of the British Empire), FRS (Fellow of The Royal Society). POLKINGHORNE ist britischer Elementarteilchenphysiker und Professor für Mathematische Physik. Wegen seines sozialen Engagements wurde er 1997 in den Adelsstand erhoben. Er ist Mitglied der Royal Society (britische Akademie der Wissenschaften) und seit dem Jahr 2000 Mitglied der „Human Genetics Commission" der britischen Regierung.

12 Der Evolutionsglaube - philosophische Hintergründe

Den Durchbruch des Evolutionsgedankens und seine Akzeptanz und gesellschaftliche Etablierung haben philosophische Strömungen im 18. Jahrhundert vielleicht nicht nur begünstigt, sondern erst ermöglicht. In dem geistigen Milieu der am Ende des 17. Jahrhunderts in Europa beginnenden Epoche der Aufklärung, wo der Rationalismus die menschliche Vernunft zur letzten Instanz erhob und der Materialismus[120] allein die Materie als das einzig Reale verabsolutierte, konnte sich die philosophische Denkrichtung des Naturalismus bestens entfalten. Diese erkennt eine Existenz außerhalb der sichtbaren Welt nicht an. Der DUDEN beschreibt den Naturalismus als eine philosophische, *religiöse Weltanschauung*, nach der alles aus der Natur und diese allein aus sich selbst erklärbar sei.[Q118] Die logische Folgerung einer solchen Annahme ist unweigerlich eine Art Entwicklungslehre, denn alle übernatürlichen Begebenheiten werden geleugnet. Hier sieht man deutlich, dass nicht die Erkenntnisse der Naturwissenschaft einen Schöpfergott abgeschafft haben, sondern die Philosophie des Naturalismus ihn von vornherein im Denken dogmatisch ausgeklammert hat. Es ist unzweifelhaft, dass Darwin seine Abstammungslehre in einer geistesgeschichtlichen Epoche Europas veröffentlichte, in der seine Arbeiten auf viele offene Ohren stießen. Der Durchbruch der Abstammungslehre kann nicht von der Aufklärung getrennt betrachtet werden.

Der Evolutionstheoretiker und Nobelpreisträger Konrad LORENZ forderte Glauben an die Evolutionslehre, indem er sagte, dass es *„ausschließlich an nichtrationalen, affektbesetzten Widerständen [liegt], wenn es heute noch gebildete Leute gibt, die an die Abstammungslehre nicht glauben.“*[Q49] An harte empirische Fakten bräuchte man aber nicht zu glauben. *„Die Evolution selbst wird akzeptiert, nicht weil man etwas Derartiges beobachtet hätte, oder weil man sie durch eine*

---

[120] **Materialismus**: siehe Fußnote 80.

logisch zusammenhängende Beweiskette als richtig beweisen konnte, sondern weil die einzige Alternative dazu, der Schöpfungsakt Gottes, einfach undenkbar ist",[Q119] erläuterte jedenfalls der Zoologe D.M.S. WATSON.[121]

Die Evolutionslehre gründet auf dem philosophischen Naturalismus, der, wie bereits erwähnt, eine religiöse Weltanschauung ist, in der die Natur als das Primäre, Absolute angesehen wird. Die Quelle des Heils ist allein die Rückkehr zur Natur (vgl. L. FEUERBACH).[Q120]

Der Genetiker und Wissenschaftsphilosoph Richard LEWONTIN veranschaulicht den dogmatischen[122] Anteil des Materialismus, indem er sagt, dass man eine *„Verpflichtung auf den Materialismus"* eingegangen ist und dass die Methoden und Institutionen der Wissenschaft niemanden zwingen würden, *„die materialistische Erklärung der Phänomene der Welt zu akzeptieren".* Man sei durch eine *„von vornherein getroffene Grundsatzentscheidung für den Materialismus dazu gezwungen"* nur materialistische Erklärungen zuzulassen. Darüber hinaus sei *„dieser Materialismus absolut"*, denn man könne *„keinen göttlichen Fuß in der Tür zulassen".*[123]

---

[121] WATSON hält an der Evolutionslehre trotz fehlender logischer Beweise fest, weil er meint, dass die Alternative „Schöpfung" den beobachtbaren Fakten nicht standhalten würde – für ihn ist der Schöpfungsakt Gottes einfach undenkbar. Originalzitat: *„The extreme difficulty of obtaining the necessary data for any quantitative estimation of the efficiency of natural selection makes it seem probable that this theory will be reestablished, if it be so, by the collapse of alternative explanations which are more easily attacked by observation and experiment. If so, it will present a parallel to the theory of evolution itself, a theory universally accepted not because it be can proved by logically coherent evidence to be true but because the only alternative, special creation, is clearly incredible."*

[122] Dogmen sind Aussagen innerhalb einer Religion (oder Weltanschauung, Wissenschaft), die von der Glaubensgemeinschaft als unumstößlich wahr vorausgesetzt und geglaubt werden.

[123] Richard LEWONTIN, Billions and billions for demons. The New York Review, 9. 01. 1997, S. 31. Vollständiges Zitat: *„ Wir stellen uns auf die*

Es ist also kein zwingender Sachbestand, sondern dieses Glaubensdogma, das nicht erlaubt, hinter den genialen Konstruktionen in der Natur einen intelligenten Planer zu vermuten. Wer es dennoch tut, gilt nicht selten als ketzerisch und wird oft zu Unrecht als pseudowissenschaftlich abgetan. Der Nobelpreisträger Francis CRICK schreibt, dass sich *„Biologen ständig ins Gedächtnis rufen müssen, dass das, was sie sehen, nicht geplant wurde, sondern sich entwickelte."*[Q107] Liegen dafür Fakten zugrunde, die ihn zu dieser Behauptung zwingen? Nein, denn die Fakten sind vielfältig deutbar. Dem Materialismus verpflichtet, gibt er seine persönliche Glaubensüberzeugung wieder.

Um offensichtlich unerklärbare Dinge plausibel zu machen, bemüht die Evolutionslehre einen übermächtigen Zufall, dem empirisch nicht belegte schöpferische Fähigkeiten zugesprochen werden. Es hat den Anschein, als ob dieser *Gott Zufall* ohne Herkunft ist und von Ewigkeit zu Ewigkeit besteht. Vermutlich schuf er das Leben, kreierte die sensationellsten biologischen Abläufe – nichts scheint ihm zu schwer – und setzte die Gesetze der Physik und Chemie ein. Er ist zwar unsichtbar, aber in der ganzen Natur sieht man sein Wirken, und

---

Seite der Wissenschaft trotz der offensichtlichen Absurdität einiger ihrer Gedankengebäude, obwohl sie viele übertriebene Versprechen von Gesundheit und Leben nicht halten konnte, und trotz der Toleranz der Wissenschaftsgemeinschaft gegen unbegründete, aus dem Ärmel geschüttelte Geschichten. Dies beruht auf einer schon früher eingegangenen Verpflichtung, nämlich einer Verpflichtung auf den Materialismus. Nicht, dass uns die Methoden und Institutionen der Wissenschaft auf irgendeine Weise zwingen würden, die materialistische Erklärung der Phänomene der Welt zu akzeptieren. Wir sind im Gegenteil durch unsere von vornherein getroffene Grundsatzentscheidung für den Materialismus dazu gezwungen, Forschungsansätze und Erklärungskonzepte zu entwickeln, die sich auf materialistische Erklärungen beschränken. Dabei spielt es keine Rolle, wie sehr sie der Intuition der Nichteingeweihten entgegenstehen oder ob sie ihnen rätselhaft erscheinen. Darüber hinaus ist dieser Materialismus absolut, denn wir können keinen göttlichen Fuß in der Tür zulassen."

deshalb kann sich niemand entschuldigen, dass er nichts von ihm gewusst hätte.

In Physik und Biologie gibt es selbstverständlich komplexe Zufallsprozesse. Aber ein Zufall ist immer richtungslos und baut keine Ordnung auf, sondern hat die Tendenz, Ordnung zu zerstören. Man sollte dem Zufall nicht Dinge zumessen, die den empirischen Erfahrungen widersprechen, Dinge, die er offensichtlich nicht kann.

Die Evolutionslehre ist eine Weltanschauung, basierend auf einem Paradigma,[124] in dem naturwissenschaftlich erfolgreich geforscht wird. In gleicher Weise ist die Schöpfungslehre auf einem Paradigma gegründet, in dem auch mit naturwissenschaftlicher Methodik gearbeitet wird. In ihr wird ein sinnstiftender und personaler Schöpfergott als Urheber für die biologischen Realitäten als Grundpfeiler vorausgesetzt, der in der Evolutionslehre vehement abgelehnt und durch einen Zufall mit übernatürlichen Eigenschaften ersetzt wird. Aus diesem Grund stellt sich die Evolutionslehre in letzter Konsequenz als *Glaube* an einen übermächtigen Zufall dar.

---

[124] Das Paradigma der Evolution (siehe Kapitel 18) wird heutzutage von dem Großteil der Wissenschaftler nicht in Frage gestellt. Ein Paradigma ist eine Summe von Theorien und *Grundannahmen* mit *unbeweisbaren weltanschaulichen* Aspekten, mit dem wichtige Fragestellungen gelöst werden können.

„Der Neodarwinismus hat an die Stelle eines
göttlichen Schöpfers lediglich den Gott Zufall gesetzt,
der ebenso allmächtig, allwissend und allgegenwärtig ist.
Er kann alles:
Er macht unzählige der erstaunlichsten Erfindungen.
Er weiß alles:
Er beherrscht souverän alle biochemischen,
biophysikalischen und biologischen Gesetze und stellt
alle wissenschaftlichen Leistungen
auf diesen Gebieten weit in den Schatten.
Er ist überall in Aktion und ist doch unsichtbar
– unsichtbar und unfassbar im wahrsten Sinne des Wortes.
Sogar seine Herkunft gleicht der eines Gottes:
Auch er ist unsterblich und war schon immer da. "[Q71]

Ferdinand SCHMIDT[125]

---

[125] **Ferdinand Alexander SCHMIDT** (1923-2006) war Direktor eines Instituts für Krebsforschung der Deutschen Akademie der Wissenschaften
und Professor für Präventive Onkologie an der Universität Heidelberg
sowie Leiter einer Forschungsstelle für Präventive Onkologie. SCHMIDT
war Evolutionist und bekennender Atheist sowie Autor der Monographie
„Grundlagen der kybernetischen Evolution" (1985, Goecke & Evers,
Krefeld).

13 Hat Gott durch Evolution geschaffen?

Von religiös eingestellten Evolutionstheoretikern sowie von vielen Theologen wird versucht, Schöpfung und Evolution in Einklang zu bringen. Unter Akzeptierung der Evolutionslehre versucht man, den Schöpfungsgedanken in den Ablauf der Evolution zu integrieren. In diesen sogenannten theistischen Evolutionsmodellen meint man, Gott habe in irgendeiner Weise den Evolutionsvorgang angestoßen und beispielsweise die Materie mit Eigenschaften versehen, die eine Weiterentwicklung ermöglichen. Es wird im Allgemeinen die Auffassung vertreten, dass das biblische Zeugnis der Schöpfung einer Evolution nicht widerspreche. Dazu muss man aber den Schöpfungsbericht als historisch irrelevant auslegen, als Mythos ohne Bezug zu tatsächlich stattgefundenen Begebenheiten. Infolgedessen müssen konsequenterweise wesentliche biblische Aussagen zugunsten der Evolutionslehre gänzlich ignoriert oder grundlegend umgedeutet werden.

Der eigentliche Vorteil der theistischen Evolution liegt in der Verträglichkeit mit den scheinbar hohen Altern von Erde und Kosmos. Manche Ausleger versuchen, aus den ersten Versen des Schöpfungsberichtes lange Zeiträume herauszulesen – jedoch im Widerspruch zum Begriff „Tag" in der Genesis,[126] da viel dafür spricht, dass ein 24-Stunden-Tag gemeint ist, denn Sonnenauf- und -untergang sind zuvor beschrieben (siehe Kapitel 23).

Oft wird auch Psalm 90,4[127] herangezogen, um aus den im 1. Buch Mose berichteten sechs Schöpfungstagen eine lange – derzeitigen menschlichen Vorstellungen eher entsprechende – Zeitspanne von 6 000 Jahren oder mehreren Jahrmillionen zu machen. Abgesehen davon, dass es dem Kontext des Psalm-

---

[126] **Genesis** (griechisch), das 1. Buch Mose, ist das erste Buch der Bibel. Es berichtet v.a. von den Geschehnissen von der Erschaffung der Welt.
[127] **Ps 90,4** Denn tausend Jahre sind vor dir wie der Tag, der gestern vergangen ist, und wie eine Wache in der Nacht.

verses widerspricht, könnte man mit der Annahme „1 Tag gleich 1 000 Jahre", jede beliebige Zeitangabe in der Bibel relativieren. Unter Anwendung dieser Umrechnung bestünde die Möglichkeit zu sagen, dass Jesus nicht 3 Tage (Mt 27,63), sondern 3 000 Jahre nach seinem Tod am Kreuz auferstehen würde. Wäre diese Behauptung richtig, würde Jesus noch im Grab liegen und wir dürften einmal ein sehr langes Osterfest feiern. Das Wort „Tag" kommt in der Bibel mehr als 2 000 mal vor. Dieser Begriff wird meist als 24-Stunden-Tag oder als Zeitraum von Sonnenauf- bis -untergang gebraucht.

Ist der Tod eine Folge der Trennung von Gott, ein Feind oder ein Werkzeug der Schöpfung?

In der theistischen Evolution akzeptiert man den Tod als Schöpfungsmethode Gottes. Aus der Sichtweise der Evolution gibt es eine Überproduktion an Lebewesen, aus der die Selektion die schlecht Angepassten ausmerzt, um eine Höherentwicklung zu ermöglichen. Der Tod als wesentlicher Faktor für die Weiterentwicklung des Lebens ist aus der Evolutionslehre nicht wegzudenken.

Die Grausamkeit in der Natur wird in der theistischen Evolution bereits von Anbeginn der Schöpfung akzeptiert, obwohl in der Genesis eine ursprünglich gute Schöpfung bezeugt wird (1Mo 1,31). Fressen und gefressen werden war im Tierreich nicht vorgesehen (1Mo 1,29-30). Erst als Folge der Auflehnung des ersten Menschenpaares kamen Krankheit, Leid und Tod in die Welt. Die Bibel bezeugt eine gefallene Schöpfung. Das ist die Beschreibung des jetzigen uns bekannten Zustands unserer Umwelt beziehungsweise der Natur. Die gefallene Schöpfung ist ein Spiegelbild des Menschen, und nicht der Mensch ist Spiegelbild der von uns beobachtbaren Natur; sondern als Folge der Abkehr des Menschen von seinem Schöpfer ist die „sehr gut" geschaffene Natur so geworden, wie sie jetzt ist.

Würde Gott im Sinne der Evolutionslehre erschaffen, wäre der Tod eine Methode zur Schöpfung. Da aber der körperliche Tod in der Bibel eine Folge der Auflehnung gegen Gott ist (1Mo 3,19) und als Feind bezeichnet wird (1Kor 15,26), birgt die theistische Evolution einen eklatanten Widerspruch zur Bibel. Einen Sündenfall wie in 1. Mose 3 mit den dort geschilderten Folgen kann es im Verlauf der Evolution nicht gegeben haben, somit müsste der Mensch bereits sündig erschaffen worden sein. Es wird von Evolutionstheoretikern geschätzt, dass mehr als 99 Prozent aller jemals existenten Arten infolge der Höherentwicklung ausgestorben sind.[Q57] Existieren wir nur deshalb, weil Milliarden von Individuen (auch Menschen) vor uns starben? Eine Schöpfung deren Weg mit Leichen gepflastert ist? Sollte so eine Schöpfung das Prädikat „sehr gut" verdienen? Ohne massenhaften Tod könnte es keine Evolution geben.

In der theistischen Evolution ist (a) ein ursprünglich geschaffenes erstes Menschenpaar schwer unterzubringen – da man in der Evolutionslehre von einem Tier/Mensch-Übergangsfeld spricht, (b) bricht die neutestamentliche Gegenüberstellung von Jesus und Adam zusammen (Röm 5,12-21), (c) hätte Gott die Sünde mitgeschaffen (wozu dann noch Erlösung?) und (d) wäre der Tod wichtiges Schöpfungsmittel. Eine fortdauernde Schöpfung durch Sterben?

Leider wird von vielen Menschen, die sich als Christen bezeichnen würden, die Evolutionslehre als richtig betrachtet und damit ein Kompromiss zu ungunsten der biblischen Aussagen eingegangen. Die Ablehnung der Evolutionslehre wird oftmals mit Wissenschaftsfeindlichkeit assoziiert. Aber diese Ansicht ist falsch, denn nicht der Schöpfungsgedanke steht mit den Naturwissenschaften in Konflikt, sondern die Evolutionslehre ist, konsequent zu Ende gedacht, mit der biblischen Schöpfung nicht vereinbar. Die theistische Evolution ist kein akzeptables Gedankenmodell.

14 Ursprungsfrage und Regress – wer schuf den Schöpfer?

Viele Menschen, die mit dem Gedanken der Schöpfung konfrontiert werden, stellen oftmals die Frage, wer denn den Schöpfer schuf. Vielleicht ist sie mit ein wenig Spott oder Unsicherheit gewürzt, vielleicht zeugt sie von entfachtem Wissensdurst oder von der Akzeptanz der Möglichkeit, den Ursprung des Lebens nicht nur rein materialistisch[128] zu betrachten. Die Fragestellung führt jedoch unweigerlich zu einem infiniten Regress,[129] allerdings nur, wenn man voraussetzt, dass auch ein Schöpfer einen Anfang haben muss. Denn würde der Schöpfer auch erschaffen sein, könnte man die Frage „Wer schuf den Schöpfer?" bis ins Unendliche weiterfragen. Wer schuf den Schöpfer des Schöpfers, welcher den Schöpfer schuf? usw.

Das Problem eines infiniten Regresses stellt sich aber auch dann, wenn wir die Möglichkeit eines naturalistischen Ursprungs des Kosmos und der Welt in Betracht ziehen. Lebewesen bestehen aus Materie. Woher kommt sie, kann man fragen und als Antwort geben, dass ein natürlicher Prozess die Ursache dafür gewesen sein muss. Was ist aber nun die Ursache jenes Prozesses, wurde er wiederum durch einen anderen natürlichen Prozess bewirkt? Jeder Beginn müsste aus einer Ursache geboren werden. Es ist daher logisch stringent, etwas Ewiges anzunehmen, etwas, das schon immer da war.

Der Versuch, mit der Frage „Wer schuf den Schöpfer?" den Schöpfungsgedanken durch einen infiniten Regress ad absurdum zu führen, gelingt nicht, ohne auch gleichzeitig die naturalistische Ursprungserklärung als unsinnig hinzustellen. Wir haben gesehen, dass etwas Ewiges als Urgrund vermutet wer-

---

[128] **Materialistisch**: siehe Fußnote 80. **Naturalistisch**: Fußnote 76.

[129] **Infiniter Regress**, sagt man, wenn es für eine Begründung wiederum eine Begründung braucht, die wiederum begründet werden muss, usw. Ein unendlicher Prozess der niemals zu einem Ziel führt und daher praktisch nicht durchführbar sein kann.

den muss. Für viele ist ein ewiges Universum eine akzeptable Annahme. Meiner Ansicht nach scheint ein ewiger Schöpfer – wie ihn die Bibel bezeugt – die attraktivere Lösung zu sein, weil damit gleichzeitig die Informationsherkunft plausibel erklärt werden kann. Zu welcher Hypothese man auch neigt, beide gehören in den Bereich der persönlichen Überzeugung.

„Ich verstehe nicht, wie ein wissenschaftlicher Ansatz allein, getrennt von einem religiösen Ansatz, den Ursprung aller Dinge erklären kann.[...] Meiner Auffassung nach scheint die Ursprungsfrage ewig unbeantwortet zu bleiben, wenn wir sie allein von einem wissenschaftlichen Standpunkt aus betrachten." [Q123]

Charles H. TOWNES (* 1915)
Physiker und Nobelpreisträger

„Ich bin das A und das Ω, der Erste und der Letzte, der Anfang und das Ende."
(Offb 22,13)

Anhand der Gesetze der Information (siehe S. 56) kann man verschiedene Eigenschaften eines intelligenten Urhebers ableiten. Als Ausgangspunkt unserer Überlegungen betrachten wir die DNS, weil sie eine Schlüsselrolle bei der Frage nach der Herkunft des Lebens und der Information einnimmt. Wir können festhalten, dass die codierte Information in der DNS (a) durch eine nicht-materielle Größe hervorgebracht wurde und (b) Information eine geistige Größe ist, die in diesem biologischen Zusammenhang nicht den Ursprung im menschlichen Geist haben kann.

Wenn also der Mensch als erforderlicher Informationsgeber (Sender) ausgeschlossen ist, müssen wir außerhalb unseres

Planeten und möglicherweise auch außerhalb unserer Dimension nach einem Urheber Ausschau halten. Prinzipiell wäre jede Art von Wesenheit im Universum ein potentieller Informationssender. Diese Möglichkeit verlagert aber das Problem nur, ohne es zu lösen. Denn wenn wir versuchen, *deren* Ursprung zu erschließen, gelangen wir wieder in einen infiniten Regress, der generell keine Lösung ermöglicht. Um dem zu entgehen, müssen wir dem möglichen Sender das Attribut „ewig" geben. Das beinhaltet seine grundsätzliche Verschiedenheit zu erzeugten Objekten, die erstens dem Ursache-Wirkung-Prinzip unterliegen und zweitens vergänglich sind. Dadurch liegt der Schluss nahe, dass der Informationsgeber außerhalb unserer Dimension existiert.

Wir sind bei unseren Überlegungen inzwischen aus guten Gründen bei nur einem Sender angelangt. Man könnte sich selbstverständlich auch mehrere verschiedene Sender oder ein ganzes Schöpferteam vorstellen, was aber wiederum in einem unlösbaren infiniten Regress endet, sobald man sich die folgerichtige Frage stellt, woher nun Schöpfer X und Y stammen sollen.

Wir haben also bis jetzt auf einen ewigen, übernatürlichen Urheber als Informationssender geschlossen. Nun ist zwar der Sender selbst beschrieben worden, aber die Herkunft seiner Information liegt noch im Dunkeln. Woher hat der Sender sein Wissen, wie gelangte er an seine Information? Wenn wir den Ursprung der Information außerhalb des Senders suchen, erhalten wir zwangsweise wieder eine unendliche Folge von Erklärungsschritten, einen erneuten infiniten Regress, der automatisch auf die notwendige Frage nach dem eigentlichen Ursprung von Information folgt.

Wir müssen daher annehmen, dass der Sender der Information auch gleichzeitig deren Urheber sein muss. Ein Schöpfer mit den Eigenschaften ewig und übernatürlich, der auch die Quelle jeglicher Information ist, muss notwendigerweise auch unendlich intelligent und allwissend sein. Das impliziert auch, dass ihm weder Vergangenheit noch Zukunft verborgen sind.

Für diese unendliche Intelligenz kann es keine Begrenzungen innerhalb unseres Zeit-Raum-Kontinuums geben. Dieser einzige und einzigartige Schöpfer steht am Ende unserer Gedankenkette. Er ist nicht nur der mögliche Urheber der uns bekannten Welt und des Kosmos, sondern auch derjenige, der die physikalisch-chemischen Ordnungen einsetzte, ohne ihnen dabei selbst zu unterliegen – er ist der Herr über Raum und Zeit. Folglich sind auch für diesen Schöpfer Dinge möglich, die wir als Wunder bezeichnen, Dinge die außerhalb der uns derzeit bekannten Naturgesetze liegen. Und so scheue ich mich nicht – um es mit den Worten Max PLANCKs zu sagen –, diesen geheimnisvollen Schöpfer ebenso zu benennen, wie ihn alle Kulturvölker der Erde früherer Jahrtausende genannt haben: Gott!

15 Zufall – woher und wozu?

Der Zufall, der sich selber schuf

Wer hat den Zufall zum Zufall gemacht?
Etwa der Zufall selber?
Dann wäre der Zufall der Schöpfer des Zufalls,
somit wäre der Zufall nicht zufällig.
Wenn selbst der Zufall nicht zufällig ist,
dann gibt es keinen Zufall.

(Nov. 2000)

„Zufall" ist eine Gesetzmäßigkeit, die wir letzten Endes nicht verstehen können. Als EINSTEIN hinsichtlich der Quantentheorie sagte: *„Gott würfelt nicht"*, wollte er darauf hinweisen, dass die Vorgänge zwar statistisch zu beschreiben sind, es jedoch falsch ist, daraus zu schließen, dass der Ursprung jener Beobachtungen selbst Zufall wäre.

Was wir „Zufall" nennen, ist vielleicht ein heruntergefallener Bleistift oder der Apfel, der vom Baum fällt. Aber das Leben selbst ist kein Zufall, Mechanismen in der Natur sind keine Zufälle und etliche Begegnungen mit anderen Menschen sind vermutlich auch nicht zufällig. Uns werden durch Umstände und Begegnungen Möglichkeiten geboten. Wichtig ist, welche Schlüsse wir aus ihnen ziehen und welche Handlungen daraus folgen. Eine Abwendung vom Zufall und eine Hinwendung zum Plan bringt immer die Frage nach dem Sinn des Lebens mit sich, denn in einer zufälligen Welt ergibt sich kein Lebenssinn und kein Ziel. Der Mensch wird zum alleingelassenen Zufallsprodukt ohne verbindliche Ethik und Moral, denn er ist nur sich selbst verantwortlich.

Die Sinnlosigkeit der Weltanschauung der Evolutionslehre bringt der überzeugte Evolutionstheoretiker und Atheist Richard DAWKINS[130] treffend zum Ausdruck, indem er sagt, dass *„das Universum, das wir sehen, [...] keine Ordnung, **keinen Sinn**, kein Gut und kein Böse besitzt, sondern nichts als **nutzlose** Gleichgültigkeit, [...] wir sind Maschinen zur Fortpflanzung von DNS [...] Dies ist die einzige Lebensbestimmung aller Lebewesen."*[Q69] DAWKINS reduziert die Menschen auf *„**egoistische Gene**"*, er beschreibt sie als *„Überlebensmaschinen – Roboter, **blind programmiert** zur Erhaltung der selbstsüchtigen Moleküle."*[Q109]

Was ist der Mensch?

Nach DAWKINS ist der Mensch letztendlich nichts weiter als eine sinnlose Reproduktionsmaschine. Der Zoologe und Paläontologe G.G. SIMPSON beantwortete diese Frage folgendermaßen: *„Ich möchte behaupten, dass alle Versuche, diese Frage vor dem Jahre 1859[131] zu beantworten, wertlos sind und dass es für uns besser ist, sie völlig zu ignorieren."*[Q109a] Sinnfragen können in der von der Philosophie des Naturalismus (siehe S. 156) geprägten Weltsicht der Evolutionslehre nicht beantwortet werden.

Besteht die einzige Lebensbestimmung des Menschen darin, wie eine Maschine sein Erbgut fortzupflanzen? Hat er nicht mehr zu geben? Welche Kälte und Unbarmherzigkeit steckt in dieser Auffassung. Ist unsere Welt wirklich (nur) so? Wir kennen Liebe, gegenseitiges Vertrauen, Güte, Zuneigung, und unser Gewissen erkennt den Unterschied zwischen Gut und Böse. Eigenschaften, welche die Evolutionslehre nicht benötigt oder in deren Rahmen gesehen sogar hinderlich sein können.

---

[130] **Richard DAWKINS** (*1941), in Nairobi (Kenia) geborener streitbarer Atheist und Zoologe an der Universität von Oxford. Er ist vehementer Verteidiger der Evolutionslehre und einflussreicher Apostel des Atheismus. Für ihn ist der Glaube an Gott ein Wahn (God Delusion, 2006).

[131] SIMPSON nimmt Bezug auf das Jahr 1859, in dem DARWINs Werk „Die Entstehung der Arten" veröffentlicht wurde.

Das Erkennen und Voraussetzen eines Plans als Ursprung des eigenen Lebens führt notwendigerweise zu Gott hin. Daraus ergibt sich richtungweisende, universelle Moral und Ethik. Ein Mensch, der sich als geschaffen versteht, muss sich vor seinem Schöpfer verantworten. Sinnerfülltes Leben haben wir in der Gemeinschaft mit ihm. Als freie Wesen geschaffen, müssen wir aber wählen: Wollen wir uns dem zuwenden, der sich vor circa zweitausend Jahren leibhaftig und geschichtlich nachprüfbar in Christus offenbart hat, oder kehren wir ihm weiterhin den Rücken zu? Diese Entscheidung ist der Sinn des irdischen Lebens – ein Dazwischen gibt es nicht.

Teil III

Wer ist der Schöpfer?

Ein Plädoyer für die Bibel

„[...] als Physiker, der sein ganzes Leben der
nüchternen Wissenschaft, der Erforschung der
Materie widmete, bin ich sicher von dem Verdacht frei,
für einen Schwarmgeist gehalten zu werden.
Und so sage ich nach meinen Erforschungen des Atoms
dieses: **Es gibt keine Materie an sich**.
Alle Materie entsteht und besteht nur durch eine Kraft,
welche die Atomteilchen in Schwingung bringt und sie zum
winzigsten Sonnensystem des Alls zusammenhält.
Da es im ganzen Weltall aber weder eine intelligente Kraft
noch eine ewige Kraft gibt [...], so müssen wir hinter dieser
Kraft einen **bewussten intelligenten Geist** annehmen.
Dieser Geist ist der Urgrund aller Materie.

Nicht die sichtbare, aber vergängliche Materie ist das
Reale, Wahre, Wirkliche – denn die Materie bestünde
ohne den Geist überhaupt nicht –, sondern der
unsichtbare, unsterbliche Geist ist das Wahre!
Da es aber Geist an sich ebenfalls nicht geben kann,
sondern jeder Geist einem Wesen zugehört,
müssen wir zwingend Geistwesen annehmen.
Da aber auch Geistwesen nicht aus sich selber sein
können, sondern geschaffen werden müssen,
so scheue ich mich nicht, diesen geheimnisvollen Schöpfer
ebenso zu benennen, wie ihn alle Kulturvölker der Erde
früherer Jahrtausende genannt haben: **Gott!**

*Damit kommt der Physiker, der sich mit der Materie
zu befassen hat, vom Reiche des Stoffes
in das Reich des Geistes.*

*Und damit ist unsere Aufgabe zu Ende,
und wir müssen unser Forschen weitergeben
in die Hände der Philosophie.*"[Q36]

Max PLANCK (1858-1947)

Deutscher Physiker und Begründer der Quantentheorie,
Nobelpreis 1918

Mehr als die Hälfte dieses Buches beschäftigt sich mit natur-
wissenschaftlichen Daten und deren Deutungen. Es wurde ge-
zeigt, dass es nicht nur möglich, sondern oftmals notwendig
ist, das Leben als geschaffen, als „designed" zu betrachten.
Woher stammt die biologische Information, woher kommt die
Materie? Wer könnte dieser Schöpfer, dieser geheimnisvolle
Designer sein? Verschiedene Glaubenssysteme erheben den
Anspruch, eine Antwort auf diese Frage geben zu können. In
polytheistischen Vorstellungen[132] (deren Schriften auch kaum
Bezüge zu historischen Begebenheiten aufweisen) sehen diese
Antworten oft recht verworren aus und sollen deshalb ver-
nachlässigt werden. Die einzigen monotheistischen Schöp-
fungsvorstellungen existieren in Judentum, Christentum und
Islam und haben ihre Wurzeln im alttestamentlichen Schöp-
fungsbericht. Deshalb bin ich der Meinung, dass nur die Bibel
den wahren Schöpfer der Welt und des Universums offenbart.
Meine Gründe sollen auf den folgenden Seiten gezeigt werden.

•   Archäologie

Die Archäologie hat beträchtliche Funde zutage gebracht, die
das Bild des Altertums und der Antike gleich einem Mosaik
Stück für Stück zusammensetzen. Viele von ihnen stützen die
Historizität der Bibel. Sie ist das meist kritisierte Buch der
Welt, das nur allzu gerne in den Bereich der Mythen verbannt
wird, doch da ist nicht ihr Platz.

Zum Beispiel behauptete die Bibelkritik, dass die Menschen zur Zeit Moses noch nicht schreiben konnten. Daraus
leitete man ab, dass Mose nicht der Schreiber der ersten fünf
Bücher der Bibel gewesen sein konnte. Ein Archäologenteam
fand jedoch 1975 in Syrien 15 000 Tontafeln, die aus dem Kö-

---

[132] Z.B. Animismus, Hinduismus, Schamanismus oder Shintoismus.

nigreich Ebla (2400-2250 v.Chr.) stammten. Diese archäologische Entdeckung verlegt den Anfang der Schreibkunst – entgegen der bisherigen Annahme – um Jahrhunderte vor Mose. Da Mose als ägyptischer Prinz aufwuchs, kann man davon ausgehen, dass er eine sehr gute Ausbildung genossen hatte und in der damaligen Schreibkunst unterrichtet worden war.

Der französische Schriftsteller und Philosoph VOLTAIRE (1694-1778) behauptete, dass 100 Jahre nach ihm das Christentum nur noch im Museum existieren würde. Doch schon 50 Jahre nach seinem Tod wurde seine Druckerpresse und sein Haus von der Genfer Bibelgesellschaft benutzt, um stapelweise Bibeln herzustellen.[Q126] Diese historische Begebenheit ist symbolhaft für alle Versuche, die Bibel zu vernichten oder zu relativieren. Sie existiert weiterhin, allem zum Trotz.

B. RAMM bemerkte: *„Tausendmal wurde die Bibel zu Grabe geläutet, der Beerdigungszug gebildet, die Inschrift auf den Grabstein gemeißelt und die Totenrede gehalten, aber irgendwie war der Leichnam nie totzukriegen. Kein anderes Buch wurde so zerhauen, zerstochen, gesichtet, untersucht und geschmäht. Welches Buch der Philosophie oder Religion oder Psychologie oder Belletristik, der Klassik oder der Moderne wurde je solchen massiven Angriffen ausgesetzt wie die Bibel, mit solcher Gehässigkeit und Zweifelsucht, mit solcher Gründlichkeit und Gelehrtheit, in jedem Kapitel, jeder Zeile, jeder Aussage?"*[Q126a] Die amerikanischen Archäologen Dave BALSIGER und Charles E. SELLIER verdeutlichen die historische Relevanz der Bibel: *„Die Bibel ist sowohl ein einzigartiges geschichtliches Dokument, als auch ein verlässliches historisches Quellenwerk. Sie hat zu Tausenden von archäologischen Funden geführt und eine umfangreiche Literatur über alte Kulturen entstehen lassen. Diese Bibel hat sich, wo immer sie nachgeprüft werden konnte, als wahr erwiesen, in der Beschreibung kleiner Details ebenso wie in der Schilderung großer Ereignisse."*[Q127]

- Genauigkeit der Überlieferung

Qumran und das Alte Testament
Die nachweisliche Genauigkeit der Überlieferung biblischer Bücher ist ein wichtiger Faktor, der die Glaubwürdigkeit der Bibel unterstreicht. Der weitaus bedeutendste Fund dazu sind die Schriftrollen von Qumran. In mehreren verschlossenen Tonkrügen wurden bis zum Jahre 1956 mehr als 900 Rollen beziehungsweise Rollenreste in insgesamt 11 Höhlen entdeckt. Bis auf eine einzige Ausnahme, das Buch Esther, ist man nun im Besitz von Abschriften aller alttestamentlichen Bücher.[133] Das komplette, auf einer über sieben Meter langen Rolle geschriebene Buch des Propheten Jesaja war das herausragendste Fundstück, das 1947 einem Beduinen in einer Höhle am Ufer des Toten Meeres in die Hände fiel. Diese Jesaja-Rolle erwies sich als über 1 000 Jahre älter, als alle bislang entdeckten vollständigen hebräischen Bibelabschriften. Jetzt war es möglich, über einen Zeitraum von mehr als 1 000 Jahren, die Genauigkeit der Überlieferung des Alten Testaments zu prüfen.

Viele Kritiker der Bibel waren sich damals sicher, dass ein Vergleich zwischen der Jesaja-Rolle von Qumran und den ältesten erhaltenen Abschriften des Jesaja-Buches aus dem Mittelalter (dem sog. Masoretischen Bibeltext) die Ungenauigkeit und Unzuverlässigkeit bei der Überlieferung ans Licht bringen würde. Damit wäre die Qualität der ganzen Bibelüberlieferung in Frage gestellt!

Doch das Gegenteil war der Fall, denn die Botschaft war inhaltlich hervorragend über Generationen hinweg weitergegeben worden. Der Vergleich mit den masoretischen Abschriften aus dem Mittelalter ergab, dass nur fünf Prozent des Textes der Jesaja-Rolle davon abwich. Hinzu kam, dass diese Abweichungen meist unbedeutende Sprachvarianten waren, die den Sinn des Textes nicht veränderten.

---

[133] Oftmals nur in Fragmenten, die aber zur Textrekonstruktion ausreichen.

Kurz nach Auffindung der Jesaja-Rolle erschien 1948 die englische revidierte Standardübersetzung (*Revised Standard Version*). Die Herausgeber konnten in dreizehn Fällen aufgrund der Jesajarolle den ursprünglichen Text rekonstruieren (vgl. SCHICK, GLEßMER, 2000).[Q134]

Offensichtlich waren die jüdischen Abschreiber sehr gewissenhaft gewesen – eine unglaubliche Leistung! Die Funde von Qumran haben eine hervorragende Textüberlieferung der Hebräischen Bibel – unserem Alten Testament – eindrücklich belegt. Wir besitzen dadurch eine sehr gute Grundlage, auf der die ursprüngliche Botschaft in heutiger Sprache wiedergegeben werden kann.

Das Neue Testament
Im Jahre 1920 gelangte ein unscheinbares Teilstück einer Papyrushandschrift nach England. Aber erst 1934 erkannte C.H. ROBERTS, dass der mit Versen aus dem Johannesevangelium versehene, etwa handtellergroße Papyrus eine Sensation darstellte. Dieser heute als P52 bezeichnete Papyrus wurde auf 100-120 n.Chr. datiert und ist somit der älteste Beleg für das Neue Testament. Eine Überprüfung des griechischen Textes auf dem Papyrus mit mittelalterlichen Abschriften ergab eine genaue Übereinstimmung. *„Wenn man den frühesten Zeitpunkt für die Handschrift annimmt"*, schreibt der Bibel- und Qumranexperte Alexander SCHICK, *„dann bedeutet dies, dass wir es hier mit einer der ersten Abschriften des Johannesevangeliums zu tun haben. Gerade mal fünf Jahre ist die Abschrift von dem Original entfernt. Das heißt, wir haben es hier wahrscheinlich sogar mit der ersten Abschrift zu tun – eine absolute Sensation!"*[Q135]

Das Neue Testament ist mit gegenwärtig 5 750 Abschriften das am besten belegte Buch der Geschichte.[Q135a] Die *Ilias* von Homer[134] rangiert mit nur 643 erhaltenen Manuskripten auf

---

[134] **Homer**, 8. Jahrhundert v.Chr., griech. Dichter, verfasste die *Ilias* und *Odyssee*, die ersten großen Schriftzeugnisse der griech. Geschichte.

Platz zwei. Auch bei den Zeitspannen zwischen den Original-schriften und den frühesten Abschriften liegt das Neue Testament auf dem ersten Platz. Bei ihm beträgt die Zeitspanne sogar nur wenige Jahrzehnte, wie es der P52 belegt. Bei Schriften Cäsars sind es bereits 1 000 Jahre (10 Abschriften), bei Plato 1 200 Jahre, bei Tacitus 1 000 Jahre (20 Abschriften), bei Sophokles 1 400 Jahre (100 Abschriften) und bei Aristoteles auch 1 400 Jahre (nach F.W. HALL).[Q126c]

Kein anderes Buch der Antike ist derart gut bezeugt und überliefert wie das Neue Testament.

- Übereinstimmung mit der Historie

Der große Topograph und Archäologe Sir William Mitchell RAMSAY musste bei der Anfertigung einer topographischen Studie von Kleinasien auch die Schriften des Evangelisten Lukas mitberücksichtigen. Durch seine Nachforschungen traf er auf solch überwältigende Beweise für die Zuverlässigkeit des Textes, dass er dazu veranlasst wurde, seine Meinung über Lukas' neutestamentliche Aufzeichnungen völlig zu korrigieren. Hinsichtlich seiner Fähigkeit als Historiker schloss RAMSAY nach dreißigjährigem Studium: *„Lukas ist ein Historiker ersten Ranges; nicht nur seine Tatsachenbehauptungen sind vertrauenswürdig. Dieser Autor sollte unter die allergrößten Historiker eingereiht werden."* RAMSAY fügte hinzu: ***„Die Geschichte des Lukas ist im Hinblick auf ihre Glaubwürdigkeit unübertroffen.*** "[Q132]

Seine Genauigkeit zeigt sich unter anderem in der richtigen Verwendung folgender Titel: *„Praetoren"* für die Magistratsherren von Philippi, *„Prokonsul"* für Gallio (Apg 18,12), *„Erster der Insel"* für Publius (Apg 28,7) und *„Politarchen"* für die zivilen Behörden von Thessaloniki (Apg 17,6). Der englische Neutestamentler Frederick F. BRUCE (1910-1990) von der Universität Manchester stellte fest: *„Wo Lukas der Ungenauigkeit verdächtigt, die Genauigkeit jedoch durch spätere*

*schriftliche Funde belegt wurde, kann man sagen, **dass die Archäologie den Bericht des Neuen Testaments bestätigt
hat.***[Q128] „Dem resultierenden Text des Neuen Testaments
skeptisch gegenüberzustehen hieße, die gesamte klassische
Antike in dunkle Vergessenheit geraten zu lassen; denn keine
Dokumente des Altertums sind bibliografisch so gut belegt wie
das Neue Testament"*,[Q126b] verdeutlicht John Warwick
MONTGOMERY.

*„Die Auferstehung Jesu
ist die bestbezeugte Tatsache der Weltgeschichte."*[Q127a]
Theodor MOMMSEN[135] (1817-1903)

- Innere Einheit

Die Bibel wurde über eine Zeitspanne von 1 600 Jahren geschrieben: während mehr als 60 Generationen, von über 40
Verfassern aus allen Gesellschaftsbereichen, einschließlich
Königen, Bauern, Philosophen, Fischern, Dichtern, Staats-
männern und Gelehrten. Mose, der politische Führer, geschult
an den Universitäten Ägyptens führte das Volk in die Freiheit.
Petrus war nur ein einfacher Fischer und Amos hatte den Beruf eines Hirten, Josua war ein militärischer Oberbefehlshaber
und Nehemia ein Mundschenk. Während Daniel das Amt eines
Ministerpräsidenten innehatte und Lukas den Beruf eines
Arztes ausübte, regierte Salomo als König von Israel. Matt-
häus verdiente seinen Unterhalt als unbeliebter Zollbeamter,
wohingegen Paulus ein gesellschaftlich angesehener Rabbiner
war. Trotz dieser Verschiedenheiten sprechen die Verfasser
der Bibel in Harmonie und mit Kontinuität über viele strittige
Themen. Dabei zieht sich ein roter Faden durch die Bibel:

---

[135] **Theodor MOMMSEN** (1817-1903), Historiker und Jurist, Professor
für römische Geschichte. Für sein hervorragendes Werk „Römische Geschichte" erhielt er 1902 den Nobelpreis für Literatur.

Gottes Plan zur Erlösung der Menschheit durch den Messias Jesus Christus. Es ist schwer vorstellbar, dass Menschen, die nicht nur durch Hunderte von Jahren und Hunderte von Kilometern voneinander getrennt waren, sondern auch zu den unterschiedlichsten Gesellschaftsschichten gehörten, eine derartige Einheit von sich aus hervorbringen konnten.

- Prophetie

Erfüllte Prophetie macht dies noch unwahrscheinlicher. Über Städte, Herrscher und Reiche wurden damals Aussagen getroffen, die noch in weiter Ferne lagen. Ja selbst unsere heutige Zeit und die Zukunft sind mit den prophetischen Aussagen der Bibel verwoben. Wir können anhand der Geschichte nur solche Vorhersagen überprüfen, die von unserer Sicht aus in der Vergangenheit liegen. Im Buch des Propheten Jesaja (46,10) spricht Gott: *„Ich verkündige von Anfang an den Ausgang und von alters her, was noch nicht geschehen ist. Ich sage: Mein Ratschluss soll zustande kommen, und alles, was mir gefällt, will ich tun."*

Lassen wir uns davon herausfordern zu prüfen, schauen wir in die Geschichte. Über die Städte Sidon, Gaza, Aschkelon, Moab, Ammon, Petra, Edom, Theben, Memfis, Ninive und andere sind detaillierte Prophezeiungen aufgezeichnet worden. Als Beispiel soll die alt-sidonische Hafenstadt Tyrus dienen. Der Prophet Hesekiel (592-570 v.Chr.) trifft sieben Voraussagen über diese Stadt (Hesekiel, Kap. 26): Nebukadnezar wird die Festlandstadt Tyrus zerstören und viele Nationen werden gegen diese Stadt sein. Ihr Schutt wird ins Wasser geworfen und sie wird zu einem blanken, flachen Felsen werden, wo Fischer ihre Netze aufspannen. Die Stadt wird nie wieder aufgebaut und nie wieder gefunden werden.

Alle Prophezeiungen erfüllten sich. Ein bedeutender Teil von Hesekiels Voraussagen traf ein, als Alexander der Große Tyrus belagerte. Die Bewohner flüchteten sich auf eine nahe gelegene Insel. Alexander zerstörte das alte Stadtgebiet von Tyrus und benutze den Schutt als Material für den Molendamm, den er errichten ließ, um zur Insel zu gelangen. Man hinterließ einen blanken Felsen.

„Hesekiels Prophetie", schreibt Joseph FREE, *„über das Werfen der Steine, der Balken und des Schuttes ins Wasser (Hes 26,12b) erfüllte sich buchstäblich, als Alexanders Ingenieure die Mole bauten und dabei die Überreste der antiken Festlandsstadt Tyrus verwendeten, die sie ins Meer warfen."*

„Wenn Hesekiel [...] diese sieben Voraussagen in rein menschlicher Weisheit gemacht hätte, so wäre nach unseren Schätzungen nur eine Chance von 1 zu 75 Millionen gewesen, dass alle eingetroffen wären. Aber alle bewahrheiteten sich bis ins Einzelne",[Q126d] fasst Peter STONER zusammen.

Die biblischen Prophezeiungen sind wie die keines anderen Buches derart überprüfbar. Beispielsweise sind die vorausschauenden Aussagen Jesajas (ca. 700 v.Chr.) und Daniels (ca. 600 v.Chr.) in solcher Weise durch die Historie bestätigt, dass allein schon deshalb viele behaupteten, dass die entsprechenden Texte *nach* den vorhergesagten Ereignissen geschrieben oder dem Geschichtsverlauf angepasst worden seien.

Es ist verständlich, dass die bibelkritische Argumentation hier ansetzt und sowohl Alter als auch die Echtheit der prophetischen Bücher anzweifelt.[136] Man kann dieses Denken umschreiben mit dem Ausspruch: *Was (nach menschlichem Ermessen) nicht sein kann, darf auch nicht sein!* Es scheint so, als ob der französische Kaiser Napoléon BONAPARTE (1769-1821) recht hatte, als er einmal gesagt haben soll: *„Die Menschen glauben alles, es darf nur nicht in der Bibel stehen."*

Welches Buch ist durch geschichtliche Voraussagen in ähnlicher Weise so verwundbar wie die Bibel? Werner GITT stellte zu den 3 268 bereits erfüllten prophetischen Aussagen

---

[136] Vergleiche dazu beispielsweise die Aufstockungshypothese (Fortschreibungshypothese), welche davon ausgeht, dass der Bestand des Buches über die Jahrhunderte sukzessive angewachsen sein müsse.

der Bibel verschiedene Wahrscheinlichkeitsbetrachtungen[137] an. Deren Ergebnisse verdeutlichen, dass sich diese Voraussagen der Bibel keinesfalls zufällig erfüllt haben konnten.

Man darf auch als moderner, naturwissenschaftlich geprägter Mensch zu dem Schluss kommen, dass es sich bei den prophetischen Aussagen in der Bibel um echte Prophetie, um Präkognition[138] handelt. Nur sollte diese Erkenntnis auch zu einer persönlichen Konsequenz führen. Erfüllte Prophetie ist die „Unterschrift" des lebendigen Gottes, mit der er die Bibel autorisiert.

> *„Wie armselig, wie verachtenswert*
> *sind doch die Worte unserer Philosophen*
> *mit all ihren Widersprüchen im Vergleich zur Bibel.*
> *Ist es möglich, dass ein Buch,*
> *das so einfach und gleichzeitig so vollendet ist,*
> *einfach nur Menschenworte sein sollen?* "[Q127]

Jean Jacques ROUSSEAU[139]

---

[137] Die Grundwahrscheinlichkeit jeder einzelnen erfüllten Prophetie wurde zur Sicherheit mit $p = 0,5$ sehr hoch angenommen. Die zeitliche Reihenfolge der erfüllten Prophezeiungen wurden bei einem Rechenmodell berücksichtigt (Ergebnis: $w_1 = 1,7169 \times 10^{-12978}$), beim anderen Rechenmodell nicht (Ergebnis: $w_2 = 1,714 \times 10^{-984}$). Die tatsächliche Wahrscheinlichkeit wird zwischen den beiden genannten liegen. (GITT, 1985, CLV)

[138] **Präkognition**: das Wissen um zukünftige Ereignisse.

[139] **Jean-Jacques ROUSSEAU** (1712-1778), franz. Philosoph, Schriftsteller, Komponist und Musiktheoretiker schweizerischer Herkunft.

Ich bin mir sicher, dass die biblischen Berichte keine erfundenen Märchen sind. Ich halte sie für uneingeschränkt glaubwürdig, egal ob es sich um den Schöpfungsbericht oder um die Aussagen zur Person Jesu Christi handelt.

Diese feste Überzeugung beruht nicht allein auf naturwissenschaftlichen und geschichtlichen Begründungen. Gott ist im Glauben an Jesus Christus real erfahrbar. Die in diesem Buch aufgeführten Argumente naturwissenschaftlicher und historischer Art untermauern den biblischen Glauben.

Die Debatte um Schöpfung oder Evolution liefert uns keine Beweise, sondern nur Hinweise auf die Existenz oder Nichtexistenz eines Schöpfers. Deutlich führt sie uns vor Augen, dass naturwissenschaftlich gesehen keine dieser beiden Vorstellungen als absolute Wahrheit vertreten werden kann, denn hier verlassen wir den empirisch zugänglichen Bereich. An Evolution oder an Schöpfung muss man glauben.

Gott ist zwar für jedermann denkmöglich, aber eben nicht denknötig; man kann ihn auch leugnen und so leben, als ob es ihn nicht geben würde oder sich ganz bewusst zu ihm wenden. Gerade hier spiegelt sich meines Erachtens der gottgewollte freie Wille des Menschen wider. Dieser Herausforderung muss sich jeder stellen, abwägen und eine Entscheidung treffen.

„Oberflächliche Geister nehmen eine Ähnlichkeit zwischen Christus und den Begründern von Reichen und den Göttern anderer Religionen wahr. Diese Ähnlichkeit existiert nicht. Zwischen dem Christenglauben und welcher Religion auch immer, liegt die Kluft der Unendlichkeit.“[Q133]

Napoléon BONAPARTE (1769-1821)

Christus – der Schöpfer

Christus ist das Abbild seines Vaters;
in ihm wird der unsichtbare Gott für uns sichtbar.
Vor Beginn der Schöpfung war er da.
Durch ihn ist alles erschaffen,
was im Himmel und auf der Erde ist,
alles Sichtbare und Unsichtbare,
alle Königreiche und Mächte,
alle Herrscher und Gewalten.
Alles ist durch ihn und auf ihn hin geschaffen.
Denn Christus war vor allem anderen;
und nur durch ihn besteht alles.
(Kolosser 1,15-17)

Anhang

Die Erkenntnis des französischen Mathematikers und Philosophen René DESCARTES (1596-1650), dass nur der Zweifel (Kritik) näher an die Wahrheit führt, wurde zum Grundprinzip wissenschaftlicher Erkenntnis. „*Cogito ergo sum*" (Ich denke, also bin ich) ist sein berühmter Satz. „*Ein Grundprinzip von Wissenschaft [...] ist die bedingungslose Kritik, der prinzipielle Zweifel an jeder Aussage und Behauptung. Dieses Prinzip hat im 17. Jahrhundert der französische Philosoph René Descartes in die Wissenschaften eingeführt. [...] Also: [...] ‚Nehmen Sie alles als Behauptung, als Hypothese, also als vorläufige, relative Wahrheit!' [...] Jede Behauptung, jede Hypothese, jede Theorie ist prinzipiell ständig der Kritik auszusetzen und damit in Frage zu stellen; zumindest muss immer die Möglichkeit der Kritik bestehen"*,[Q48a] verdeutlicht H. BLOTEVOGEL.

In seinem Hauptwerk „Logik der Forschung" (1934) stellte Sir Karl POPPER[140] das Falsifikationsprinzip als Grundlage aller wissenschaftlichen Theoriebildung dar. Dieses Prinzip besagt, dass keine Theorie oder Hypothese absolute Gültigkeit beziehungsweise Wahrheit beanspruchen kann, sie hat lediglich vorläufigen Modellcharakter: „*Wir werden nämlich versuchen [...], die empirische Methode gerade durch den Ausschluss jener Verfahren zu kennzeichnen, die der angeführte Einwand mit Recht als logisch zulässig hinstellt: Nach unserem Vorschlag kennzeichnet es diese Methode, dass sie das zu überprüfende System in jeder Weise einer Falsifikation aussetzt; nicht die Rettung unhaltbarer Systeme ist ihr Ziel, sondern: In möglichst strengem Wettbewerb das relativ Haltbarste auszuwählen.*"[110a]

---

[140] **Sir Karl Raimund POPPER** (1902-1994), britischer Philosoph und Wissenschaftstheoretiker: Siehe Fußnote 2.

Eine Theorie muss widerlegbar sein

Eine Theorie ist ein System wissenschaftlicher Aussagen; sie besteht also aus mehreren Hypothesen. Daraus wird ersichtlich, dass eine Theorie nicht so leicht widerlegt werden kann wie eine einzelne Hypothese. Das Falsifikationsprinzip von POPPER besagt, dass im wissenschaftlichen Sinne eine Theorie nur dann gut ist, wenn es möglich ist, Bedingungen anzugeben, unter denen sie versagt. Falsifizierbarkeit ist die Eigenschaft einer Theorie, durch Experimente (empirisch) widerlegbar zu sein. Eine gute Theorie lässt sich also nicht beweisen (verifizieren), sondern höchstens widerlegen (falsifizieren). Eine Hypothese oder Theorie ist grundsätzlich nur vorläufig, da sie nicht bewiesen, sondern nur widerlegt werden kann.

Was ist der Vorteil der wissenschaftlichen Vorgehensweise?

Jeder Forscher, ob Atheist oder nicht, kann mit der wissenschaftlichen Forschungsmethode zu objektiven Ergebnissen kommen. Warum? POPPER hebt hervor, dass *„nur dort,* **wo gewisse Vorgänge (Experimente) aufgrund von Gesetzmäßigkeiten sich wiederholen,** *bzw.* **reproduziert** *werden können, nur dort Beobachtungen, die wir gemacht haben,* **grundsätzlich von jedem nachgeprüft werden [können]**.*“*[Q110b] In der Reproduzierbarkeit, der immer wieder möglichen Beobachtung von Sachverhalten, besteht die Objektivität der naturwissenschaftlichen Methode – man schließt subjektive Eindrücke und persönliche Meinungen aus.

Daraus ist aber auch ersichtlich, dass naturwissenschaftliche Ergebnisse beziehungsweise Daten nur aus der Gegenwart gewonnen werden können. Denn auch Fossilien oder geologische Schichten sind uns nur in der Gegenwart zugänglich. Wir können auf der Zeitachse nicht zurück, um z.B. die Entstehung von Fossilien mitzuerleben.

Vergangene oder einmalige Ereignisse

Die Vergangenheit ist mit der naturwissenschaftlichen Vorgehensweise gar nicht oder nur beschränkt indirekt erschließbar.
Historische, unwiederholbare Vorgänge können weder experimentell noch durch direkte Naturbeobachtung untersucht,
sondern lediglich auf Plausibilität, auf Nachvollziehbarkeit
geprüft werden. Die Frage nach dem Ursprung des Lebens
kann man folglich nicht rein naturwissenschaftlich beantworten. Beim Versuch, die Vergangenheit zu rekonstruieren, muss
man gewonnene Daten deuten. Und das ist ohne weltanschauliche Vorstellungen und persönliche Überzeugungen (Weltanschauung, Glaube, Bildung ...) nicht möglich.

Theorien sind grundsätzlich nur vorläufig wahr

Das gängigste Beispiel, um zu zeigen, wie man eine Hypothese oder Theorie überprüft, ist die „Alle-Schwäne-
sind-weiß-Hypothese".
Jemand beobachtet Schwäne. Nachdem er nur weiße Schwäne entdeckt, stellt er die Behauptung
(Hypothese) auf, dass alle Schwäne weiß
sind. Dieses Vorgehen bezeichnet man als *induktiv*.[141] Ein *in-
duktives* Vorgehen besteht darin, dass man eine Reihe von
mehreren Einzelbeobachtungen verallgemeinert: Alle Schwäne sind weiß. Der Beobachter schließt nun aufgrund seiner
Beobachtungen die Möglichkeit aus, dass Schwäne eine andere Farbe als weiß besitzen können. Dieses Vorgehen bezeichnet man als *deduktiv*.[142]

---

[141] **Induktion**: das Schließen vom Besonderen auf das Allgemeine. Ggs.:
Deduktion.

[142] **Deduktion**: das Schließen vom Allgemeinen auf das Besondere. Ab-
leitung einer Aussage aus anderen Aussagen (Hypothesen) durch logische Schlüsse.

Durch seine abgeleitete Aussage wird die „Alle Schwäne sind weiß-Hypothese" widerlegbar (falsifizierbar).

Die Prüfung der Hypothese ist ein *deduktives* Verfahren. Man leitet aus den Beobachtungen prüfbare Vorhersagen ab. In unserem Fall heißt das: Es gibt keine nicht-weißen Schwäne. Fände man jedoch einen Schwan, der nicht weiß ist, wäre diese Hypothese widerlegt und müsste modifiziert oder ganz ersetzt werden. Auch wenn man noch viele weitere weiße Schwäne entdecken und damit die Hypothese „Alle Schwäne sind weiß" bestätigen würde, kann man diese Hypothese nicht als bewiesen ansehen, denn die Möglichkeit, dass in Zukunft nicht doch ein nicht-weißer Schwan gefunden wird, kann nicht ausgeschlossen werden. Demzufolge ist eine universelle Hypothese jederzeit widerlegbar (falsifizierbar), jedoch niemals endgültig beweisbar (verifizierbar).

Wird eine Theorie oder Hypothese bei der Überprüfung durch Experimente bestätigt, ist sie trotzdem nur vorläufig wahr, wohingegen sie beim Auftreten widersprechender Ergebnisse als gescheitert gilt.

Im mathematischen Sinne ist folgende Aussage aus „LINDER Biologie" falsch. Es wird gesagt, dass *„eine Hypothese nie verifiziert werden [kann]; durch jede Bestätigung wird ihre Richtigkeit nur wahrscheinlicher".*[Q1c]

Machen wir folgendes Gedankenexperiment: Wir nehmen einen Würfel und würfeln zufällig eine Vier. Beim nächsten Versuch würfeln wir wieder eine Vier. Die Wahrscheinlichkeit, eine Vier zu würfeln, war jedoch bei jedem Versuch gleich hoch. Selbst wenn wir 20-mal hintereinander eine Vier würfeln würden, wäre die Wahrscheinlichkeit, beim 21. Mal eine Vier zu würfeln, gleich hoch wie beim ersten Mal. Das heißt, durch jede positive Überprüfung wird eine Hypothese zwar aufs Neue bestätigt – jedoch nicht mathematisch wahrscheinlicher. Jede Hypothese besitzt ihre eigene bestimmte mathematische Wahrscheinlichkeit, die auch durch noch so viele positive   Überprüfungen nicht größer wird. Jeder überstandene Falsifikationsversuch „stärkt" eine Hypothese – sie bewährt sich.

Das Gegenteil von falsifizierbaren, also prüfbaren Hypothesen oder Theorien sind Dogmen, die unabhängig von den Fakten als wahr anzuerkennen sind.

Naturwissenschaft wird heute auf der Basis des Falsifikationsprinzips betrieben. In „LINDER Biologie" lesen wir dazu, dass *„eine Hypothese geprüft [...] werden [muss]. Dazu werden aufgrund der Hypothese Vorhersagen abgeleitet, die **experimentell nachprüfbar** sind. [...] Eine Hypothese [kann] **nie verifiziert** werden (d.h. ihre Wahrheit erwiesen werden).* "[Q1c]

Als bedeutender Zugang zur Realität, ist die Naturwissenschaft nicht wegzudenken. Aber dort, wo ein Sachverhalt nicht empirisch beschrieben werden kann, ist es auch nicht möglich eine rein naturwissenschaftliche Aussage zu treffen – die Naturwissenschaft besitzt Grenzen.

Durch sie ist es sicherlich möglich, einen Großteil der Wirklichkeit zu erschließen, aber eben nur einen Teil. Liebe, Moral, Ethik, Kunst und Gott liegen außerhalb des naturwissenschaftlichen Bereichs – was natürlich nicht gleich bedeutet, dass es diese Dinge nicht gibt.

18 Das Paradigma der Evolution

Der Begriff *Paradigma* erlangte 1962 durch den Philosophen, Wissenschaftstheoretiker und -historiker Thomas Samuel KUHN[143] eine neue Bedeutung, als dieser die Wissenschaftsentwicklungen historisch untersuchte.

Unter einem Paradigma versteht man nach KUHN *„das, was den Mitgliedern einer wissenschaftlichen Gemeinschaft gemeinsam ist."*[Q111] Es ist ein anerkanntes Denk- beziehungsweise Erklärungsmodell der Wissenschaft, das *„für eine gewisse Zeit einer Gemeinschaft von Fachleuten maßgebende Probleme und Lösungen"*[Q111a] liefert. Ein Paradigma ist also eine Summe von Annahmen, Theorien und Regeln, mit denen es innerhalb eines wissenschaftlichen Bereichs möglich ist, wichtige Fragestellungen zu lösen.

In diesem sind grundlegende, nicht beweisbare weltanschauliche Annahmen enthalten, die als wissenschaftliche Glaubenssätze oder Dogmen bezeichnet werden können. Für die Diskussion um Schöpfung/Evolution ist es insofern von Bedeutung, dass in heutiger Zeit unter dem Paradigma der Evolution geforscht wird, das nicht in Frage gestellt, sondern als Grundannahme für wahr gehalten wird.

* Wissenschaftliche Entwicklung in Revolutionen

KUHN bezeichnet das Ausweiten und Präzisieren eines Paradigmas als „normale Wissenschaft". Erst wenn ein herrschendes Paradigma durch vermehrt auftretende Widersprüche und schwindende Erklärungskraft bei neuen Fragestellungen in Schwierigkeiten gerät, richtet sich die Aufmerksamkeit auf neue Paradigmen. Diese Schwierigkeiten nennt KUHN „Anomalien".

---

[143] **Thomas Samuel KUHN** (1922-1996) war Professor in Berkeley (1958), Princeton (1964) und ab 1979 in Cambridge (Massachusetts).

Ein „Paradigmenwechsel" erfolgt nicht allmählich, sondern durch Revolutionen, denen Krisen vorausgehen. In diesen Krisen werden immer größere Bereiche einer herrschenden Wissenschaft in Frage gestellt, da immer weniger Antworten auf drängende Fragen gegeben werden können – der wissenschaftliche Fortschritt stagniert.

Nach KUHN unterdrückt eine paradigmenorientierte Wissenschaft grundsätzliche Neuerungen, weil dadurch deren Grundannahmen bedroht werden. Die wissenschaftliche Gemeinschaft wehrt sich gegen neue Theorien, die ihre unbeweisbaren Grundannahmen in Frage stellen, beziehungsweise umzustoßen drohen. Erst infolge mehrfachen Auftretens von Anomalien sucht man nach neuen Paradigmen, die leistungsfähiger erscheinen. Diese Phase bezeichnet KUHN als „außerordentliche Wissenschaft".

Der Wechsel von Wissenschaftlern in ein neues Paradigma (Konversion) ist nach KUHN vor allem eine Sache des Glaubens, denn die Krisen des alten Paradigmas drängen die Wissenschaftler überzuwechseln, zu konvertieren, ohne dass sie ein gesichertes Wissen über die Erklärungskraft des neuen Denkschemas besitzen. Im Gegensatz zu den Vertretern des alten Paradigmas steht vor allem die jüngere Generation von Wissenschaftlern dem neuen aufgeschlossener gegenüber.

19 Der Zirkelschluss

Ein Zirkelschluss ist ein Beweisfehler, bei dem die zu beweisende Aussage für den Beweis vorausgesetzt wird. Man argumentiert sozusagen im Kreis. Eine solche Argumentation sagt prinzipiell gar nichts aus. Ein Zirkelschluss ist leicht gemacht, doch oft ist es sehr schwer, einen solchen zu entdecken, insbesondere in einer Beweisführung, in der sehr viele (gesicherte) Voraussetzungen aufgeführt werden, um einen Sachverhalt zu beweisen.

In „LINDER Biologie" ist ein solcher Zirkelschluss vorzufinden: *„Dass wir richtige Theorien über die Welt bilden können, ist durch die Evolution zu erklären: Nur diejenigen Säugetiere, Vormenschen und Menschen überlebten in der Evolution, die richtige Theorien (selbst einfachster Art) über ihre Umwelt zu entwickeln in der Lage waren.* "[Q1d] Die Evolution selbst ist eine Theorie. In oben genannter Aussage wird sie als bewiesen vorausgesetzt, um überhaupt Theorien – wie die Evolutionstheorie – bilden zu können. Man dreht sich hier im Kreis: Die Evolution befähige Menschen unter anderem, die Evolutionstheorie aufzustellen. Die Evolutionstheorie ist hier Voraussetzung und gleichzeitig Ergebnis.

Den Autoren ist hier (wohl unbeabsichtigt) ein Zirkelschluss unterlaufen. Ein Zirkelschluss beweist weder die Richtigkeit noch die Falschheit einer Aussage und ist somit in der Wissenschaft unbrauchbar. Er ist ein Quälgeist, vor dem keiner gefeit ist. Hoffentlich hat er in diesem Buch nicht zugeschlagen.

20 Die Unmöglichkeit des vollständigen Wissens

Die GÖDELschen Unvollständigkeitssätze sorgten 1931 in wissenschaftlichen Kreisen für Aufsehen. Der Mathematiker und Logiker Kurt GÖDEL[144] „bewies mathematisch" die Unvollständigkeit unseres menschlichen Wissens.

Satz 1: Alle widerspruchsfreien axiomatischen Formulierungen der Zahlentheorie enthalten nicht-entscheidbare Aussagen.

Satz 2: Ist ein die Zahlentheorie beschreibendes Axiomensystem widerspruchsfrei, so kann man diese Widerspruchsfreiheit nicht innerhalb des Systems beweisen.[Q96]

Überträgt man GÖDELs unwiderlegte Sätze der Mathematik auf unser menschliches Wissen, kann man sagen, dass (a) innerhalb eines Aussagensystems wenigstens eine Aussage unbewiesen ist und dass man (b), um diese Aussage zu beweisen, ein weiteres größeres System benötigt. In diesem weiteren Aussagensystem gibt es aber wiederum wenigstens eine unbeweisbare Aussage. Wir könnten also noch so viele Systeme aufstellen, würden aber letztendlich doch nicht alles beweisen können – unser Wissen bleibt lückenhaft. In der Wissenschaftstheorie findet man die Parallele, dass eine Theorie nur widerlegbar, jedoch nicht letztgültig beweisbar ist. GÖDELs Sätze und POPPERs Falsifikationsprinzip weisen auf die Unmöglichkeit des vollständigen Wissens hin.

Der Mensch benötigt grundlegende unbewiesene Annahmen, die er für wahr hält, auch in der Wissenschaft. Die Paradigmen, wie sie Thomas KUHN beschreibt (siehe Kapitel 18), sind ein Beispiel dafür.

---

[144] **Kurt GÖDEL** (1906-1978), österreichischer Mathematiker und Logiker. Er lieferte fundamentale Beweise innerhalb der formalen Logik (zur Vollständigkeit und Widerspruchsfreiheit mathematischen Theorien). Er befasste sich auch mit philosophischen Fragen der Mathematik.

„Eine ‚Selbstgarantie' des menschlichen Denkens ist,
auf welchem Gebiet auch immer, ausgeschlossen.
Man kann nicht vollkommen ‚voraussetzungslos'
ein positives Resultat gewinnen.
Man muss bereits an etwas glauben,
um etwas anderes rechtfertigen zu können. "[Q75]

Wolfgang STEGMÜLLER[145] (1923-1991)
Philosoph und Wissenschaftstheoretiker

---

[145] **Wolfgang STEGMÜLLER** (1923-1991), österreichischer Philosoph und Wissenschaftstheoretiker. Er war Ordinarius für Philosophie, Logik und Wissenschaftstheorie in München und hatte an der Etablierung der Wissenschaftstheorie in Deutschland großen Anteil. Er leistete auch bedeutende Beiträge zur analytischen Philosophie und Logik.

21 Schichtenfolge und geologische Zeittafel

Die heute bekannte geologische Schichtenfolge entstand im Wesentlichen zwischen 1750 und 1850 (vor allem durch LEHMANN, WERNER, SMITH, CUVIER und QUENSTEDT), vor dem Durchbruch der Evolutionsanschauung. Die Abfolge der Sedimentgesteine wurde immer weiter verfeinert und untergliedert und zur sogenannten „geologischen Zeittafel" zusammengefasst. Man unterscheidet *Zeitalter* (z.B. Paläozoikum) und *System* (z.B. Kambrium). Zeitalter werden in verschiedene Systeme unterteilt.

An keinem Ort der Welt findet man die gesamte Schichtenfolge der geologischen Zeittafel ununterbrochen, sozusagen am Stück. Jedoch können aufgrund der weltweit gewonnenen Erkenntnisse die Schichtsequenzen korreliert[146] werden. Damit beschäftigt sich die Stratigraphie, die Schichtenkunde. Sie untersucht die räumliche und zeitliche Abfolge von Gesteinsschichten.

Das Grundgesetz der Stratigraphie stellte STENO 1669 auf. Es besagt, dass bei ungestörter Lagerung von Sedimenten die höheren Schichten die jüngeren sind, die tieferen die älteren. Ab dem Zeitalter des Paläozoikum

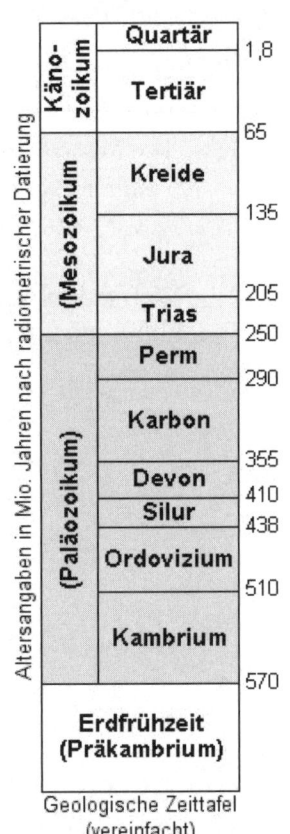

Geologische Zeittafel (vereinfacht)

---

[146] **Korrelieren**: in wechselseitiger Beziehung stehen, bzw. bringen.

aufwärts lassen sich die Systeme mit sogenannten Leitfossilien aufgliedern (Orthostratigraphie). Bei fehlenden Fossilien ist auch eine Gliederung anhand der Gesteinsmerkmale möglich (Lithostratigraphie).

Der englische Ingenieur für Kanal- und Straßenbauten, William SMITH (1769-1839), untergliederte als Erster mittels Fossilien die Gesteinsschichten, als er bei seinen Arbeiten erkannte, dass in bestimmten Schichten spezielle Fossilien anzutreffen waren. Zeit- und Geldersparnis in seinem Beruf waren der praktische Hintergrund seiner Untergliederung.

Wichtige Leitfossilien sind zum Beispiel Trilobiten (Kambrium), Graptolithen (Ordovizium und Silur), Ammoniten (Mesozoikum), Schnecken und Muscheln. Im Präkambrium (Erdfrühzeit) lassen sich bisher vor allem nur Bakterien, Pilze und Algen finden. Insgesamt gesehen, sind präkambrische Sedimente jedoch sehr arm an Fossilien.

Ab dem Kambrium findet man urplötzlich eine Vielzahl von vielzelligen Lebewesen, so dass hier von der *kambrischen Explosion* des Lebens gesprochen wird (siehe 5.1.2).

22 Berechnung der Wahrscheinlichkeit zur Entstehung eines einzigen neuen Gens

W. HEITLER (1970; Q45):
„ Wir wissen nicht genau, welches die genaue Anordnung der Nukleotide in einem Organismus ist. Aber es ist leicht, eine obere Grenze für die Wahrscheinlichkeit einer bestimmten Neu-Anordnung anzugeben. Wir wissen Folgendes: Im Code des DNS-Moleküls entspricht ein Gen einer Länge von einigen hundert bis tausend Nukleotiden. Es besteht kaum viel Freiheit in der Anordnung der Nukleotiden, wenn das Gen intakt sein soll. Manchmal kann der Ersatz eines einzigen Nukleotids durch ein ,falsches' erhebliche Störungen im Organismus verursachen. Es handelt sich um das ,chemische Gen', das morphologisch wirksam gedacht ist.

Wenn eine günstige Makromutation auftreten soll, dann ist es gewiss eine ganz grobe Unterschätzung, wenn wir annehmen, dass wenigstens ein Gen neu aufgebaut oder neu umgestaltet werden muss. Wiederum stark untertreibend, wollen wir also annehmen, dass eine ganz bestimmte Anordnung (oder Neuanordnung) von 100 Nukleotiden nötig ist, um eine Makromutation herbeizuführen. Physikalisch gesehen, besteht keinerlei Grund dafür, dass eine Anordnung einer andern gegenüber besonders bevorzugt ist. Die physikalisch-chemischen Kräfte wirken nur in die Nachbarschaft. Da erfahrungsgemäß praktisch jedes Nukleotid zu jedem andern Nachbar sein kann, so sind auch praktisch alle Anordnungen physikalisch möglich und müssen von vornherein als im Wesentlichen gleich wahrscheinlich angesehen werden. Offen bleibt höchstens noch die Frage, wie viele Anordnungen biologisch äquivalent sein können.

Bestimmtes wissen wir nicht. Die Tatsache, dass ein einzelnes, ausgewechseltes Nukleotid schon erhebliche Störungen verursachen kann, zeigt, dass es sicher nicht viele sein können. Dies geht auch daraus hervor, dass es in der ganzen Natur un-

zählige verschiedene Gene gibt (bei Bakterien, Fröschen, Affen, Menschen, nicht nur in jedem einzelnen Organismus), die sich nur durch ihre Nukleotidanordnung unterscheiden.

Nehmen wir also an, dass nur eine Anordnung, in einem einzigen Gen, von nur 100 Nukleotiden, 25 von jeder Art, zur Makromutation führt. Dann ist die Zahl der Anordnungen $100!/ (25! \times 25! \times 25! \times 25!) = 10^{60}$, also eine Zahl mit 60 Nullen! Die Wahrscheinlichkeit, ‚die eine richtige Anordnung' durch Zufall zu finden, ist also $1 : 10^{60}$. Bei einer Genlänge von 200 Nukleotiden wäre das Verhältnis schon $1 : 10^{120}$. Und dabei ist diese Zahl in fast jeder Hinsicht eine übermäßige Überschätzung der Wahrscheinlichkeit. Hätten wir statt eines Gens die ganze Länge der DNS-Moleküle betrachtet, dann wäre die Zahl der Anordnungen der Nukleotiden eine Zahl mit Tausenden bis Millionen von Nullen!

Wenn wir annehmen wollten, dass die je 3 Nukleotide, die ein ‚Wort' bilden, aus irgendwelchen physikalischen Gründen schon fest verbunden sind, so dass also nur die Anordnung der ‚Wörter' (und damit der Aminosäuren im Eiweiß) dem Zufall überlassen ist, so ändert auch das nichts Wesentliches. Ein Gen bestehe etwa aus 60 Wörtern (180 Nukleotiden) und es seien je 3 der 20 möglichen ‚Wörter' vorhanden. Dann ist die Wahrscheinlichkeit einer bestimmten Anordnung der Wörter $1 : 10^{65}$.

Nun ist es möglich, dass unter diesen vielen Anordnungen auch solche vorkommen, die einem lebensfähigen Organismus entsprechen. (Wir bleiben immer beim Bild des DNS als dem einzigen bestimmenden Faktor.) Dieser könnte etwa einer Zwischenstufe zwischen Reptil und Vogel entsprechen und zuerst einmal durch die Selektion stabilisiert werden. Das ändert an der Rechnung nichts. Indem wir die Zwischenstufen ignorieren, berücksichtigen wir die Selektion in der Weise, dass wir ihnen eine Überlebenszeit 0 zuschreiben, also die Entwicklungsdauer zu kurz ansetzen. Schließlich muss ja doch das Vogel-Gen entstanden sein.

Was schon eine Zahl von 10^{60} für die Möglichkeit einer günstigen Neuanordnung bedeutet, können wir folgendermaßen sehen: Nehmen wir an, in einem Organismus ändert sich ständig die Anordnung von Nukleotiden, um ein neues Gen zu bilden. Die Zeitdauer, die für eine Neuanordnung benötigt wird, sei 10^{-12} Sekunden. Dies ist viel zu kurz; atomare Prozesse brauchen meistens viel länger und molekulare Prozesse noch länger. Nehmen wir ferner an, es gäbe eine Population von 10^{15} Individuen (1000 Billionen) eines solchen Organismus, was sicher viel zu viel ist. (Die gegenwärtige Menschheit besteht aus [4] Milliarden Individuen). Dann würde es 10^{33} Sekunden = 3 x 10^{25} Jahre dauern, bis in einem einzigen Individuum das neue Gen entstanden Ist. Das ganze Universum besteht sicher nicht länger als 10^{12} Jahre. Das Universum müsste also mehr als 10 Billionen mal seine ganze bisherige Geschichte durchlaufen, bevor auch nur einmal das neue Gen in einem einzigen Individuum entstanden ist! Das ist natürlich völlig unsinnig. Um diese für die Zufallshypothese katastrophalen Zahlen zu umgehen, sprechen manche Biologen von einer ‚Zielstrebigkeit' im Aufbau solcher Nukleotidenketten. Damit ist aber der Boden der Physik verlassen – denn diese kennt keine Zielstrebigkeit – und eine spezifisch biologische Gesetzmäßigkeit ist eingeführt. Die Notwendigkeit hierfür aufzuzeigen, ist ja gerade der Zweck unserer Betrachtungen. In diesem Fall werden dann alle Wahrscheinlichkeitsbetrachtungen illusorisch, weil wir dann nicht mehr wissen, was Gesetz und was Zufall ist und der Begriff Wahrscheinlichkeit nur auf zufällige Ereignisse Anwendung haben kann."

23   Der Schöpfungsbericht

„Im Anfang schuf Gott ..."
Mit dem ersten Vers in der Bibel (1Mo 1,1) wird etwas Grundlegendes ausgesagt: Vor allen Dingen war Gott! Die Welt und der Kosmos sind das Ergebnis eines intelligenten Urhebers.

„Und Gott sprach ... und es wurde."
Diese Aussage steht acht Mal im ersten Kapitel des 1. Buches Mose, der Genesis, und zeigt in bedeutender Weise, dass nicht Materie, sondern Information die wesentliche Grundlage der Welt und des Kosmos ist. Sprechen ist eine   Übermittlung von Information. Information ist nicht materieller, sondern geistiger Art. Das erste Kapitel der Bibel zeugt vom Handeln einer höchsten Intelligenz, die durch ihren Willen ihre spezielle Information im Kosmos und der Welt verwirklicht hat. Die Welt ist nicht Ergebnis eines richtungslosen Zufalls, sie ist das Ergebnis eines zielhaften, planerischen Handelns. Die daraus resultierende Zielgerichtetheit (Teleologie) und Komplexität ist in der uns zugänglichen Natur nicht zu übersehen. Bereits Paulus konnte deshalb schreiben, dass Gott an seinen Werken, der Schöpfung, zu erkennen ist   (Röm 1,19-20). Insbesondere in dem zurzeit am schnellsten wachsenden Forschungszweig, der Molekularbiologie, offenbart sich eine derart komplexe teleologische Welt, wie es sich DARWIN und andere Gelehrte seiner Zeit wahrscheinlich nicht hätten träumen lassen.

• Die Schöpfungstage

Zeit spielt bei der Schöpfung prinzipiell keine Rolle. Die ewigen Gedanken Gottes wurden durch die Schöpfung Wirklichkeit. Unsere chronologische Zeit ist Teil von ihr, deshalb ist es unerheblich, ob die Umsetzung der Gedanken Gottes in Millionen Jahren oder in einer Millionstel Sekunde vonstatten ging. Warum die Offenbarung der Bibel meines Erachtens 24-Stunden-Schöpfungtage bezeugt, wird im Folgenden dargelegt.

Im ersten Teil des Schöpfungsberichts (1Mo 1,1-2,4) wird das Schöpfungshandeln in aufeinander folgenden Tagen geschildert. Beachtlicherweise wird in diesem chronologischen Schöpfungsbericht definiert, was ein Tag ist. In 1. Mose 1,5 lesen wir: *„[...] und Gott nannte das Licht Tag, und die Finsternis Nacht. **Und es ward Abend, und es ward Morgen: der erste Tag**."* Diese Beschreibung weist auf einen 24-Stunden-Tag hin, so wie wir ihn kennen. Jeder dieser Tage wird in Folge, das heißt als „erster", „zweiter", „dritter", usw. aufgezählt. Das hebräische Wort *yôm* wird als Tag übersetzt. Meistens bedeutet *yôm* einen 24-Stunden-Tag, jedoch ist es auch möglich, *yôm* im bildlichen Sinn als „Zeit" zu sehen. Obwohl an manchen Stellen in der Bibel *yôm* als unbestimmte Zeitdauer verwendet wird, geschieht dies dort nicht in Verbindung mit „erster", „zweiter", „dritter" usw., wie es im chronologischen Schöpfungsbericht der Fall ist. Es wäre dem Schreiber des Schöpfungsberichts möglich gewesen, durch geeignete Wortwahl zwischen einer vierundzwanzigstündigen und einer erheblich längeren Zeitperiode (*ôlám*) gezielt zu unterscheiden.

Wegen der durchgängigen Verwendung des Begriffs *yôm* bei der chronologischen Aufzählung der Schöpfungstage und der vorangegangenen Beschreibung eines Tages (Sonnenuntergang, Sonnenaufgang) scheint im Kontext des Schöpfungsberichts ein 24-Stunden-Tag vorzuliegen. Für diese Ansicht spricht auch der Bezug auf den Schöpfungsbericht in 2. Mose 20,8-11, wo eindeutig von 24-Stunden-Tagen gesprochen wird.[147]

---

[147] Siehe auch MACARTHUR, 2002 (Q130). Zwei weitere Theorien bezüglich der Länge eines Schöpfungstages sind die „Tag-Zeitalter-Theorie" und die „Restitutionstheorie". Letztere deutet eine unbestimmte, lange Zeitperiode zwischen der Erschaffung des Kosmos und den fol-

- Ein ergänzender oder ein zweiter Schöpfungsbericht?

Die bibelkritische Theologie vertritt die Meinung, dass es im ersten Buch Mose zwei sich voneinander unterscheidende und widersprechende Schöpfungsberichte gäbe. Die sogenannte *Quellenscheidungstheorie* besagt, dass die beiden Berichte der Genesis (1Mo 1,1-2,4 und 1Mo 2,5-25) hinsichtlich Autor und Zeit aus verschiedenen Quellen stammen würden.

Begründet wird diese Theorie unter anderem mit der Verwendung des Gottesnamens Elohim (1Mo 1,1-2,4) und Jahwe-Elohim (1Mo 2,5-25). Man weist darauf hin, dass im chronologischen Schöpfungsbericht der Mensch zum Schluss, und im sogenannten „zweiten Schöpfungsbericht" (1Mo 2,5-25) angeblich zu Beginn geschaffen wurde.

Betrachtet man diese beiden Texte als zwei gleichrangige Berichte über die Schöpfung, treten tatsächlich einige Ungereimtheiten auf. Im „zweiten Schöpfungsbericht" fehlen die Erschaffung der Erde, des Meeres und der Himmelskörper. Weil bereits diese Tatsache ein Argument gegen die Bezeichnung „zweiter Schöpfungsbericht" ist, verwendet man oft für diesen Text den besseren Ausdruck „Paradiesbericht".

Es soll nicht näher auf die durch die bibelkritische Textkritik gefundenen Widersprüche zwischen den beiden Genesis-Texten eingegangen werden, sondern es gilt vielmehr herauszustellen, dass es keine Widersprüche gibt, wenn man den zweiten Bericht nicht als Schöpfungsbericht, sondern als näher erläuternden, fokussierenden Bericht betrachtet.

Aus dem bereits Geschriebenen einen wichtigen Aspekt herauszugreifen, ist ein literarisches Stilmittel. Im Falle des zweiten Berichts wird der Blick speziell auf den Menschen gelenkt, wobei einleitend an die Erschaffung der Pflanzen erinnert wird. Zuerst wird die Erde ohne Pflanzen beschrieben (also vor dem dritten Schöpfungstag), die dann durch die not-

---

genden Schöpfungsakten. Die „Tag-Zeitalter-Theorie" interpretiert die sechs Schöpfungstage als geologische Zeitalter.

wendige Feuchtigkeit wachsen konnten. Anschließend wurde der Mensch geschaffen. Die Verse 7-25 des zweiten Kapitels sind somit ein detaillierter Bericht vom sechsten Schöpfungstag (vgl. MACARTHUR, 2002).[Q130]

Setzt man den zeitlichen Ablauf der in 1. Mose 1,1-2,4 geschilderten Schöpfungstage voraus, gibt es *keine* Widersprüche zum zweiten Bericht. Der chronologische Schöpfungsbericht (1Mo 1,1-2,4) wird durch den zweiten Bericht (1Mo 2,5-25) ergänzt, indem die Krone der Schöpfung, der Mensch, ins Licht gestellt wird.

Der Gebrauch der beiden Gottesnamen Elohim und Jahwe-Elohim legt nicht zwingend zwei verschiedene Textquellen nahe. Elohim bezeichnet Gott den Schöpfer, Jahwe ist der Gott der Heilsgeschichte, der dem Menschen nahe kommt. Die Namenskombination Jahwe-Elohim soll darauf hinweisen, dass der Schöpfer und der Erlöser derselbe sind. Da der ergänzende Bericht den Menschen im Mittelpunkt hat, kann die Verwendung des Gottesnamens Jahwe-Elohim dadurch erklärt werden, dass es die Absicht des biblischen Verfassers war, zu verdeutlichen, dass Gott der Schöpfer mit dem Menschen in Beziehung tritt.

Zusammenfassend lässt sich sagen, dass der sogenannte „zweite Schöpfungsbericht" kein konkurrierender Bericht zum chronologischen Schöpfungsbericht in 1. Mose 1 ist, sondern eine sinnvolle Ergänzung darstellt. Die beiden Texte in 1. Mose 1 und 2 sind keine widersprüchlichen Schöpfungsberichte, sondern zwei sich ergänzende Schilderungen von der Schöpfung.

Grundtypen sind Gruppen von Lebewesen, die direkt oder indirekt durch Kreuzungen verbunden sind.

Das heißt, dass neben Individuen, die sich unter natürlichen Bedingungen fortpflanzen können, auch Individuen zum *Grundtyp* mithinzugezählt werden, aus denen nur im Labor durch künstliche Befruchtung Mischlinge erzeugt werden können. (Der Begriff *Grundtyp* geht auf Frank L. MARSH zurück [„Variation and Fixity in Nature", 1976].)

Eine **Biologische Art**[148] ist eine Fortpflanzungsgemeinschaft, in der sich unter natürlichen Bedingungen alle Individuen miteinander paaren und fruchtbare Nachkommen zeugen können.[149] Hierzu gehören auch Individuen, bei denen eine Paarung möglich wäre, diese aber aufgrund großer räumlicher Entfernung praktisch auszuschließen ist.

Unter **Mutation** versteht man eine sprunghafte, meist geringfügige Veränderung im Erbgut. Mutationen können positiv, neutral oder negativ sein. Zum allergrößten Teil sind Mutationen negativ oder neutral und in den seltensten Fällen positiv. Mutationen können spontan, das heißt ohne erkennbare Ursache oder durch sogenannte Mutagene (Strahlungen, chemische Substanzen) auftreten.

Die **Selektion** sortiert Individuen aus, die bezüglich der Umweltbedingungen vorteilhafte Eigenschaften besitzen. Man

---

[148] Die Begriffe **Art** und **Population** sind untereinander austauschbar, wenn eine Art nur eine Population umfasst. **Population** wird wie folgt definiert: Die Gesamtheit der in einem bestimmten Gebiet vorkommenden Individuen einer Tier- oder Pflanzenart. Eine **Art** wird wiederum in **Rassen** unterteilt.

[149] Z.B. können sich Pferd und Esel paaren. Jedoch sind ihre Nachkommen unfruchtbar (vgl. Maulesel und Maultier).

spricht von *natürlicher Auslese*. Die am besten Angepassten setzen sich durch. *Selektionsfaktoren* können zum Beispiel Hitze, Kälte oder Konkurrenz mit Artgenossen oder Feinden sein.

Mikroevolution ist eine Entwicklung, die in kleinen Schritten vor sich geht. „Horizontale" Veränderung bereits vorhandener Organe, Strukturen oder Baupläne auf einer Komplexitätsebene. *Mikroevolution* ist also *keine Entwicklung vom Niederen zum Höheren*, sondern ist auf den *Grundtyp* beschränkt. Anstelle von *Mikroevolution* kann man auch von *Veränderlichkeit (Variabilität)* innerhalb eines *Grundtyps* sprechen.

Somit können aus einem *Grundtyp* durch *Mikroevolution* verschiedene *Arten* entstehen. *Typ* und *Grundtyp* sind austauschbare Begriffe und werden als gleichwertig betrachtet.

Beispiel: Aus einem ursprünglichen Hund (*Grundtyp*) können durch *Mikroevolution* verschiedene Hunderassen, wie etwa der Windhund, der Schäferhund oder der Dackel entstehen.

Makroevolution ist eine Entwicklung, die zur Entstehung eines neuen Typs führt. Dadurch soll Höherentwicklung zu einer komplexeren Ebene erfolgen; die Entstehung neuer Organe, Strukturen oder Baupläne soll durch *Makroevolution* möglich sein.

Beispiel: Wenn aus einem Hund ein Rind (neuer Typ) hervorgeht oder aus einem Fisch ein Amphibium.

Die Unterscheidung zwischen *Mikro-* und *Makroevolution* wird allerdings von manchen Evolutionstheoretikern vernachlässigt, weil sie annehmen, dass *Makroevolution* lediglich viele in genügend langer Zeit ablaufende *Mikroevolutionen* erfordere.

Das Begriffspaar „*Mikro- und Makroevolution*" wurde bereits 1927 von PHILIPTSCHENKO eingeführt: „*Auf diese Weise hebt die heutige Genetik zweifellos den Schleier von der Evolution der Biotypen, Jordanone und Linneone (eine Art Mikroevolution), dagegen jene Evolution der höheren systematischen Gruppen, welche von jeher die Geister besonders für sich in Anspruch genommen hat (eine Art Makroevolution), liegt gänzlich außerhalb ihres Gesichtsfeldes, und dieser Umstand scheint uns die von uns oben angeführten Erwägungen über das Fehlen einer inneren Beziehung zwischen der Genetik und der Deszendenzlehre, die sich ja hauptsächlich mit der Makroevolution befasst, nur zu unterstreichen.*" (PHILIPTSCHENKO 1927, S.93f). Vorausgehend dachte PHILIPTSCHENKO über folgende Frage nach (S. 90): „*Genügen aber alle diese uns bekannten Faktoren der Evolution zur Erklärung des allgemeinen Ganges des Evolutionsprozesses, insofern es sich schon nicht mehr um die ‚Entstehung der Arten' handelt, sondern der Merkmale sozusagen höherer Ordnung, worunter wir Merkmale der größeren Gattungen, Familien, Ordnungen, Klassen usw. verstehen?*"

Während Gerhard HEBERER (1958, S.47) diese Begriffsunterscheidung ablehnt, verwendet Ernst MAYR sie in beschreibend neutralem Sinn: „*Schließlich bürgerte sich für Evolution auf der Ebene der Spezies und darunter die Bezeichnung Mikroevolution und für Evolution über dem Speziesniveau die Bezeichnung Makroevolution ein*" (MAYR, „Eine neue Philosophie der Biologie", 1991, S. 319).[Q47]

Thomas WASCHKE schreibt in seiner Abhandlung „Die Entstehung von grundsätzlich Neuem in der Evolution" (2006), dass es wohl eine bedeutende Frage der Evolutionsbiologie ist, *„auf welche Weise im Laufe der Geschichte des Lebens konkret grundlegend Neues entstanden ist bzw. immer noch entstehen kann [...]. Über diese Frage scheint auch heute noch keine Einigkeit zu herrschen. Spätestens seit der Evolutionären Synthese sind zwar eine Reihe von Evolutionsmechanismen allgemein anerkannt, mit denen zumindest eine Anpassung an Selektionsdrücke durchaus befriedigend erklärt werden kann. Offen ist allerdings die Frage, inwieweit diese Mechanismen in der Lage sind, die Entstehung von grundlegend Neuem, also eine sogenannte Makroevolution, zu bewirken.“*

Evolution bedeutet allgemein eine allmählich fortschreitende Entwicklung. In der Biologie wird sie mehrheitlich mit *Höherentwicklung* in Verbindung gebracht, die notwendigerweise einer Komplexitäts- und Informationszunahme bedarf (vgl. „LINDER Biologie“ (Q1), S. 432, 433).

Bemerkung: Umgangssprachlich werden die Begriffe *Evolution* und *Evolutionstheorie* meist gleichgesetzt und die Aussage gemacht, dass die *Evolution* Tatsache sei. Eine *Evolution* im Sinne von *Mikroevolution*, also Variabilität innerhalb eines Typs, ist empirisch wissenschaftlich belegt. Da die *Evolutionstheorie* jedoch weit über die experimentell belegbare Veränderlichkeit innerhalb eines Typs (*Mikroevolution*) hinausgeht, darf man den Begriffen *Evolution* und *Evolutionstheorie* nicht die gleiche Bedeutung geben.

25 Stichwort- und Namenverzeichnis

Junker, Scherer
„Evolution – ein
kritisches Lehr-
buch", 2006, Weyel,
Schulbuchpreis
2002

M. Rammerstorfer
„Nur eine Illusion?
– Biologie und De-
sign"
2006, Tectum

Phillip E. Johnson
„Darwin im Kreuz-
verhör"

2003, CLV

M. Stephan
„Der Mensch und
die geologische
Zeittafel"
2002, Hänssler

R. Junker
„Ähnlichkeiten,
Rudimente, Ata-
vismen"
2002, Hänssler

Roger Liebi
„Herkunft und Ent-
wicklung der Spra-
chen"
2003, Hänssler

Studium Integrale
Journal - evoluti-
onskritische Zeit-
schrift der SG Wort
und Wissen

Michael J. Behe
„Darwin's Black
Box "
1996
Simon & Schuster

John Lennox
„Hat die Wissen-
schaft Gott begra-
ben?"
2002, R. Brockhaus

M. Brandt
„Wie alt ist die
Menschheit?"

2006, Hänssler

Werner Gitt
„Am Anfang war
die Information"

2002, Hänssler

R. Junker
„Leben durch Ster-
ben?"
Studium Integrale
1993, Pascal-Verlag

27 Quellen- und Literaturverzeichnis

Q1 „Linder Biologie", 21. Auflage 1998, J.B. Metzler Schul-
buchverlag, S. 383

Q1a S. 386, Kap. 2.1.1

Q1b S. 388, Kap. 2.1.2

Q1c S. 451, „Erkenntniswege der Biologie", Kapitel 2, Prüfung
von Hypothesen

Q1d S. 453, „Erkenntniswege der Biologie", Kapitel 3

Q2 R. Junker, S. Scherer, „Evolution – ein kritisches Lehrbuch", 4. Auflage 1998, Weyel Lehrmittelverlag Gießen,
S. 107

Q2a S. 209

Q2b S. 69

Q2c S. 230

Q2d S. 215

Q3 Charles Darwin, „Die Entstehung der Arten", 2001, Re-
clam, Stuttgart, (engl. Originaltitel: „The Origin of Species", 6. Ausgabe, Januar 1872) S. 429, 430

Q3a S. 245ff, Kapitel 6, „Organe von äußerster Vollkommen-
heit"

Q3b S. 245

Q3c S. 246

Q3d S. 250

Q3e S. 270 (jedoch wegen treffenderer Übersetzung zitiert aus:
Digitale Bibliothek Band 2: Philosophie Charles Darwin,
„Die Entstehung der Arten", S. 423)

Q4 W.-E. Lönnig, „Johann Gregor Mendel", 2001, Internetver-
sion

Q4a F. Hoyle (1983), S. 22, 23; Anhang II,8) Was beweisen die
Fakten zur Entstehung des Lebens?

Q4b M. Eigen (1981), S. 39, 40; Anhang II,8) Was beweisen die
Fakten zur Entstehung des Lebens?

Q4c Anhang II, 4), Mendel, Archaeopteryx und die Giraffe

Q5 W.-E. Lönnig, „Mutationen: Das Gesetz der rekurrenten
Variation", 2002, http://www.weloennig.de/ Gesetz
_Rekurrente_Variation.html

Q6 W.-E. Lönnig, „Artbegriff, Evolution und Schöpfung",
V Mutationen und die Entstehung primärer Artbarrieren,

      1.1 Wirkung der Genmutationen (2001),
      http://www.weloennig.de/AesV1.1.html

Q6a   VIII Nachträge, Evolution und Klassifikation (2002),
      http://www.weloennig.de/AesVIII2.html

Q7   E.-P.Fischer, „Die andere Bildung. Was man von den Na-
      turwissenschaften wissen sollte", 2002, Ullstein, S. 299

Q7a   S. 304

Q8   R. Nachtwey, „Instinkt: Rätsel der Welt", 1950, Eberhard
      Brockhaus, Wiesbaden, S. 26

Q8a   S. 45

Q8b   S. 10

Q8c   S. 198

Q9   R. Nachtwey, „Der Irrweg des Darwinismus", 1959, Berlin

Q10   Michael J. Behe, „Darwin's Black Box: The Biochemical
      Challenge to Evolution" 1996, Simon & Schuster, S. 173

Q10a   S. 193

Q10b   S. 96

Q10c   S. 193 (oben)

Q10d   S. 95

Q11   Duane T. Gish, „Fossilien, stumme Zeugen der Vergangen-
      heit", 1992, CLV

Q12   Naturwissenschaftliches Referat der Zentrale Berlin, 14C-
      Labor, 2006, Deutsches Archäologisches Institut,
      http://www.dainst.org/abteilung_7063_de.html

Q13   Huub Schellekens u.a., „Ingenieure des Lebens", 1994,
      Spektrum Akademischer Verlag

Q14   Begleitartikel zur Sonderausstellung „Von der Evolution
      vergessen? - Lebende Fossilien", Institut für Paläontologie
      und Historische Geologie, Ludwig-Maximilians-Universität
      München. Fahlbusch: Von der Evolution vergessen?
      http://141.84.51.10/palaeo_de/edu/lebfoss/intro/index.html

Q14a   Wellnhofer: Der Quastenflosser Latimeria - ein lebendes
      Fossil http://141.84.51.10/palaeo_de/edu/lebfoss/latimeria/
      index.html

Q15   B. Vollmert, „Polykondensation in Natur und Technik",
      1983, E. Vollmert-Verlag, Vorwort S. 3

Q16   A. Portmann, „Zoologie und das neue Bild des Menschen",
      1956, Rowohlt Hamburg, in der Reihe „rowohlts deutsche
      enzyklopädie", S. 107

Q17   Desmond A. & Moore J., „Darwin", 2. Auflage 1995, Paul List Verlag, S. 429

Q17a   S. 699, 700

Q18   N. Eldredge, „The Monkey Business: A Scientist Looks at Creationism", 1982, Washingtoner Square Press, New York, S. 130

Q19   Peter Rüst, „Spezielle und allgemeine Evolutionstheorie - Fakten und Spekulation", 1996, S. 1, http://www.iguw.de/texte/Evolution_Ruest.pdf

Q20   Norbert Pailer, „Geheimnisvolles Weltall – Hypothesen und Fakten zur Urknalltheorie", 1999, Hänssler, S. 46

Q20a   S. 45

Q21   Norbert Pailer, „Neue Horizonte der Planetenerkundung – unerwartete Ergebnisse durch Weltraumsonden", 4. Auflage 1999, Hänssler, S. 70

Q21a   S. 71

Q21b   S. 72

Q22   Peter Rüst, „Das Weltall – auf den Menschen abgestimmt", VBG-Fachaufsatz 1/00, S. 2

Q22a   S. 23

Q22b   S. 13

Q23   Peter C. Hägele, Abt. Angewandte Physik, Universität Ulm, „Ist der Kosmos für den Menschen gemacht? - Überlegungen zum anthropischen Prinzip", 1999, Verlag des Professorenforums, Gießen, S. 9

Q23a   S. 3

Q24   S.W. Hawking, „Eine kurze Geschichte der Zeit – die Suche nach der Urkraft des Universums", 1988, Rohwolt, S. 238

Q25   Werner Gitt, „Am Anfang war die Information", 2. Auflage 1994, Hänssler, S. 201

Q25a   S.102

Q25b   3. überarbeitete Auflage 2002, NGI-2, Kap. 7

Q25c   3. überarbeitete Auflage 2002, Kap. 10 Folgerung Nr.1

Q25d   S. 316

Q26   Werner Gitt, „Signale aus dem All", 2. Auflage 1999, CLV

Q26a   S. 74

Q27   Patrick Glynn, „God: The Evidence", CA: Prima Publishing, 1997, S. 42

Q28   Wochenzeitsschrift „Spiegel", Nr. 52, 1998, „Der erschöpfte Schöpfer – die Astronomen entdecken Gott".

Q29   Ross, „The Creator and the Cosmos", 1993, S. 91

Q30   P.M. (Peter Moosleitners Magazin – die moderne Welt des Wissens), deutsche Ausgabe, Juli 2002

Q31   Muschalek, „Gottbekenntnisse moderner Naturforscher", 4. Auflage 1964, Morus, Berlin, S. 29

Q31a   S. 83

Q31b   S. 24

Q31c   S. 31

Q31d   S. 138, 139

Q31e   S. 15, 16

Q31f   S. 18

Q31g   S. 21

Q32   Werner Gitt, „In 6 Tagen vom Chaos zum Menschen – Logos oder Chaos, Woher kommt das Leben?", 5. Auflage 1998, Hänssler

Q32a   S. 33

Q32b   S. 181

Q32c   S. 35

Q33   R. Junker, „Leben – woher?", 2002, CV Dillenburg, S. 176

Q34   Werner Gitt, „Fragen, die immer wieder gestellt werden", 1999, CLV, S. 54

Q35   A.E. Wilder Smith, „Wer denkt, muss glauben", Sonderausgabe 1997, CLV

Q36   Archiv zur Geschichte der Max-Planck-Gesellschaft, Abt. Va, Rep. 11 Planck, Nr. 1797 (in „Max Planck zum Thema Gott und Naturwissenschaft", W.-E. Lönnig, http://www.weloennig.de/MaxPlanck.html)

Q37   Neues Leben, Ausg. Juli/August 2001, S. 11

Q38   L.H. Matthews, Einführung in „The Origin of Species", von C. Darwin, 1971, Reprint, London, J. M. Dent & Sons Ltd., S. X-XI

Q39   M. Eigen, „Stufe zum Leben – Die frühe Evolution im Visier der Molekularbiologie", 1987, Piper-Verlag (in Q25)

Q40   Norbert Wiener, „Kybernetik – Regelung und Nachrichtenübertragung in Lebewesen und Maschinen", 1968, Rowohlt, S. 252 (in Q25)

Q41   J. Peil, „Einige Bemerkungen zu Problemen der Anwen-
        dung des Informationsbegriffs in der Biologie", 1973, Bio-
        metrische Zeitschrift Bd. 15 (in Q25)

Q42   H.-J. Flechtner, „Grundbegriffe der Kybernetik", 4. Aufl.
        1969, Wissenschaftl.Verlagsges. mbH, S. 423 (in Q25)

Q43   B. Vollmert, „Das Molekül und das Leben", 1985, S. 55

Q43a   S. 56, 57

Q43b   S. 88

Q44   K. Dose, „Die Ursprünge des Lebens" (Tagungsbericht
        über den ISSOL-Kongress in Mainz, 1983), Nachr. Chem.
        Techn. Lab. 31, 1983, Nr. 12 (in Q25)

Q45   W. Heitler, „Naturphilosophische Streifzüge", 1970, Verlag
        F. Vieweg und Sohn (in Lönnig, 1989, „Auge widerlegt
        Zufallsevolution", S. 16)

Q45a   S. 18, 19

Q46   Labor für Dendrochronologie des Instituts für Ur- und
        Frühgeschichte der Universität zu Köln, „Jahrringkalender
        – Aufbau einer nacheiszeitlichen Eichenjahrringchronolo-
        gie für Westeuropa", 2006,
        http://www.dendrolabor.de/seiten/jahrringkal.htm

Q47   Thomas Waschke, „Bedeutungsumfang des Begriffs ‚Ma-
        kroevolution'", 2000, http://www.waschke.de/ waschke/
        gedank/makroevolution.htm

Q48   Hans H. Blotevogel, Geographisches Institut, Manuskript
        „Einführung in die Wissenschaftstheorie", 3. überarb. Auf-
        lage März 1997, Gerhard-Mercator-Universität-GH, Duis-
        burg, S. 6

Q48a   S. 47

Q49   In Hoimar v. Ditfurth, „Evolution", 1975, Hoffmann &
        Campe, S. 13

Q50   John Horgan, „An den Grenzen des Wissens – Siegeszug
        und Dilemma der Naturwissenschaften", Fischer Taschen-
        buch Verlag GmbH, Frankfurt a.M., 2000, S. 244

Q51   A. Backhaus, „Lache und die Welt lacht mit dir! Schnarche
        und du schläfst allein!", 2001, Moers-Brendow, S. 80

Q52   P. Buchner, „Allgemeine Zoologie", 1938, Leipzig (in Q9,
        S. 92)

Q53   J. Craig Venter, et. al., 2001, „The Sequence of the Human
        Genome", Science 291:1304-1351

Q54   Stephen Jay Gould, „The Return of Hopeful Monsters",
        1977, Natural History 86 (Juni/Juli): S. 22-30

Q55   H. Schneider, „Der Urknall und die absoluten Datierun-
        gen", 1982, Neuhausen-Stuttgart, S. 16 (in Q43, S. 138)

Q56   Jacques Monod, „Zufall und Notwendigkeit", 8. Auflage
        1988, dtv München, S. 106

Q57   Reinhard Junker, „Leben durch Sterben?", Studium Inte-
        grale, 1993, Pascal-Verlag, S. 46

Q58   W.E. Swinton, „Biology and Comparative Physiology of
        Birds", Vol. 1, 1960, A.J. Marshall, Ed., Academic Press,
        New York, S. 1 (in Q11, S. 138)

Q59   John Lennox, „Hat die Wissenschaft Gott begraben?",
        2002, R. Brockhaus Verlag, Wuppertal, S. 88

Q60   J. und M. Gribbin, „Wie wenig uns vom Affen trennt", In-
        sel Verlag, 1995, Suhrkamp

Q61   Günther Osche, „Die Motoren der Evolution – Zweckmä-
        ßigkeit als biologisches Problem – Biologie in unserer
        Zeit", 1971, S. 58

Q62   G.G. Simpson, „Zeitmaße und Ablaufformen der Evoluti-
        on", 1951, Musterschmidt-Verlag (in Lönnig, 1989)

Q63   C. Bresch, „Zwischenstufe Leben - Evolution ohne Ziel?",
        1977, R. Piper & Co., S. 291

Q63a   S. 290

Q64   A. Wigand, „Der Darwinismus und die Naturforschung
        Newtons und Cuviers", 1874, Vieweg-Verlag (in Lönnig,
        1989)

Q65   A. Portmann, „An den Grenzen des Wissens", 1974, Econ,
        S. 38

Q66   K. Dose, Naturwissenschaftliche Rundschau Nr. 40, 1987,
        S. 63, 64

Q67   R. Löw, „Evolutionismus in naturphilosophischer Kritik",
        http://www.iguw.de/texte/loew.pdf

Q68   Arthur Keith, „Evolution and Ethics", 1947, S. 14

Q69   Richard Dawkins, „A Scientist's Case Against God", in
        „Science", 15. August 1997, S. 892

Q70   John Polkinghorne, „Gott ist das Letztgültige", Bild der
        Wissenschaft, 01.12.1999; http://www.wissenschaft.de/
        sixcms/detail.php?id=173314

Q71   Ferdinand Schmidt, in „Biologie heute", August 1989, S. 3
        (in Lönnig; 1991, Kap. E)
Q72   W.-E. Lönnig, „Nobelpreisträger pro Intelligent Design
        (ID) des Universums und des Lebens", 2006,
        http://www.weloennig.de/Nobelpreistraeger.pdf
Q73   D. H. R Barton, (1992/1994), S. 148 (in Q72, S. 6)
Q74   W. Arber, (1992/1994), S. 141-143 (in Q72, S. 5)
Q75   W. Stegmüller, „Metaphysik, Skepsis, Wissenschaft", 2.
        Aufl. 1969, Springer-Verlag Berlin, S. 307 (in Q96, S.38)
Q76   Homepage der Familie Mommsen,
        http://www.mommsen.de/ theodor/zitate.html
Q77   John C. Eccles, „Wie das Selbst sein Gehirn steuert",
        3.Auflage 2000, Piper-Verlag GmbH München, S. 261, 262
Q78   Interview mit Manfred Eigen im August 2004, Max-
        Planck-Institut, Göttingen; Dr. Bustami. Eingestellt auf
        Forschungsnachrichten.de
        http://www.forschungsnachrichten.de/biologie/biologie-arti-
        kel/falls-ein-gott-die-naturgesetze-erschuf%2c-so-erschuf-
        er-   auch-das-leben-durch-evolution.htm
Q79   G.G. Simpson, „Tempo and Mode in Evolution", Columbia
        University Press, New York, 1944,
        S. 105-107 (in Q11)
Q80   Siegfried Scherer, zur Diskussion um Evolution und Schöp-
        fung in „Idea Spektrum", Diskussionsbeitrag 3/99, SG
        Wort und Wissen, S. 2
Q81   Joachim Illies, „Der Jahrhundertirrtum – Würdigung und
        Kritik des Darwinismus", 1983, Umschau Verlag, S. 147
Q81a   S. 149
Q82   Wolfgang Kuhn, „Stolpersteine des Darwinismus – Ende
        eines Jahrhundertirrtums", 3. Auflage 1999, Christiana, S.
        103, 104
Q83   In John Avise, „The Genetic Gods", 1998 („Spektrum der
        Wissenschaft", Artikel: „Naturwissenschaftler und Religion
        in Amerika", von Larson/Witham, Ausg. November 1999,
        S. 74)
Q84   W. Gottschalk, „Allgemeine Genetik", 3. Auflage 1989,
        Stuttgart, S. 180 (in Q5)
Q85   F. Leibenguth, „Züchtungsgenetik", Stuttgart 1982, S. 207,
        208 (in Q5)

Q86   Scientific American, Februar 1991, S. 117

Q87   Phillip E. Johnson, „Darwin im Kreuzverhör", dt. Ausgabe, 2003, CLV, S. 79

Q87a   S. 23

Q88   Science Bd. 278, S. 606, 1997 (in Q4)

Q89   Eroll White, Proc. Linn. Soc. London 177: 8, 1966 (in Q11)

Q90   John Polkinghorne, Newsweek, 20. Juli 1998, S. 48

Q91   Arthur H. Compton, Rede vom 12.4.1936, Chicago Daily News

Q92   Hedwig Conrad-Martius, „Die Abstammungslehre", 2. Auflage 1949, S. 11 (in Q4)

Q93   Steven Weinberg „Die ersten drei Minuten", 1977, Piper & Co., S. 55, 56

Q94   Freeman Dyson, „Energy in the Universe", Scientific American, 224, 1971, S. 50 (in Q59, S. 42)

Q95   Paul Davies, „Der Plan Gottes. Die Rätsel unserer Existenz und die Wissenschaft", 1995, Insel Verlag, S. 280

Q96   Kessler / Solymosi, „Ohne Glauben kein Wissen – ‚mathematischer Beweis' der Unvollständigkeit unseres Wissens", 1995, Schwengeler, S. 32

Q97   Stephen Meyer, „The Return of the God Hypothesis", Seattle: Discovery Institute Center for Renewal of Science and Culture, 1998, S. 23 (in Q59, S. 81)

Q98   Ludwig Wittgenstein, „Tractatus logico-philosophicus", 6.371

Q99   Brockhaus Enzyklopädie 1971, Band 12, S. 709 (in Q32, S. 184, 185)

Q100   Ervin Laszlo, „Wissenschaft und Wirklichkeit", 1994, insel taschenbuch, S. 73, 74

Q101   Peter Singer, „Praktische Ethik", 1984, S. 169

Q101a   S. 171f

Q101b   S. 188

Q102   Roger Liebi, „Herkunft und Entwicklung der Sprachen – Linguistik contra Evolution", 2003, Hänssler

Q103   Noam Chomsky, „Sprache und Geist", 1970, Frankfurt a. M., S. 112 (in Q102)

Q103a   S. 113 (in Q102)

Q104   G.G. Simpson, „The Biological Nature of Man", S. 476, 477 (in Q102)

Q105   E.A. Nida, „Coutumes et Cultures, Anthropologie pour missions chretiennes", Editions G.M., 1978, dt. Übersetzung, S. 260 (in Q102)

Q106   „Technik und Natur – sind Insekten die wahren Meister der Flugkunst?", Technik in Bayern, 3/1998

Q107   F. Crick „Lessons from Biology", Natural History, 97, 1988, S. 36. (in Q59)

Q108   R. Dawkins, „Der blinde Uhrmacher", 1987, S. 13 (in Q59)

Q109   R. Dawkins, „Das egoistische Gen", Vorwort S. 18

Q109a   S. 23 (G.G. Simpson)

Q110   Karl R. Popper, „Logik der Forschung", 1934, S. 3

Q110a   S. 16

Q110b   S. 19

Q111   Thomas Samuel Kuhn, „Die Struktur wissenschaftlicher Revolutionen", 1962, S. 187

Q111a   S. 10

Q112   Walter Heitler, „Die Natur und das Göttliche", 2. Auflage 1975, Klett & Balmer, S. 129

Q113   H. Nilsson, „Synthetische Artbildung" (2 Bände), 1953, Lund, S. 737, 738 (in Q4)

Q114   C. Zirkle, „Some oddities in the delayed discovery of Mendelism", 1964, The Journal of Heredity 55, 65-72 (in Q4)

Q115   Carl Erich Correns, „Gesammelte Abhandlungen zur Vererbungswissenschaft aus periodischen Schriften 1899-1924", 1924, S. 1144 (in Q4)

Q116   C. S. Morris, „Die Burgess Shale-Fauna und die frühe Evolution der Tiere", 1992, Biologie in unserer Zeit 22, S. 263

Q117   J. von Uexküll, Umwelt und Innenwelt der Tiere", 2. Auflage 1921, Berlin, S. 191 (in Q4)

Q118   DUDEN, Bibliograph. Institut & F.A. Brockhaus AG, 1995: Naturalismus

Q119   D.M.S. Watson, Nature, 1929, Band 123, S. 233

Q120   Ludwig Feuerbach, WW. II, 236; VIII, 26 ff. In Eisler – Wörterbuch der philosophischen Begriffe, 1904: Naturalismus

Q121   Richard Dawkins, „The blind Watchmaker", 1986, S. 6

Q122   Michael Brandt, „Wie alt ist die Menschheit? – Demografie und Steinwerkzeuge mit überraschenden Befunden", 2006, Hänssler, S. 143

Q123   C. H. Townes, (1992/1994), S. 122-124, (in Q72, S. 10)

Q124   Ernst Haeckel, „Die natürliche Schöpfungsgeschichte", 1868, sechster Vortrag: Entwickelungstheorie von Lyell und Darwin

Q125   R. Pennington, „Hunter-gatherer demography", 2001, (in Q122)

Q126   J. McDowell, „Die Bibel im Test", 8. Auflage 2001, Hänssler, S. 48

Q126a   S. 50

Q126b   S. 82

Q126c   S. 84

Q126d   S. 393ff

Q126e   S. 43

Q127   Werner Gitt, „So steht´s geschrieben", 5. Aufl. 2000, Hänssler, S. 15

Q127a   S. 19

Q128   F.F. Bruce, „The New Testament Documents: Are they Reliable?", 1960, InterVarsity Press, S. 90 (in McDowell, 1996, CLV, S. 54)

Q129   Fink/Bühne, „Brief an einen Atheisten", 2000, CLV, S. 44

Q130   John MacArthur, Studienbibel, 2002, CLV, S 49

Q131   Günther S. Wegener, „6000 Jahre und ein Buch", 13. Auflage 1999, Oncken, S. 9

Q132   W.M. Ramsay, „The Bearing of Recent Discovery on the Trusworthiness of the New Testament", 1915, London, Hodder & Stoughton, S. 222

Q133   Napoleon Bonaparte I., „Conversations avec General Bertrand à St. Helena"

Q134   A. Schick, U. Gleßmer, „Auf der Suche nach der Urbibel", 2000, Oncken, S. 39-50

Q135   A. Schick, M. Welte, „Das wahre Sakrileg. Die verborgenen Hintergründe des Da-Vinci-Codes", 9. Auflage 2006, Knaur, S. 104, 105

Q135a   S. 143

28 Bildquellen

I Portraitbilder

EINSTEIN
Fotografie um 1920, DHM Berlin, F 54/2246

DARWIN
Fotografie von Julia Margaret Cameron, 1868

HEISENBERG
Fotografie um 1933, DHM Berlin, F 53/347

MENDEL
Fotographie, Urheber unbekannt, als gemeinfrei ausgewiesen, http://de.wikipedia.org/wiki/Bild:Mendel.png

BEHE
Fotografie von der ResearchID.org
http://www.researchintelligentdesign.org/wiki/Image:
Michael_Behe.jpg

PASTEUR
Gemälde von Albert Edelfelt ,1877, als gemeinfrei ausgewiesen. http://www.herodote.net/histoire11141.htm

LENNOX
Mit freundlicher Genehmigung des IGUW, Marburg.

JOHNSON
Urheber unbekannt.

WILDER-SMITH
Urheber unbekannt. http://www.wildersmith.org

NEWTON
Gemälde von Godfrey Kneller, 1702, National Portrait Gallery London, (public domain), als gemeinfrei ausgewiesen. http://de.wikipedia.org/wiki/Bild:Isaac_Newton.jpeg

GITT
Mit freundlicher Genehmigung von Herrn Prof. Dr.-Ing. Werner Gitt.

POLKINGHORNE
Offizielle Homepage http://www.polkinghorne.org

PLANCK
Fotografie von 1936, Urheber unbekannt. DHM Berlin, F 54/94

II Abbildungen

Ammonit und Trilobit in Kapitel 5.1
Ich danke Herrn Heinrich König für die zur Verfügung gestellten Fossilien.

Abbildung A und B in Kapitel 5.1.1
Mit freundlicher Genehmigung der Studiengemeinschaft Wort und Wissen, Baiersbronn.

III Weitere Abbildungen, Grafiken und Diagramme

wurden vom Autor selbst erstellt.

DAS JENSEITS

Beat Imhof
Wie auf Erden so im Himmel
Wie das Leben als Mensch das Leben im Jenseits bestimmt
(ISBN 978-3-89427-600-3)
Hardcover, 512 Seiten

Die Vorstellungen der meisten Menschen über den „Himmel" sind seltsam kindlich. Zahllose Umfragen in großen Tages- oder Wochenzeitungen belegen, dass zwar immer noch mehr als die Hälfte der Menschen „an den Himmel glaubt", aber sich davon nur sehr verschwommene Bilder macht, die eher an ein „Schlaraffenland" als an eine geistige Welt erinnern. Dr. Beat Imhof legt mit dieser Studie das zukünftige Schlüsselwerk zur Jenseitsforschung vor! Er hat in jahrzehntelangem Studium alle greifbaren Quellen der Mystik, der Weltreligionen und der spirituellen Forschung ausgewertet, um zu einer umfassenden Beschreibung der jenseitigen Welten zu kommen. Er schildert die Ankunftssphären, die eine rückkehrende Seele unmittelbar nach dem Ableben ihrer physischen Hülle erwarten, und skizziert ihren Weg durch die Geistigen Welten. Dabei wird deutlich, wie unbestechlich das „Gesetz der Anziehung" auch in den jenseitigen Reichen gilt. Der Verstorbene wird zu jenen Sphären gezogen, die seiner geistigen Reife entsprechen. Imhof beschreibt in seinem Meisterwerk auch die jenseitigen Tierreiche, die Kinderparadiese und die dunklen Sphären, die eine schmerzhafte Läuterung bewirken können. Er behandelt ausführlich die Frage des Fortbestandes von Beziehungen über den Tod hinaus und auch die Schulung in den „Tempeln der Weisheit".Das umfassende Panorama jenseitiger Welten, das sich aus diesem großen Werk erschließt, zeigt einerseits auf, dass die unmittelbar nach dem Ablegen des Körpers folgenden Jenseitswelten durchaus noch Ähnlichkeit mit dem Erdenleben aufweisen, während andererseits die höheren himmlischen Reiche weit jenseits des normalen menschlichen Denkens liegen. Ein Meilenstein der spirituellen Forschung, der die himmlischen Welten einem tieferen Verständnis nahebringt und eine unglaublich vielfältige und wunderbare Geistige Wirklichkeit aufzeigt!